böhlau

Heide Stockinger & Kai-Uwe Garrels (Hg.)

»*Dein ist mein ganzes Herz*«

Ein Franz-Lehár-Lesebuch

Böhlau Verlag Wien Köln Weimar

Gedruckt mit Unterstützung durch das
Amt der Oberösterreichischen Landesregierung

Bibliografische Information der Deutschen Nationalbibliothek:
Die Deutsche Nationalbibliothek verzeichnet diese Publikation in der
Deutschen Nationalbibliografie; detaillierte bibliografische Daten sind
im Internet über https://portal.dnb.de abrufbar.

© 2020 by Böhlau Verlag GmbH & Co. KG, Kölblgasse 8–10, A-1030 Wien
Alle Rechte vorbehalten. Das Werk und seine Teile sind urheberrechtlich geschützt. Jede Verwertung in anderen als den gesetzlich zugelassenen Fällen bedarf der vorherigen schriftlichen Einwilligung des Verlages.

Umschlagabbildung: Franz Lehár um 1907, Sammlung Kai-Uwe Garrels.

Einbandgestaltung: Michael Haderer, Wien
Satz: Bettina Waringer, Wien
Druck und Bindung: Finidr, Český Těšín
Gedruckt auf chlor- und säurefreiem Papier
Printed in the EU

ISBN 978-3-205-20963-8

Inhalt

„Mein Lehár …"
Geleitwort
    von Christoph Wagner-Trenkwitz 7

Vorwort der Herausgeber 12

Die Juxheirat
Lehárs frühe Jahre
    von Kai-Uwe Garrels 19

*Von der Zigeunerliebe über Die blaue Mazur
zum Zarewitsch*
Wie inszeniert man Lehár im 21. Jahrhundert?
    von Michael Lakner 29

La danza delle libellule
Eine Begegnung mit
Franz Lehárs „italienischer" Operette
    von Eduard Barth 47

Alles hier ist in Poesie getaucht
Lehárs Singspiel Friederike
    von Heide Stockinger 55

Franz Lehár und sein Rastelbinder
Operetten-Arisierung und „braune Nachrede"
    von Wolfgang Dosch. 89

Brüder ohne den Luxus
der Blutsverwandtschaft
Richard Tauber erzählt von Franz Lehár
    von Kai-Uwe Garrels 127

Die Lehár-Villa in Bad Ischl
Ein Sommermärchen …
    von Helga Maria Leitner 153

Das Wiener Lehár-Schlössl
Ein Potpourri
    von Heide Stockinger 169

Biografische Übersicht zu Franz Lehár
    von Kai-Uwe Garrels 203

Personenregister. 217
Bildnachweis 223
Bibliographie 224
Dank. 227
Biografien der Autoren und Herausgeber 228

„Mein Lehár…"

Geleitwort

von Christoph Wagner-Trenkwitz

… der mir vorgegebene Titel verführt zu Größenwahn. Kann einer der bedeutendsten Komponisten des 20. Jahrhunderts (ja, dafür halte ich ihn) wirklich mir gehören? Dann sehe ich die Liste der Kapazitäten, die in diesem Buch über Franz Lehár schreiben und werde wieder ganz bescheiden – was sollte ich da noch Relevantes beitragen können?

In größenwahnsinniger Bescheidenheit entschließe ich mich also doch, ganz autobiografisch zu bleiben, mich an dies und das zu erinnern, das die kostbare Musik des „silbernen" Operettenkönigs mir geschenkt hat.

Lehár-Raritäten…

Es sind – neben den wohlbekannten Meisterwerken – vor allem Lehár-Raritäten, die mir ans Herz gewachsen sind: das Sozialdrama EVA, das musikalisch von Debussy und dem ROSENKAVALIER weiß und eine der großartigsten Sopranszenen überhaupt beinhaltet, die als Motto über dem ganzen Genre stehen könnte: „Wär' es auch nichts als ein Traum vom Glück …".

Die etwas ältere ZIGEUNERLIEBE, die ich beim Lehár Festival kennen gelernt hatte und die derselbe Intendant, Michael Lakner, im Sommer 2019 in der Sommerarena Baden ansetzte, halte ich (abgesehen vom heute problematischen Titel) ebenfalls für ein Juwel. Meine Frau Cornelia Horak sang die Hauptfigur der Zorika, die mit einem WALKÜRE-ähnlichen, C-gespickten Monolog das Stück eröffnet, und ich durfte ihren Vater Dragotin verkörpern. Eine sommerliche Familienaufstellung zu Lehár-Musik – danke, Michael!

Leider ist auch DER GRAF VON LUXEMBURG, den ich als der LUSTIGEN WITWE ebenbürtig betrachte, schon unter die Raritäten zu rechnen. Michael Schottenbergs Inszenierung, die zuerst im Theater an der Wien und dann an der Volksoper zu sehen war, hat auch szenisch ungeahnt viel aus dem Werk herausgeholt.

Und werden wir jemals wieder das Meisterwerk PAGANINI hören dürfen? Die bange Frage bezieht sich auf den Text des großen Tenorlieds, der alle Me-too-Alarmsirenen schrillen lässt: „Gern hab' ich die Frau'n geküsst, hab nie gefragt, ob es gestattet ist. Dachte mir, nimm sie dir, küss' sie nur, dazu sind sie ja hier!" Vorläufig werde ich mich wohl auf Tonaufnahmen in der englischen („I have been in love before" mit Richard Tucker) und der französischen Version („J'ai toujours cru qu'un baiser" mit Giuseppe di Stefano) beschränken müssen.

Einer, der sich nie zu Franz Lehár bekehren ließ, war Richard Strauss. Er neidete dem Zeitgenossen dessen noch größere Popularität (samt den damit verbundenen Einnahmen). Als ausgerechnet der Strauss-Jünger Clemens Krauss die Uraufführung der GIUDITTA im Wiener Opernhaus am Ring ansetzte, schäumte der Garmischer Meister. Und als eine frühe Radio-Übertragung seiner ELEKTRA durch eine Panne ohne Beginn-Ansage ausgestrahlt wurde, grummelte Strauss, die Hörerinnen und Hörer hätten das Werk wohl „für eine missglückte Lehár-Operette" gehalten …

… und immer wieder Die Lustige Witwe

Für Karl Kraus zählte sie mit zum Schlimmsten, für mich zum Besten. Sie führte mich zu einem Vortrag samt Programmheftbeitrag nach Berlin, zu halbszenischen Aufführungen in eigener Textfassung nach Turin (hier war Elio Pandolfi, die italienische Synchronstimme von Hans Moser, der Njegus-Erzähler) und nach Grafenegg (hier war ich es selbst).

2005, hundert Jahre nach der Uraufführung, präsentierte die Wiener Volksoper eine nicht sonderlich erfolgreiche Neuproduktion, in deren Vorfeld ich den „Jahrhundert-Danilo" Johannes Heesters, nur um weniges älter als das Werk selbst, zu einer Einführungs-Soiree begrüßen durfte. Er plauderte, aber sang vor allem, mit dem ihm eigenen herrischen Parlando, das immer noch begeisterte.

Zwei Produktionen (in Staats- und Volksoper) durfte ich als Dramaturg begleiten und auch Programmhefte verfassen. In keinem der beiden fehlte die Erinnerung an Louis Treumann, den ersten Danilo, an seine herzbewegende letzte Karte aus dem Konzentrationslager, aber auch an seine eigenwillige Darstellung des Operettenhelden: Kein Schönling war er gewesen, sondern ein quirliger Tanzbuffo. Ist unsere Nachkriegstradition (die wie so viele unserer Operettentraditionen aus der Nazizeit stammt), die Rolle des versoffenen „Losers" mit einem eleganten Stimmprotz zu besetzen, vielleicht gar nicht richtig?

An der Berliner Staatsoper legte Siegfried Jerusalem den Danilo als angejahrten Wagner-Helden an. Die Inszenierung des damaligen Hausherrn Peter Mussbach, die mit der Notlandung eines Flugzeuges in der Antarktis begann, erntete nach etwa 30 Sekunden, als die Passagiere über Notrutschen auf die Bühne gepurzelt waren, ihr erstes Buh. Am Schluss schritten Hanna (es war Nadja Michael, die eine lautstarke Stimme und einen recht erotischen Sprachfehler ihr Eigen nannte) und Danilo zu den Klängen von „Lippen schweigen" über die Tragfläche und der Vorhang fiel langsam. In die entsetzte Stille tönte es urberlinerisch aus dem Zuschauerraum: „Kommt noch wat?" Es kam nichts mehr, außer einem entfesselten Buh-Orkan für den Regisseur, der sich vergnügt verbeugte.

Der Rekord-Danilo Harald Serafin eignete sich in reiferen Jahren die Rolle des Zeta an … weitgehend, denn mit dem Text nahm er es nie sehr genau. So tönte er einmal gegenüber den verwirrten pontevedrinischen Honoratioren: „Hanna Glawari darf unter keinen Umständen einen Pontevedriner heiraten!" Der Souffleur schritt zischend ein, worauf Harald lautstark korrigierte: „Muss! Muss einen Pontevedriner heiraten!" Nun hatte alles wieder seine Richtigkeit, die honorablen Gesichter konnten sich entspannen. In einer anderen WITWE-Vorstellung, ebenfalls an der Volksoper, improvisierte Serafin eine andere Finte der Heiratspolitik. Dem vor ihm stehenden Grafen Danilo (für die Diplomaten Pontevedros der Wunschgatte Hannas) mutete er zu: „Herr Graf, Sie müssen unter allen Umständen einen Pontevedriner heiraten!" Der verdatterte Danilo (es war Mathias Hausmann) antwortete wahrheitsgemäß: „Exzellenz, das kann ich nicht!"

In Langenlois 2018 durfte ich ein szenischer Njegus sein, Erwin Belakowitsch verkörperte einen verloren-verspielten Danilo, dem meine Frau als Hanna die „Wadeln fire richtete" (wie man bei uns zu Haus in Pontevedro sagt). Sie sang bemerkenswert schön und dürfte auch szenisch überzeugt haben, wie das überraschende Kompliment eines Besuchers verriet: „Sie spielen des so authentisch … san Sie scho Witwe?"

Danke, Franz Lehár. Auch wenn es in Ihren späten Werken für meinen Geschmack bisweilen zu sentimental zugeht, sind Sie wirklich „meiner". Und ich wünsche allen noch lehárfernen Menschen, dass sie diesen bezaubernden Kosmos für sich entdecken. Möge dieses Buch dazu beitragen.

Franz Lehár um 1907.

Franz Lehár um 1921.

Vorwort der Herausgeber

Mehr k. u. k. geht nicht! Dieses Franz-Lehár-Lesebuch taucht ein in versunkene Kulturlandschaften. Welchen Schatz gibt es zu heben? „Oper, Operette, *Lehár*!" Eine kürzere Beschreibung der Singularität des Komponisten ist nicht denkbar. Sie stammt von Paul Knepler, der zusammen mit Fritz Löhner-Beda das Textbuch zur „musikalischen Komödie" Giuditta schrieb. Mit diesem Werk zog Franz Lehár in die Wiener Staatsoper ein – ein Aufstieg, der ihm mit seinen frühen Opern verwehrt geblieben war.

Lehárs bester Freund, der Tenor Richard Tauber, dem Erich Wolfgang Korngold „teuflische Musikalität" nachsagte, wusste es! Der Operettenkomponist galt als Musiker zweiter Klasse. Tauber hatte das am eigenen Leib erfahren. Als er nach zehn Jahren erfolgreicher Opernkarriere begann, „Lehár" zu singen, hatte er eine schlechte Nachrede – doch „als sein eigener Finanzminister" konnte er darüber hinwegsehen. (Kai-Uwe Garrels' Beitrag in diesem Buch gibt Einblick in die künstlerisch-menschliche Verwandtschaft der beiden grandiosen Musiker.) Auch Lehárs Reichtum wuchs beträchtlich, „Tantiemen-Monumente", das Lehár-Schlössl und die Lehár-Villa, künden noch heute davon – wir begehen sie in Kapiteln von Heide Stockinger und der Kustodin Helga Maria Leitner.

Seine Zeitgenossen hörten in seinen Werken nicht nur Lehár erklingen: Der Dirigent Max Schönherr, Verfasser einer Bibliografie zu Leben und Werk Lehárs und Träger der „Großen Lehár-Jubiläumsmedaille", lobte dessen „weitestgehende Anpassung an Puccini'sche [...], gelegentlich auch Richard Strauss'sche Harmonik"; Lehár-Biograf Bernard Grun bewunderte den von Lehár entfachten „Orchesterrausch", der an den ROSENKAVALIER erinnere. (Doch sei, fährt Grun fort, Lehár „kein Richard Strauss der Operette", weil er „aus erster, nicht aus zweiter Hand" schöpfe; Michael Lakner als Musiker und Regisseur ordnet in seinem Beitrag dieses Können und seine Bedeutung fürs 21. Jahrhundert ein.)

Mit Giacomo Puccini verband Lehár bis zu dessen Tod eine erfüllende Künstlerfreundschaft, die jenen sogar zur operettenhaften Komposition der „commedia lirica" LA RONDINE, auf ein Textbuch der Lehár-Librettisten Alfred Maria Willner und Heinz Reichert, verleitete. Die Schöpfer des ROSENKAVALIER hingegen blieben reserviert: Für Hugo von Hofmannsthal zählte Lehár zu den „Herrschaften dritten Ranges"; noch nach seiner Zeit als Präsident der deutschen Reichsmusikkammer wertete Richard Strauss Lehár als „Gassenmusikanten" ab (Reichspropagandaminister Joseph Goebbels hielt Strauss daraufhin vor: „Lehár hat die Massen. Sie nicht!").

Nicht nur k. u. k., auch kaiserlich-preußisch: Die Massen reichten bis in allerhöchste Kreise. Fast ein halbes Jahrhundert vor dem vergifteten Goebbels-Lob, nach einem Konzert von Lehárs Marinekapelle in Pula im April 1894, hatte der deutsche Kaiser Wilhelm II. dem Kapellmeister „für Ihre vorzüglichen Leistungen seine Allerhöchste Zufriedenheit" aussprechen lassen. Einem anderen kaiserlichen Lob entging Lehár, weil er sich früh am Morgen nach dem Bankett zur Budapester Erstaufführung seiner Oper KUKUŠKA nicht zur Kaiserparade aufraffen konnte. Franz Joseph I. fragte vergeblich nach ihm. Noch Jahre später war der Name des Komponisten dem Habsburger Herrscher ein Begriff: „Aha, das ist ja der Lehár, der bei der Frühlingsparade nicht ausgerückt ist." Mehr k. u. k. geht nicht! Nur drei Jahre jünger als der Begriff „kaiserlich und königlich" für die österreichisch-ungarische Gesamtmonarchie, begann Lehár als Militärmusiker in Transleithanien, bevor er sich auch das „Cis-" eroberte: In randpolnischen, tschechischen, slowakischen, dalmatinischen und oberitalienischen Landschaften als Musiker, zunächst als Geiger, später als Dirigent, auch eigener Kompositionen, war er in jungen Jahren unterwegs und sog die Musiktraditionen des

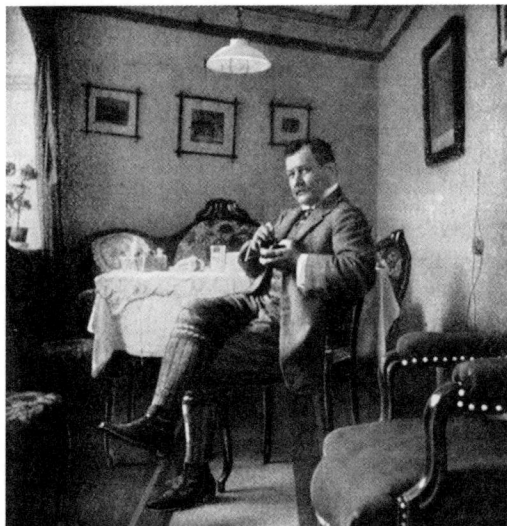

In der Bahnhofstraße 5 in Ischl arbeitete Lehár im Sommer 1905 an seiner LUSTIGEN WITWE.

jeweiligen, vom Militär zugewiesenen Standortes auf. Bis er zur Wende vom 19. zum 20. Jahrhundert in der kakanischen Stadt Wien sesshaft wurde und hier noch vor dem Siegeszug der Operette DIE LUSTIGE WITWE rund um die ganze Welt ab 1905 seine ersten Lorbeeren als Operettenkomponist erringen konnte – dieses Werk erkannte auch Lehár selbst als Wendepunkt seiner Karriere: Noch 1912, also zum Beispiel zwei Jahre nach der Uraufführung seines GRAFEN VON LUXEMBURG, betitelte er einen biografischen Aufsatz „Bis zur LUSTIGEN WITWE". Kai-Uwe Garrels geht diesen Wurzeln in seinem Beitrag über den „frühen Lehár" ebenso wie in der biografischen Übersicht am Ende des Buches nach.

Mehr k. u. k. geht nicht! Lehár war dem vorkriegszeitlichen Lebensstil verhaftet. Helga Maria Leitner führt den Leser in ihrem Beitrag virtuell durch die Bad Ischler Lehár-Villa. Wie erschlagen von der Einrichtungsfülle zwischen verblichenen Tapeten verlässt der Leser-Besucher die Villa und weiß, mit den Worten von Egon Friedell gesprochen: Hier regiert „die Lust am Unechten", das Milieu der Lehár'schen Operetten gebe die seelische Verfassung der vorgeführten Figuren wieder. Man dürfe aber nicht glauben, Lehár habe beschlossen, sein Leben hindurch nur Kitsch zu kaufen und zu sammeln. „Nein, der Stil der Villa entsprach dem Stil seiner Jugend."

Während sich Lehár ab 1912 zunächst in den Sommern, später ganzjährig bis zu seinem Tod in der Ischler Lehár-Villa aufhielt, konnte er sein Wiener Heim, das 1932 erworbene Schikaneder-Schlössl im „Vorort" Nussdorf, nur knapp zehn Jahre bewohnen. Die ursprüngliche Ausstattung und Ausschmückung der Räume ist, wenn man ein paar alte Fotos heranzieht, heute nur mehr in etwa vorstellbar, aber allein schon die Wahl eines barocken Schlössls mit Stuck und Deckenfresken spricht für sich. Heide Stockinger gibt in ihrem Beitrag Gespräche mit Hermine Kreuzer, der 95-jährigen Bewahrerin des Schlössls wieder, die Lehárs Nachruf nicht verklingen lässt, auch im wörtlichen Sinne durch die im Lehár-Museum organisierte Operetten-Konzerte.

Mehr k. u. k. geht nicht, selbst Lehárs *nach* dem Ersten Weltkrieg komponierte Operetten waren Solitäre einer nicht mehr existierenden plüschigen Welt. Seine veröffentlichten Aussagen zu den Operettenfiguren im PAGANINI, im ZAREWITSCH und zur Figur „Goethe" im Singspiel FRIEDERIKE verblüffen: damit seien „echte Menschen", „wahre Gefühle" und „das wirkliche Leben" auf die Bühne gestellt. In die Historie entrückt hat er seine Stoffe, um des Gegenwärtigen nicht gewahr zu werden! Und das Publikum der schweren Zwanziger Jahre dankte es ihm. Heide Stockinger beschäftigt sich in ihrem Beitrag zu FRIEDERIKE mit dieser Rückwärtsgewandtheit trotz redlicher Bemühungen der Librettisten; Wolfgang Dosch schildert Lehárs unsanftes Erwachen nach Hitlers Einmarsch in Österreich: genötigt, auf das Schalten und Walten der NS-Kulturverantwortlichen an der Parteispitze zu reagieren.

K. u. k. hat ausgedient. Zeitgeschichte warf ihre Schatten auf Lehárs Werk. In Israel wurde Lehár bis in die 1990er Jahre nicht gespielt. Wolfgang Dosch könnte durch die Erläuterungen in seinem Beitrag zum RASTELBINDER, wenn sie denn zur Kenntnis genommen würden, manches spätere Vorurteil gegen den doch „verjudeten Lehár" (NS-Bezeichnung) ausräumen. Der schon zitierte jüdische Librettist Paul Knepler findet als „letzter lebender Mitarbeiter Lehárs" (von denen, die das Nazi-Regime überlebt haben) in Doschs Beitrag berührende Worte der Dankbarkeit zu Lehárs 90. Geburtstag, den der 1948 gestorbene Komponist freilich nicht mehr erlebte. Auch wenn die Donaumonarchie längst Geschichte ist, manche ihrer künstlerischen Hervorbringungen haben überlebt. Operetten von Lehár werden gespielt und beklatscht. Zeitgenossen von Lehár hatten die Moderne ins Kunstgeschehen gebracht, ohne das Werk des bieder aussehenden, mit leiser Stimme sprechenden und ohne öffentliche Skandale auskommenden altväterischen Operetten-Handwerkers zu überschatten. Zum 150. Geburtstag des „Meisters" – so wurde er in seiner zweiten Lebenshälfte angesprochen – treten nach dem brillanten Geleitwort von Christoph Wagner-Trenkwitz fünf Autoren an, dem großen Musiker in einem Franz-Lehár-Lesebuch ihre Referenz zu erweisen. Nur einer von ihnen blieb bisher unerwähnt.

Ja, ist denn Lehár nur mehr mit seiner LUSTIGEN WITWE im Ausland vertreten? Mitnichten. Eduard Barth erzählt, welche Operettentradition Triest, einstige k. u. k. Hafenstadt und Dienstort Lehárs als Militärmusiker, bis zum heutigen Tage hat (Heide Stockinger hätte beinahe im Sommer 2019 DAS LAND DES LÄCHELNS in Triest besucht und „Dein ist mein ganzes Herz" auf Italienisch hören können). Barth lässt „Libellule", italienische Libellen, ins Lehár-Lesebuch flattern! Die Bearbeitung von Lehárs STERNGUCKER (Wien 1916) durch Carlo Lombardo ist als LA DANZA DELLE LIBELLULE (Mailand 1922) im Jahr 1982 in Triest zu einer Aufführungsserie gekommen (die Wiener Erstaufführung fand 1923 statt). In Triest im Publikum: Eduard Barth. Der LIBELLENTANZ ist das thematische und musikalische Bindeglied zwischen Lehárs spritzigen Werken der Vorkriegszeit und seinen sentimentalen Operetten der späten Zwanziger Jahre, die allerdings seine Weiterentwicklung in kompositorischer Hinsicht dokumentieren.

Möge der geneigte Leser dem „Meister der seelenvollsten Musik" (Zitat von Albert Göring, dem „guten" Bruder von Hermann) in unserer essayistischen Vielfalt nahekommen! Zwischen diesen Buchdeckeln haben wir das zu sammeln versucht, was dem Musikhörer, dem Besucher des Musiktheaters vielleicht verborgen bleibt.
Linz / Bad Ischl, im November 2019

Heide Stockinger
Kai-Uwe Garrels

Franz Lehár 1903.

Die Juxheirat

Lehárs frühe Jahre

von Kai-Uwe Garrels

22. Dezember 1904: Im Theater an der Wien findet die Uraufführung von Franz Lehárs neuester Operette statt. Auf der Bühne erlebt das Publikum die Geschichte einer frisch verwitweten jungen Frau, die eigentlich unverheiratet bleiben möchte und drei Akte später doch den Mann ihres Herzens gefunden und geheiratet hat. Nach der Premiere schreibt der Kritiker Ludwig Karpath: „Die Arbeit Lehárs ist überhaupt das Beste, was er bisher herausgebracht." Die Geburtsstunde eines Welterfolges?

Dafür ist es noch ein Jahr zu früh. DIE LUSTIGE WITWE, die Lehár Ruhm und Reichtum bringen wird, kommt erst am 30. Dezember 1905 heraus; DIE JUXHEIRAT – so heißt das Stück von 1904 – wird dagegen nach 39 Aufführungen in Wien abgesetzt. Der Franz Lehár von 1904 hatte praktisch nichts mit dem Komponisten gemein, an den wir uns heute erinnern. Fast sein gesamtes Operettenœuvre, von der erwähnten LUSTIGEN WITWE über DER GRAF VON LUXEMBURG (1909) bis zu seinem lyrischen Spätwerk mit PAGANINI (1925), DER ZAREWITSCH (1927), DAS LAND DES LÄCHELNS (1929) und der an der Wiener

Staatsoper uraufgeführten GIUDITTA (1934) lag noch vor ihm. Von der späteren Freundschaft mit dem Tenor Richard Tauber konnte noch keine Rede sein; unter dem Namen kannte man zu dieser Zeit dessen Vater Richard Anton Tauber als Schauspieler und Intendanten. Lehárs Immobilien standen zwar schon, aber erwerben sollte er das Wiener Zinshaus Theobaldgasse 16 (1908), die Bad Ischler Villa (1912) und das Schikaneder-Schlössl in Wien-Nussdorf (1932) erst später. Und auch auf die eigenen Straßen musste er noch warten: Erst 1930 wurden der Ischler Lehár-Kai und 1948 (posthum) die Wiener Lehárgasse nach ihm benannt.

Worauf Franz Lehár 1904 zurückblicken konnte: sein Studium der Violine und Musiktheorie am Konservatorium in Prag (wo dem 17-Jährigen einer seiner Lehrer, Antonín Dvořák persönlich, geraten hatte, die Geige zugunsten seiner Kompositionen an den Nagel zu hängen). Bruchstückhaften Kompositionsunterricht, wegen der strengen Regularien für Instrumentalschüler heimlich, nahm Lehár privat bei Zdeněk Fibich (als dessen *anderes* Verdienst um die Musikwelt heute sein POÈME gilt). Ein einjähriges Intermezzo als Primgeiger und später Konzertmeister bei den „Vereinigten Stadttheatern Barmen-Elberfeld" (heute Wuppertal) brach Franz Lehár, der sich auch als Berufsanfänger zu sehr ausgebeutet fühlte, 1889 zugunsten des 50. Infanterieregiments in Wien ab. Die Einberufung ersparte ihm die Konventionalstrafe für seinen Vertragsbruch. In der Regimentskapelle wurde er Sologeiger unter dem Dirigat seines Vaters Franz Lehár senior. Neben ihm saß der 17-jährige Leo Fall, der unter seinen späteren Konkurrenten als Operettenkomponist sein einziger Freund bleiben sollte, „wir saßen vereint an einem Pult und geigten uns Freud und Leid des siebenzehnjährigen himmelstürmenden Jünglings vom Herzen". Auf Fürsprache Karl Komzáks, dessen Kapelle des Infanterieregiments Nr. 84 bei der Pariser Weltausstellung 1889 gerade zur „besten aller Militärkapellen der Welt" gekürt worden war, wurde Franz Lehár Kapellmeister beim 25. Infanterieregiment im ungarischen Losoncz (heute Lučenec, Slowakei). Mit 20 Jahren war Franz Lehár der jüngste k.u.k. Militärkapellmeister und unterbot damit den bisherigen Rekord seines Vaters um ganze fünf Jahre.

Konsequent arbeitete Lehár junior an seinen Kompositionen. Im

Rückblick 1944 hatte ihm ein Domkonzert Franz Liszts in Klausenburg (heute Cluj-Napoca in Rumänien) den Lebensweg vorgezeichnet: Lehárs Vater „huldigte dem Genius des großen Musikers, indem er freiwillig als Geiger im Orchester mitwirkte. Als Liszt […] meinen Vater verabschiedete, beugte sich dieser über die Hand des Meisters, um sie zu küssen. Da erwachte in meiner kindlichen Seele zum erstenmal das Bewußtsein, […] daß der Beruf des Musikers Dienst ist an der Lebensbejahung und Lebensfreude der Menschen."

Besonders am Herzen lag Lehár seine Oper KUKUŠKA („Der Kuckuck", nach RODRIGO sein zweiter Versuch in diesem Genre), die 1896 in Leipzig uraufgeführt wurde. Optimistisch hatte der Komponist dazu seine Stellung als Kapellmeister, inzwischen der Marinekapelle in Pola, gekündigt. Dabei hatte er hier „mehr gelernt als am Konservatorium", indem er eigene Kompositionen am „lebenden Objekt" orchestrierte und auf Zuruf umschrieb. „Die beste Kritik" erhielt er von den Feldwebeln: „Wenn ihnen etwas gefallen hat, sind sie zu mir gekommen und haben gratuliert. Wenn ihnen etwas nicht besonders gefallen hat, sind sie hinausgegangen und haben Zigaretten geraucht. Da habe ich gleich gewusst, was los ist." Seine neue Berufung als Künstler nahm er ernst, die Mutter beklagte sich: „Krawatte verdreht, in seinem Fledermausmantel, ohne Uhrkette, ohne Ringe, ohne Busennadel." Seinen Schmuck hatte Lehár in Leipzig versetzt, denn an Tantiemen kam wesentlich weniger herein, als er ausgab. „Wird es überall so sein, daß er dreimal soviel ausgibt als er einnimmt?", schrieb die Mutter an seinen Bruder Anton. Auch der Vater war skeptisch: „Er glaubt, nach einem guten Erfolg wird ihm das Geld fließen; das ist natürlich nicht so, jetzt muß erst der Geschäftsmann anfangen, und als solcher ist er der ungeschickteste Mensch, der mir je vorgekommen ist." Wie wahr: Franz Lehár war gezwungen, KUKUŠKA um 1.200 Gulden vom Verleger Carl Hofbauer zurückzukaufen, der in Konkurs ging, und – zurück beim 87. Infanterieregiment – von Triest ausgerechnet nach Pola zu wechseln, wo er kurz zuvor gekündigt hatte: „Es war mir nicht sonderlich angenehm, als kleiner Infanteriekapellmeister dorthin zurückzukehren", erinnerte sich Lehár, „von wo ich einst mit so großen Hoffnungen ausgezogen war."

1898 trat Lehár die Nachfolge seines schwer erkrankten Vaters beim bosnisch-herzegowinischen Infanterieregiment Nr. 3 in Budapest an, der kurz darauf starb, „ohne von meinen Erfolgen etwas erlebt zu haben". 1899 wechselte Lehár zum 26. Infanterieregiment nach Wien. Hier wurde es zwar nichts mit der Annahme des „Kuckucksrufes" an Gustav Mahlers k.k. Hofopern-Theater (laut Ludwig Karpath empfand Mahler die Musik als „Anfängerarbeit"). Lehár tröstete sich mit dem kolportierten Schwur Mahlers, „niemals einem Militärkapellmeister Zutritt zur Oper zu gewähren", so sehr soll sich der Operndirektor über den Marsch einer Militärkapelle nach Motiven aus Wagners NIBELUNGEN geärgert haben. Lehár erzählte 30 Jahre später, eine ganze Zugfahrt von Wien nach Baden habe er in Uniform und deshalb zögerlich Mahler gegenüber im Abteil gesessen, „eben begann ich: ‚Gestatten Sie …', da knirschte die Bremse. Baden – ich mußte aufspringen, grüßte wie im Traum und verließ ganz benommen das Abteil, ohne Mahler überhaupt gesprochen zu haben." Doch als Dirigent öffentlicher Promenadenkonzerte mit seinen „26ern" errang Lehár sich immerhin einen Platz im Wiener Musikleben. Diese Popularität brachte ihm den Auftrag, für die berühmte „Gold und Silber"-Redoute der Fürstin Pauline von Metternich-Winneburg zu Beilstein im Winter 1902 den Titelwalzer zu komponieren und dort mit seinem Orchester aufzuspielen. GOLD UND SILBER, op. 79, verklang im Ballgetümmel weitgehend ungehört und ging für 50 Gulden an den Verlag Bosworth. Erst der Erfolg dieser Notenausgabe in England und den Vereinigten Staaten ließ mit etwas Verspätung auch Kontinentaleuropa aufhorchen und ermöglichte es dem Komponisten in der Folge, in Wien zu bleiben statt mit seinem Regiment nach Raab (heute Győr in der kleinen ungarischen Tiefebene) zu ziehen.

Rückblickend sehen wir Nachgeborenen das Jahr 1900 als deutliche Trennlinie zwischen der „goldenen" und der „silbernen" Wiener Operettenära. Ende des 19. Jahrhunderts waren die prominentesten Vertreter ihrer ersten Blüte Franz von Suppé (1895), Carl Zeller (1898) und Johann Strauss Sohn (1899) gestorben, am letzten Tag des Jahres 1899 Carl Millöcker. Den Zeitgenossen war um die Jahrhundertwende nicht so deutlich, wer das Genre zu neuen Erfolgen führen sollte; 1906 kamen diese Namen als Dreigestirn in die engere Auswahl: „Auf den Ruinen

Franz Lehár (rechts) mit dem Operettenkomponisten Heinrich Reinhardt, um 1903.

[Heinrich] Reinhardt'scher Größe erblühte [Edmund] Eysler's Glück. Neben beiden trat früh Franz Lehar auf den Plan", resümierte das Feuilleton der „Bukowinaer Post" aus Czernowitz.

Wilhelm Karczag, Ungar wie Lehár und neuer Direktor des Theaters an der Wien, engagierte im Frühjahr 1902 Franz Lehár als ersten Kapellmeister. Aus dem Buch WIENER FRAUEN von Hans Bergler und Emil Norini sollte eine Operette für den *Star* des Theaters Alexander Girardi (1885 der erste Schweinefürst Zsupán in Johann Strauss' DER ZIGEUNERBARON) entstehen. Fast gleichzeitig erhielt Lehár die Zusage zur Komposition von Victor Léons DER RASTELBINDER für das Carl-Theater – dessen Tochter war von seiner Kapelle am Eislaufplatz (neben dem heutigen Wiener Konzerthaus) so begeistert, dass sie ihren Vater beharrlich auf die Kompositionen des Dirigenten aufmerksam machte. Und der Titel seines erfolgreichen Marsches „Jetzt geht's los!" bewahrheitete sich: Ende 1902 war Lehár mit zwei Werken an Wiener Bühnen vertreten. Wegen dieser Konkurrenz war es nichts mehr mit der Kapellmeisterstelle an der Wien, Karczag verpflichtete Lehár jedoch „auf fünf Jahre […], seine Kompositionen dem Theater an der Wien zur Aufführung zu überlassen". Das war zunächst DER GÖTTERGATTE, eine Adaption des AMPHITRYON-Stoffes von Victor Léon und Leo Stein, die am 20. Jänner 1904 herauskam (und trotz der Neufassungen als DIE IDEALE GATTIN 1913 und DIE TANGOKÖNIGIN 1921 nur begrenzten Erfolg erzielte).

Nicht wesentlich erfolgreicher war Franz Lehárs Folgewerk. Einer der einflussreichsten Theaterkritiker Wiens um die Jahrhundertwende, Julius Bauer, hatte unter anderem das Libretto zu Carl Millöckers DER ARME JONATHAN (1889) sowie eigene Possen, Burlesken und Revuen verfasst (Tätigkeitsfelder, die mit heutigen *compliance guidelines* schwerlich vereinbar wären). Bekannt für seine intelligenten, originellen und witzigen Texte, schrieb er 1904 das Buch für DIE JUXHEIRAT. Die Heldin des Stückes ist nicht nur frisch verwitwet (eine Witwe, das hat Zukunft …!), sondern auch Tochter eines US-amerikanischen Milliardärs. Von der Männerwelt hat sie dank der in ihrer kurzen Ehe gemachten Erfahrungen genug und gründet mit drei Freundinnen sogar einen Club der Männerfeinde. Auch einen jungen Aristokraten lässt sie abblit-

zen, so kommt der auf einen etwas komplizierten Plan (erklärt in der
„Neuen Freien Presse"):

> Da wird ihr eingeredet, […] seine Zwillingsschwester werde in
> Männertracht vor sie hintreten und die Rolle des Bruders spielen, der […] für die Mißachtung, die sie ihm entgegengebracht,
> höhnische Rache zu nehmen beabsichtige. Sie geht auf das Spiel
> ein, erwidert scheinbar die Neigung und läßt sich mit der vermeintlichen Schwester trauen. Zu spät kommt die Entdeckung,
> daß […] die „Juxheirat" in Wahrheit eine regelrechte Verbindung
> war.

Den letzten Akt lang dauert es, bis auf die Trauung auch die Liebe folgt:
Sie lässt alle Scheidungspläne fallen und sinkt in die Arme des Gatten.
Der Stoff bewegt sich ganz auf der Höhe der Zeit, ist ihr teilweise sogar
voraus: der Adlige Philly Kaps, von Alexander Girardi dargestellt, ist
Automobilfreund. Die Frauenbewegung, die sich wie die junge Witwe
Selma Brockwiller im Stück ebenfalls die Parole „Los vom Mann!" hätte geben können, institutionalisierte sich am 10. Oktober 1903 in der
britischen „Women's Social and Political Union". Der Milliardär Thomas Brockwiller sollte gar erst zwölf Jahre später von der Wirklichkeit
eingeholt werden: John D. Rockefeller wurde am 29. September 1916
der erste Milliardär der Welt.

Die „Neue Freie Presse" berichtete nach der Uraufführung: „Im Theater an der Wien gab es heute einen großen und ehrlichen, einen nachhaltigen und ungeheuchelten Premièrenerfolg" und lobte Lehár als
„begabtesten und erfolgreichsten unter unseren Operettenkomponisten" für die „künstlerisch reichste und eigenartigste seiner bisherigen
Schöpfungen […]. Wienerischer Klangreichtum und musikalische Farbenfrohheit haben sich mit slawisch schwärmerischer Lyrik vermählt."
Der „Floh" empfand die Musik als „etwas schwerer, […] aber von ungewöhnlicher Reinheit und Originalität", beklagte jedoch das Niveau des
Publikums: „Das Beste und Feinste jedoch blieb unverstanden" und
fand es „betrübend, daß n u r bei solchen Anlässen herzlich gelacht
wurde", wenn etwa Girardi einen tanzenden Affen darstellte. Das „Neue

Gerda Walde und Alexander Girardi in der JUXHEIRAT, Zeichnung von Theodor Zajaczkowski („Der Floh", 25. Dezember 1904).

Wiener Tagblatt" musste zugeben: „Der dirigierende Komponist war Gegenstand sich immer wieder erneuernder Ovationen. Der Librettist folgte den Hervorrufen nicht", sah aber den angestrebten „höheren Zweck" des Werkes, „die Idee eines musikalischen Lustspieles [...] gleichbedeutend mit einer komischen Oper", verfehlt und bedauert das „allzu starke Betonen des Tanzrhythmus".

Zunächst sah alles nach einem rauschenden Erfolg im Theater an der Wien aus: die folgenden Vorstellungen waren schnell ausverkauft, es erschienen „wegen des großen Erfolges" gesonderte Notenausgaben, DIE JUXHEIRAT wurde – unter Leitung des Komponisten – in München und Berlin (und Linz) nachgespielt, Girardi gab mit Gerda Walde und Elsa Föry das Tanzterzett auf der Wohltätigkeitsakademie des Vereins „Treue" in den Sophiensälen zum Besten. Doch das Publikumsinteresse ließ schnell nach. Offenbar gab es zu wenige „Leute, die sich eines besseren Geschmackes rühmen dürfen" („Der Floh") und Lehárs musikalische Anspielungen auf Richard Wagner im zweiten Akt ebenso wie Bauers Reverenz an Johann Nepomuk Nestroy mit „Einen Jux will sie sich machen" zu schätzen wussten – vielleicht waren aber auch die Kritiken mit Rücksicht auf den Kollegen Librettisten eine Spur zu schönfärberisch ausgefallen? Währenddessen feierte DER RASTELBINDER im Carl-Theater seine 220. Vorstellung … DIE JUXHEIRAT verschwand nach 39 Vorstellungen von den Wiener Spielplänen. Gegen Ende der Aufführungsserie machte die „Gramophone & Typewriter Ltd." im Februar 1905 mit der Premierenbesetzung Alexander Girardi, Phylla Siegmann-Wolff, Carlo Böhm, Mila Theren und Carl Meister neun Schallplattenaufnahmen. Diese erinnern noch heute – primitiv, aber originalbesetzt – an den Komponisten Franz Lehár vor dem Erfolg der LUSTIGEN WITWE.

Jewgenij Taruntsov und Maya Boog in Michael Lakners Inszenierung des ZAREWITSCH, Baden 2017.

Von der *Zigeunerliebe* über *Die blaue Mazur* zum *Zarewitsch*

Wie inszeniert man Lehár im 21. Jahrhundert?

von Michael Lakner

Vergleicht man die drei Operetten, die ich in meinem Artikel behandle, so ist bemerkenswert, dass Franz Lehár sich musikalisch immer wieder neu erfunden hat, sich selbst und seiner Lust zur Entdeckungsreise in geografisch gesehen fremde Musikwelten zeitlebens treu geblieben ist. Dabei war sein Schaffen immer von höchster Qualität und exzellentem technischem Handwerk geprägt.

Seit meiner Initiative im Jahr 2004, die „Operettenfestspiele Bad Ischl" in „Lehár Festival Bad Ischl" umzubenennen, hat durch die Fokussierung auf das Œuvre von Franz Lehár, der vierzig Jahre in Bad Ischl lebte, das Festival, auch international, an Profilschärfe gewonnen. Der Komponist, der die Mehrzahl seiner Bühnenwerke in seinem Ischler Sommerquartier schrieb und dessen Nachlass sich auch in Bad Ischl befindet, meinte, dass er in Ischl stets die besten Einfälle habe, weil ihn die Ischler Luft so ungemein inspiriere. Das war für mich 2004 als designierter Ischler Intendant Auftrag genug, Franz Lehár die Festspiele zu widmen und dem *genius loci* jedes Jahr durch exemplarische Aufführungen seiner Werke gerecht zu werden, sowohl was die szenische als auch was die musikalische Umsetzung betrifft.

So fanden nicht nur DIE LUSTIGE WITWE, DER GRAF VON LUXEMBURG, DER ZAREWITSCH, PAGANINI, GIUDITTA und das notorische LAND DES LÄCHELNS ihren Platz im Repertoire der Sommerspiele, nein, auch unbekanntere Werke wurden von mir ans Tageslicht befördert und durch eine permanente Zusammenarbeit mit dem CD-Label cpo einem breiten Publikum wieder in nachhaltige Erinnerung gerufen: EVA, WO DIE LERCHE SINGT, FRASQUITA und vor allem DIE JUXHEIRAT fanden triumphalen Einzug in die in den letzten Jahrzehnten bereits arg erodierte und durch Mutlosigkeit der Intendanzen ausgedünnte Operettenlandschaft. Dies brachte uns, dem gesamten Team des Festivals, Ruhm und Anerkennung; zweimal in Serie wurde dieses Wagnis mit dem Operettenpreis „Frosch" des Bayerischen Rundfunks honoriert, und auch ich persönlich wurde in den 14 Saisonen meiner Ägide mit mehreren Ehrungen in meinem Paradigmenwechsel bestätigt, gerade was das Schaffen von Franz Lehár und eine szenisch-dramaturgische Peripetie und neue Stoßrichtung in der Interpretation seiner Werke betrifft.

Die szenische Aufführung der Lehár-Rarität ZIGEUNERLIEBE durfte ich zweimal auf die Bühnenbretter bringen. Im Jahr 2019 war sie Teil des in der Sommerarena dargebotenen Programms der Bühne Baden, der ich seit 2017 als künstlerischer Leiter vorstehe. Eine TV-Übertragung von ZIGEUNERLIEBE auf dem Kultur- und Informationssender ORF III verschaffte der Operette den ihr gebührenden größeren Bekanntheitsgrad. Die Aufführung der Operette in Bad Ischl im Jahr 2012 unter einem Regisseur mit Mut zum Transfer des Werks vom lehárgetreuen zum psychologisch relevanten Schauplatz hatte den Musikwissenschaftler und Autor Wilhelm Sinkovicz in der Tageszeitung „Die Presse" unter der Schlagzeile „Der aufregende ganz andere Franz Lehár" zu folgender Würdigung der Produktion bewogen:

Melitta Koppel als Jolan, Hubert Marischka als Kajetan und Mizzi Zwerenz als Ilona in der Uraufführung von Zigeunerliebe, 1910.

Wozu Festspiele? Zum Beispiel dazu: Bad Ischl veranstaltet traditionell Operettenaufführungen während des Sommers und lässt es nicht damit bewenden, Populäres immer wieder zum Besten zu geben. In der laufenden Saison kombiniert Intendant Michael Lakner beispielsweise Carl Zellers Vogelhändler – rettungslos ausverkauft – mit Franz Lehárs rarer Zigeunerliebe. Operettenkenner wissen gerade noch, dass es diesen Titel gibt, Lehár-Verehrer bezeichnen das Werk als das irgendwie „Besonderste", das der notorische Hang zum Opernhaften dem Komponisten eingegeben hat. Grund genug, das Stück wieder einmal neu zu inszenieren. Ein Stück für den Connaisseur, Ischl sah die Zigeunerliebe zuletzt vor 30 Jahren [...]. Der Musikfreund, der daher nicht weiß, was ihn erwartet, ist schlicht überwältigt. Allein die ersten 20 Minuten würden die Fahrt ins Salzkammergut schon lohnen! Da ist Franz Lehár ein kleines Monodram gelungen, das mühelos an die Seite der interessantesten Musiktheaterversuche der Ära kurz vor Ausbruch des Ersten Weltkriegs gestellt werden kann. Nirgendwo ist dieser Komponist kühner als hier, wenn er seine Heldin in einer visionären Szene, in völliger Verzweiflung zeigt: Die schöne Zorika aus gutem Hause soll den braven, gut situierten Jonel heiraten, liebt aber den freizügigen Zigeunerprimas Józsi. Sie wird an dieser Liebe zerbrechen. Man spürt das bereits in dieser musikalisch grandios gestalteten Eingangsszene – inklusive pittoreskem Orchestergewitter [...]. Farbenprächtig aufrauschende Instrumentalklänge tragen die Singstimme in eine Klangwelt jenseits jeglicher Operettenseligkeit. [...B]lühend schöne Soprantöne in einer musiktheatralischen Tondichtung, die als Initialzündung zu einer spannenden Melange aus Traum und Wirklichkeit fungiert. Mit der Zeit apern aus dem symphonischen Fluss der Partitur auch veritable Unterhaltungstheaternummern heraus. Doch nicht einmal die zündenden Tanzszenen des hinreißend komischen Buffo-Paars [...] laufen nach Schablone ab. Immer überrascht Lehár mit unerwarteten Effekten; auch im Terzett der beiden Komödianten mit dem eitlen Gutsbesitzer [...]. Leonard Prinsloo führt die Figuren liebevoll durch das Psycho-

drama oder – wie im Fall der Buffo-Szenen – behutsam daran vorbei. Man spielt in Ischl die Urfassung mit Dialogen. Lehár hat sein Werk später als Oper „durchkomponiert". […]
Das „Lehár-Festival" hat heuer vielleicht den Beginn einer Renaissance eines Meisterwerks eingeläutet. […] Lehár-Festspiele, fürwahr.

Wie man meiner Meinung nach als für die Gesamtästhetik von Produktionen maßgeblich verantwortlicher Kulturmanager Lehár inszenieren sollte, habe ich gerade in dieser vielgelobten Produktion vorgeführt (der deutsche Kritikerpapst Manuel Brug beispielsweise pries in „Die Welt", dass

> ausgerechnet in Ischl, wo der Operettenfestspiel-Intendant Michael Lakner gekonnt einen klug abwägenden Weg zwischen Tradition und Innovation geht, […] das perfekt besetzte Ensemble von Marius Burkert und seinem hinreißend stilvollen Orchester zu immer neuen Lehár-Höhen getragen wird[,]

und resümierte: „Und ein großartiges vieldeutiges Stück Operetten-Oper ist nun hoffentlich dem Repertoire zurückgewonnen"). Nicht als verstaubtes Operettentheater, sondern in einer die heutige Zeit spiegelnden tiefenpsychologischen Deutungsweise wollte ich Lehár zeigen. Zorika ist in Leonard Prinsloos Inszenierung an ihrer Entscheidung, den braven Jonel zu ehelichen, innerlich zerbrochen und hat den Verstand verloren. Das gesamte Stück spielt folglich im Irrenhaus, die Wassernixen des die Zukunft Zorikas vorhersagenden Flusses Cerna sind Krankenschwestern. Zorika erlebt also in der Ischler Deutung ihr Leben in einer geschlossenen Anstalt im Rückblick.

Dass ZIGEUNERLIEBE nicht von vornherein als *opus summum* bezeichnet werden kann, beweist die Tatsache, dass sich Lehár, der eigentlich Opernkomponist sein wollte, 1909 mit gleich drei Werken parallel auseinandersetzte: Erstens mit DER GRAF VON LUXEMBURG. Obwohl ihm bewusst war, dass er dem unbeschreiblichen Erfolg der LUSTIGEN WITWE nacheifern und noch „eins draufsetzen" musste (frei

Lehár, „der vielseitige Werkelmann", bespielt drei Theater gleichzeitig. Zeichnung von Siegfried Horn („Kikeriki", 23. Januar 1910).

nach dem Motto: „Gib' dem Affen Zucker"), verwandte er auf den GRAFEN nicht die größte Aufmerksamkeit und delegierte die Instrumentation an einen Mitarbeiter. Zweitens mit DAS FÜRSTENKIND, welches in besagtem Jahr auch nicht oberste Priorität in seiner musikalischen Gedankenwelt spielte. Drittens mit ZIGEUNERLIEBE. Die ist nun aber mit allem Herzblut Lehárs versehen, hier hat er sich kompositorisch selbst übertroffen. Der Beginn des Stücks scheint wie aus Dvořáks RUSALKA entnommen zu sein: Gewaltige Orchesterwogen umrahmen die große Szene der Zorika, in der sie mit dem Fluss Cerna musikalische Zwiesprache hält. Wagner-Anklänge gibt es in den an RHEINGOLD und GÖTTERDÄMMERUNG gemahnenden Szenen mit den Wassernixen. Keine von Lehárs Partituren ist so farbenreich instrumentiert und melodisch raffiniert gestrickt wie die der ZIGEUNERLIEBE. Es ist dies auch das einzige Werk, das Lehár ganz am Schluss seines Lebens als Schwanengesang nochmals für eine ungarische Produktion umgearbeitet hat. Unter dem Titel GARABONCIÁS DIÁK 1943, also neun Jahre nach seinem offiziell letztverfassten Werk GIUDITTA, kam ZIGEUNERLIEBE in einer durchkomponierten Opernfassung in Budapest heraus.

Auch mein persönlicher Zugang als Regisseur, wenn ich Lehár selbst inszeniere, ist geprägt von einer modernen Sicht auf alte Stoffe: nicht altbackene, spießige Repetition biederer Operettenklamotten, sondern ein frischer und mutiger Neuzugang in spritzigen, witzigen neuen Texteinrichtungen, die inhaltlich zwar die Kirche im Dorf lassen, also das Grundsujet nicht in Frage stellen oder gar karikieren (die Operette ist per se die Parodie der Oper, warum sie also ins Lächerliche ziehen?), hingegen die ewiggültigen Werke in neuem Kleid zeigen. Vor allem in einer sprachlichen Neufassung und in einem Ambiente, das einem heutigen, musicalaffinen Publikum nicht fremd ist, um die musikalischen Wunderwerke Lehárs gerade aufgeschlossenen und jungen Menschen des 21. Jahrhunderts näher zu bringen und sie dafür zu begeistern.

Sieht man sich Lehárs Operettenœuvre als außenstehender *omniscient narrator* an, so fällt auf, dass er in den mehr als 30 von ihm geschaffenen Werken einen nicht unerheblichen Anteil seines Schaffens auf Stoffe verwendet, die nicht im Kernland Österreich, sondern beispielsweise im Kronland Ungarn (wie die eben ausführlicher beschriebene ZIGEUNERLIEBE, aber auch WO DIE LERCHE SINGT), daneben Italien (GIUDITTA, PAGANINI), Frankreich (DIE LUSTIGE WITWE, CLO-CLO, LIBELLENTANZ) bis hin ins ferne Asien (DAS LAND DES LÄCHELNS) und Afrika (GIUDITTA) spielen. Es sind Sehnsuchtsorte, zu denen sich Lehár mit seiner ihm treuergeben folgenden Fangemeinde hinbewegt, um neue Inspirationen für seine Musik zu gewinnen, also um neue Klänge, Formen und Instrumentationsweisen für neue Themata zu finden. Für ihn gilt in vollem Ausmaße das Sprichwort „Fange nie an aufzuhören, und höre nie auf, anzufangen!", das sein heimliches Lebensmotto gewesen sein könnte.

Freilich spielt die Tatsache, dass Österreich-Ungarn gerade nach dem Ersten Weltkrieg zerbröselt war und aufgrund der Auflagen der Siegermächte und der damit verbundenen weiträumigen Gebietsverluste der ehemaligen k.u.k.-Monarchie nur noch als ein kläglicher Torso des ehemaligen Habsburgerreiches überlebt hatte, eine große Rolle in Lehárs Stückwahl. Eskapismus war nicht nur in der Zeit des Krieges selbst zum Zwecke der Zerstreuung und des Vergnügens angesagt. Mitnichten: Gerade nach dem Krieg bemühte sich Lehár wie sein Konkurrent und Freund Leo Fall (auf die Frage: „Haben Sie einen Konkurrenten?" antwortete Lehár spitzbübisch zweideutig dereinst „Ja, das ist der Fall!"), fremde Kulturen musiktheatralisch in seine Operetten einzuweben.

Die 1920 komponierte BLAUE MAZUR, die 2020 punktgenau zum 100-jährigen Geburtstag dieses Werks endlich in der Sommerarena der Bühne Baden (als Badener Erstaufführung wohlgemerkt) ein längst überfälliges Revival erlebt, ist in vielerlei Hinsicht bemerkenswert und hat einen Sonderplatz in Lehárs Wirken: Sie stammt aus der literarischen Feder des Powerpaares Leo Stein und Béla Jenbach, die als damals renommierteste Textdichter eine regelrechte „Operettenlibrettofirma" betrieben und das Stück als Operette in zwei Akten respektive drei Bildern mit einem Zwischenspiel konzipierten. Mit Leo Stein hatte Franz Lehár nach der LUSTIGEN WITWE bei DER GRAF VON LUXEMBURG, mit Béla Jenbach auch immer wieder gut und gerne zusammengearbeitet (siehe PAGANINI und DER ZAREWITSCH). Nur hatten die beiden parallel zur BLAUEN MAZUR auch DAS HOLLANDWEIBCHEN – in dem es pikanterweise ebenfalls um eine verdorbene Hochzeit geht! – für Lehárs Konkurrenten Emmerich Kálmán in Arbeit und kamen mit Lehárs Libretto in Verzug, was dem Meister die Arbeit erschwerte, war er doch gewohnt, ein fertiges Libretto zu vertonen. Er musste immer wieder bei Stein und Jenbach nachbohren, die in Ischl gleich für zwei Werke um poetische Geistesblitze rangen.

Zur selben Zeit hatte aber auch Lehár selbst schon ein anderes Stück in Angriff genommen: Er komponierte nämlich zeitgleich an der GELBEN JACKE, dem Vorgänger des LAND DES LÄCHELNS: „Je nach Stimmung greife ich zum chinesischen, je nach Laune zum polnischen Libretto. Es ist viel amüsanter und für ein Werk wohltuender, wenn man nicht fortgesetzt daran arbeitet!" DIE BLAUE MAZUR erlebte am 28. Mai 1920 im Theater an der Wien unter der Stabführung des Maestros ihre triumphale Uraufführung – in deren Nachklang Lehárs 50. Geburtstag pompös nachgefeiert wurde –, ging zu Lebzeiten des Komponisten sagenhafte 300 Aufführungen über die Bühne und wurde an vielen Häusern nachgespielt.

Trotz der später noch zu analysierenden gelungenen Musikstilmelange aus damaligen Populärtrivia und klassischen Operetteningredienzen für das Buffopaar, trotz hinreißend komponierten Walzern, Märschen, Liedern, Duetten, Terzetten und Quintetten hat sich das Werk langfristig nicht im Kernrepertoire der Theater halten können. Immer-

In der Uraufführung der BLAUEN MAZUR: Hubert Marischka, Betty Fischer, Ernst Tautenhayn und Louise Kartousch (von links), gezeichnet von Emil Weiss („Moderne Welt", März 1920).

hin gibt es mit dem Brandenburgischen Staatsorchester Frankfurt unter der Leitung von Frank Beermann eine Gesamtaufnahme von 2007 für das bereits erwähnte Label cpo, dessen Leiter Burkhard Schmilgun nicht müde wird, dem interessierten Publikum vergessene Kostbarkeiten wenigstens auf Tonträger nahezubringen.

Heute ist diese Operette in ihrer integralen Erscheinungsform total von der Bildfläche verschwunden. Nur einzelne Musiknummern wie das Mazurka-Lied „Tanzt der Pole die Mazur" erklingen in Operettenkonzerten als Solitäre. Grund genug für mich und mein derzeit von mir künstlerisch verantwortetes Theater, die Bühne Baden, das Meisterwerk zum 150. Geburtstag des Komponisten in der Sommerarena wieder ans Tageslicht zu befördern. Gerade Trouvaillen wie diese zu Unrecht in Vergessenheit geratene Operette Lehárs reizen mich als Regisseur.

Im Originallibretto handelt die in Österreich angesetzte Operette von der zunächst unglücklichen Ehe der elternlosen jungen Wienerin Blanka von Lossin mit dem polnischen Grafen Olinski, der in der Nähe von Wien ein Palais besitzt. Wegen der vorehelichen Affären und vermeintlicher Untreue ihres Mannes verlässt Blanka ihren Gemahl noch am Abend der Hochzeit und sucht Zuflucht beim Verehrer ihrer toten Mutter, dem Freiherrn Clemens von Reiger, dessen Namen ihr die Mutter als „Vermächtnis" in einem Medaillon hinterlassen hat, verbunden mit dem Rat, sich an ihn zu wenden, sollte ihr in der Ehe je Leid und Weh widerfahren. Wochenlang wird sie vom Freiherrn und dessen Freunden in seinem Schloss versteckt. Olinski sucht Blanka überall, weil er zu der Erkenntnis gelangt ist, dass sie die einzige Frau für ihn ist. Er findet Blanka unter ihrem Mädchennamen am Landsitz des Freiherrn nahe der Residenzstadt und wirbt erneut um sie, indem er vor Morgengrauen die „Blaue Mazur" mit ihr tanzt: Bei diesem Tanz hatte er Blanka seinerzeit kennen- und lieben gelernt. Im zweiten Anlauf vermag er ihr Herz für immer zu erobern und den Bund fürs Leben neu zu besiegeln.

In diesem Werk, das man in die mittlere Schaffensperiode des Komponisten einreihen darf (seine großen Erfolge, die das Fundament für seinen Weltruhm begründet hatten, hatte er mit DIE LUSTIGE WITWE und DER GRAF VON LUXEMBURG etabliert; die seinem Busenfreund

Richard Tauber in die Kehle geschriebenen lyrisch und opernhaft verbrämten Stücke lagen noch vor ihm), huldigt Lehár musikalisch der tänzerischen Form der Mazurka und durchzieht eine ganze Operette mit dem Flair polnischer Rhythmen und Tänze (Polonaise, Mazurka, bäuerliche Volkstänze), aber auch mit melancholischen Weisen des Haupthelden – „Du, du meiner Seele holder Abgott" in polnischer Sprache dargeboten! Wieder stellt er unter Beweis, dass er immer neugierig und rastlos war in seinem Bestreben, neuartige musikalische Weisen und Formen aus anderen Kulturkreisen und die dazugehörige Instrumentationsweise handwerklich raffiniert in sein Werk einfließen zu lassen. Die Verwendung polnischer Stilelemente liegt natürlich auf der Hand. Der Titel der Operette selbst schon deriviert von der polnischen Tanzform Mazurka, die ja bereits im Schaffen Frédéric Chopins breiten kompositorischen Raum eingenommen und in das Kulturgut Mitteleuropas Einzug gehalten hatte, nicht nur im Ballsaal. Überhaupt wollte Lehár sich mit diesem Œuvre „künstlerisch um eine Stufe weiterentwickeln", was den Kritiker Ludwig Hirschfeld zu der zutreffenden Aussage veranlasste, dass Lehár immer an einer „Veredelung der Kunstform Operette" gelegen gewesen sei und er sie nie leicht genommen habe. Gerade DIE BLAUE MAZUR ist ein Kompendium an tonmalerischen Kontrapunkten und solistischen Farbtupfern im Orchester, wie durch die virtuose Verwendung der Celesta in Blankas Traumszenen vorgeführt wird.

Für mich stellt Lehárs musiktheatralische Hommage an Polen eine wahre Fundgrube der silbernen Operettenära dar; sie ist ein brillantes musikalisches Feuerwerk, das mich in unserer Badener Version dazu ermutigt hat, die Geschichte für die Sommerarena in einer vollkommen neuen textlichen Einrichtung in das jüdische Milieu des beginnenden 20. Jahrhunderts in Wien zu verpflanzen (der Gesamtdramaturgie der Spielzeit 2019/20 angepasst; sie steht unter dem Motto „Religion und Glaube"), in eine Zeit also, als Juden großenteils assimiliert lebten und nichts mehr ersehnten, als als religiöse Minderheit in Frieden leben zu dürfen und im Vielvölkerreich ihren unangefochtenen und noch nicht durch antisemitische Strömungen lebensgefährdeten Platz hatten. Das heißt konkret, die Story zu adaptieren und sie als *on and off*-Liebesbeziehung eines polnischen Grafen jüdischer Herkunft zu einem Wiener Mädel zu erzählen. Und dadurch die Möglichkeit zu nutzen, das zauberhafte Ritual einer jüdischen Hochzeit einbauen zu können und viele umgangssprachliche jüdische Ausdrücke wie *Schmonzes, Mischpoche, Chuzpah* etc. und den jüdischen Witz in die Dialoge integrieren zu können.

So heißt konsequenterweise der polnische Graf in meiner Fassung Graf David Szpilmanski und steckt zu Anfang des Stücks gerade in einer noch nicht ganz überwundenen Liaison und Passion für das eher flatterhafte typische Wiener Vorstadt-Mädel Gretl Aigner vom Wiener Hofballett. Diese Gretl Aigner ist bei mir eine ziemlich ungehobelte Göre, die im tiefsten Wiener Dialekt redet, was der Figur eine vollkommen neue komödiantische Farbe verleiht. Als Blanka von der Affäre mit der unstandesgemäßen Gretl erfährt, verlässt sie David tief gekränkt. Wie im Original findet Blanka Zuflucht beim Freiherrn von Reiger, der mit zwei Freunden in einem homoerotisch dominierten Haushalt zusammenlebt. Sein Adoptivsohn Benjamin (im Originallibretto ist er der Neffe des Freiherrn und heißt Engelbert) führt ein Doppelleben: So sittsam er zu Hause ist, führt er in seiner anderen Identität als „Baruch" (ursprünglich Adolar) im Umfeld seines Freundes David ein Lotterleben. Bei einem Fest auf Reigers Landschloss zu Ehren Blankas taucht unerwartet Szpilmanski auf, und es kommt zum Showdown. Einerseits fliegt das Doppelleben Benjamins auf, andererseits gelingt es Szpilmanski, bei Sonnenaufgang seine Gemahlin mit der „Blauen Mazur" für sich zurückzugewinnen.

Sieben Jahre nach der BLAUEN MAZUR erblickte DER ZAREWITSCH das Licht der Operettenwelt, für mich persönlich der größte musiktheatralische Wurf des Komponisten, allenfalls noch übertroffen von seinem *opus summum*, der „Oper" ZIGEUNERLIEBE. So reizte es mich besonders, es als erstes Lehár-Werk während meiner Intendanz in Baden zu inszenieren. Es ist ja gleichzeitig auch Lehárs Reverenz seiner großen Liebe gegenüber, eben der Oper als Genre per se, weil es – analog zum *dramma lirico* des Verismo – von ihm als lyrische Operette gestaltet ist, in der Einzelgänger und Außenseiter die Helden der Handlung sind. Lehárs gerade zur vollen Blüte reifende Künstlerfreund-

Thea Rosenquist in der Uraufführung von Gabriela Zapolskas ZAREWITSCH 1917 im Deutschen Theater, Wien.

schaft zu Richard Tauber stand denn auch Pate für das berühmte „Wolgalied". Dessen russisches Lokalkolorit wie auch das der großen Tscherkessennummern wird konsequenterweise mit Balalaikaklängen eingefangen. Von den musikalischen Finessen des Werkes soll aber noch später ausführlicher die Rede sein.

DER ZAREWITSCH verfügt außerdem aufgrund der hervorragenden Vorlage des Dramas von Gabriela Zapolska über ein starkes und authentisches Libretto. Zudem ist dies auch die einzige Operette Lehárs, bei der seine Frau Sophie sozusagen die Hände mit im Spiel hatte. Sie hatte das Stück von Gabriela Zapolska 1917 im Deutschen Volkstheater gesehen und es Lehár zur Vertonung ans Herz gelegt.

Lehár hat sich zunächst am Inhalt des Librettos gestoßen, an der sexuellen Umerziehung des Titelhelden, der zunächst „mehr Lust am Manne als am Weibe verspürt", durch eine Tänzerin, die allerdings am Ende des Stückes aus Staatsräson auf ihr Glück schmerzlich verzichten muss.

Dieser Aspekt der Handlung entspricht der historischen Wahrheit. Für meine Badener Fassung, die im Sommer 2017 in der Sommerarena Premiere gefeiert hat, hatte ich mich entschieden, mit der Geschichte über Aljoscha gleichsam die Jugend von Nikolaus II., des letzten russischen Zaren, zu schildern. Dessen Liebesbeziehung zu der Tänzerin Matilda Kschessinskaja ist Fakt. Nur erkannte Nikolaus II. (anders als sein *alter ego* Aljoscha in der Operette), dass er sich von der Tänzerin trennen und aus Standesgründen eine adelige Braut wählen musste. Und anders als in der Operette verliebte sich Nikolaus tatsächlich in seine präsumptive Braut, Prinzessin Alix von Hessen-Darmstadt. In der historischen Realität handelte es sich also mitnichten um eine Vernunftheirat.

Nikolaus II. hatte nach den Europäisierungsversuchen durch Peter den Großen seine Regierung wieder auf einen nationalistischen Panslawismus eingeschworen und huldigte dem russischen Cäsaropapismus. Dieser politisch brandgefährliche Mix führte aufgrund der autoritären Art und Weise, mit der Nikolaus II. sein Millionenvolk führte, auch zum Untergang der Romanows und somit des Zarenreiches überhaupt. Wie in Lehárs Operette war der junge Zarewitsch gänzlich ungeeignet für die Übernahme der großen Verantwortung, ja, er hätte nach eigener Aussage lieber seinen Bruder Georg auf dem Zarenthron gesehen. „Was soll ich machen? Ich bin aufs Regieren nicht vorbereitet! Ich verstehe nichts von Staatsgeschäften. Ich weiß nicht einmal, wie man mit Ministern redet. Ich wollte nie Zar werden", soll er geklagt haben.

Die spartanische Art und Weise, in der Nikolaus aufwuchs – auf Eisenbetten mit harten Kopfkissen und dünner Matratze –, wird von den Librettisten Lehárs, Béla Jenbach und Heinz Reichert, wirklichkeitsgetreu eingefangen. Genauso wie die Tatsache, dass der Thronfolger keine erotischen Erfahrungen hat, lieber rudert, reitet und boxt. Wirkliche Nahebeziehungen pflegte Nikolaus nur zu seiner Garde und zu den Offizieren, mit denen er aufwuchs. Dem habe ich in meiner Inszenierung dadurch Rechnung getragen, dass der erste Akt durchgehend im palasteigenen, vollkommen vor der Außenwelt abgekapselten „Fitness-Center" des Thronfolgers spielte. Und ich habe Aljoscha auch typgerecht so besetzt, dass der Sänger der Titelrolle in der Lage war, nebst Singen diverses Körpertraining glaubhaft zu absolvieren. In der

Operette wird alles auf die Spitze getrieben: nämlich, dass der Operettenheld Aljoscha überhaupt keine Frauen um sich duldet. Sogar die Ehe zwischen seinem Leiblakai Iwan und einer gewissen Mascha muss vor ihm geheim gehalten werden. Mascha darf nicht am Hof leben, sie existiert offiziell gar nicht. Aljoschas Onkel, der Großfürst, ist trotz seines militärischen Ranges eines Generals (Aljoscha selbst ist mit Oberstwürden dekoriert) der einzige wirkliche väterliche Freund des Thronfolgers wider Willen. Er steht in ständigem Disput mit dem jüngeren, sinistren und karrieresüchtigen Ministerpräsidenten, der bereits mehrere Listen angewandt hat, um Aljoschas Interesse an den Frauen zu wecken, welche jedoch bisher alle fehlgeschlagen sind.

Die erste Frau im Leben des Zarewitsch, die Tänzerin, hört in der Operette auf den Taufnamen Sonja und gehört zu der Volksgruppe der Tscherkessen, einer Ethnie, deren Gebiet 1864 von den Russen erobert wurde. Sie übernimmt als lyrischer Sopran die traditionelle Divenrolle im Stück. Wir erleben in meiner Interpretation die Reifung eines jungen Menschen vom unschuldigen Jugendlichen zum Mann, der für seine Liebe zu einer Tänzerin gegen alle Widrigkeiten einsteht, wobei mir in meiner Version besonders wichtig war, dass Sonja noch nicht „durch viele Hände gegangen" ist, wie das der Großfürst behauptet.

Lehár hat natürlich, um den Regeln der Operette Genüge zu tun, die Haupthandlung um die Buffo-Szenen mit Aljoschas Leiblakai Iwan und dessen Ehefrau Mascha angereichert. Diese Buffo-Szenen bilden gemeinsam mit den an die *commedia dell' arte* gemahnenden Figuren des Gigolos Bordolo und des neapolitanischen Bauernmädchens Lina den heiteren Gegenpol zu der sentimentalen Grundstimmung, die das lyrische „Opern"-Paar Aljoscha / Sonja der Operette unterlegt. Den Italienern hatte ich im Hinblick auf authentisches italienisches Ausdruckskolorit in Gestik, Mimik und Sprechweise besonders viel Augenmerk gewidmet.

Wie wunderbar in diesem Stück die reine Liebe zweier Menschen (dem hohen Paar Sonja und Aljoscha) dem eher auf sexuelle Bedürfnisse ausgerichteten wollüstigen Treiben des Buffo-Paares gegenüber gestellt wird: „Schaukle, Liebchen, schaukle", „Heute Abend komm' ich zu dir [...] Wecken will ich dich mit heißen Küssen". Der Dialog und die Musiknummern des Buffopaars sind gespickt mit sexuellen Anspielungen und einem ganz anderen Verständnis von „Liebe". Sonja und Aljoscha hingegen tasten sich vorsichtig aneinander heran, ihre Liebe erscheint schon aufgrund der Intrigen der Hofgesellschaft zerbrechlich. Und deswegen schillern in ihr alle Spektren von leidenschaftlicher Glut über rasende Eifersucht gepaart mit körperlicher Gewalt bis hin zur Entsagung. In meinem ZAREWITSCH spielen Aljoscha und Sonja von Anfang an den Abschied von ihrer Liebe. Was mir in meiner Inszenierung wichtig war, ist, dass dieser Abschied unausweichlich ist. Er wird von den beiden nur immer wieder hinausgezögert, bis dann die Nachricht vom Tod des Zaren über sie hereinbricht und sie beide gefasst ihrer Liebe entsagen. Ihre Beziehung ist trotzdem gefestigt, wenn auch beide hin und wieder taktieren: Oft verfällt der Zarewitsch in seinen gewohnten militärischen Tonfall, wenn Sonja zaghafte Versuche unternimmt, ihn sanft zu überstimmen.

Sonja liebt ihn ja früher als er sie, denn sie will ihrem Leben als Tänzerin entfliehen und sieht in der „Vermittlung" durch den Großfürsten ihre große Chance, sie will „das Wunder der Liebe erleben". Doch auch Aljoscha verfällt nach und nach der natürlichen Anmut seines „Spielkameraden" und spätestens im großen Duett des 2. Aktes Nr. 8, „Hab' nur dich allein", dem Herzstück der Operette, haben sich beide über beide Ohren ineinander verliebt. In meiner Dramaturgie mündet diese Eruption der Liebe in der ersten wirklichen Kussszene zwischen den beiden.

Musikalisch wird der emotionale Parcours, den Aljoscha und Sonja durchlaufen, von Lehár tonmalerisch genial gespiegelt, wie ihm mit dem ZAREWITSCH überhaupt ein Glanzstück an musikalischer Charakterisierungskunst dramatischer und emotionaler Affekte gelungen ist. Man denke an das hervorragende Finale I, die große Erkennungsszene, in der Sonja von Aljoscha als Mädchen decouvriert wird. Hier arbeitet Lehár mit höchster Instrumentationsraffinesse und fast filmmusikalischer Illustration. Wäre Franz Lehár in Hollywood groß geworden, hätte er sich wohl mit Miklós Rózsa, Max Steiner und Franz Waxman den Ruhm der größten Filmkomponisten geteilt. Ein weiteres ebenbürtiges Paradigma für Lehárs Kunst ist das furiose Finale II, in dem es fast zum

Kippen der Beziehung zwischen Sonja und Aljoscha kommt, als Aljoscha den Worten des Großfürsten Glauben schenkt, dass Sonja bereits „durch viele Hände gegangen" sei. Ein aufbrausendes Streichertremolo, gefolgt vom Zwiegesang der Klarinette und der Bratsche mündet in Tuttischlägen und Holz mit Becken, als der Zarewitsch Sonja als Dirne beschimpft. Der absolute dynamische Höhepunkt mit vollem Orchester ist Aljoschas Wutschrei „Leugne nicht! Du hast es meinem Oheim selbst gesagt!"

Ein wichtiges Hauptthema des gesamten Œuvres ist die Religiosität der beiden Hauptfiguren. Führt der Zarewitsch selbst im ersten Akt eine gebetsartige Zwiesprache mit Gott („Hast du dort oben vergessen auf mich") und löst sich dieses Gebet am Ende des ersten Aktes in der Reminiszenz in eine Danksagung auf (zumindest in meiner Inszenierung), so erfahren wir in einer Schlüsselszene des Schauspiels von Gabriela Zapolska (die in der Operette sonst fehlt) mehr über die Sozialisierung Sonjas: In einer berührenden Szene zwischen dem alten kranken Zaren und Sonja erleben wir das junge Mädchen als gottesfürchtiges, tiefgläubiges Geschöpf, das den Zaren selbst an die Beichte eines ganzen Lebens erinnert, die jedem Menschen kurz vor seinem Tod ansteht. Das ganze Stück hindurch wird die tiefe Religiosität der beiden Protagonisten immer deutlicher. Deshalb habe ich mich entschlossen, den Schluss der Operette in meiner Inszenierung mit zwei parallel ablaufenden Handlungen zu versehen: Während Aljoscha im Vordergrund der Bühne zum Zaren gekrönt wird, sinniert Sonja im Hintergrund auf einer Empore in einer stilisierten Kirche betend ihrem verlorenen Glück nach: „Warum hat jeder Frühling, ach, nur einen Mai ..."

Die Überlebenskraft der drei von mir behandelten, musikalisch ewiggültigen Beispiele der „leichten" Muse durch spannende zeitgemäße Inszenierungen zu untermauern, sehe ich als eine zentrale Aufgabe als Regisseur und Theater-Intendant der Jetztzeit an. Lebensnahe Charakterisierungen von Personen und Typen sollen eine starke Identifikation eines modernen und aufgeklärten Publikums mit Lebensentwürfen und Geschichten von anno dazumal ermöglichen.

Französische Ausgabe von LA DANZA DELLE LIBELLULE. Grafik: Georges Dola (d.i. Edmond Vernier).

La danza delle libellule

Eine Begegnung mit
Franz Lehárs „italienischer" Operette

von Eduard Barth

Ein familiärer Urlaubsaufenthalt an der Adria – vierzehn Tage Sonne und Meer am Sandstrand von Grado! Da schleicht sich das Verlangen nach einem musikalischen Erlebnis ein – jeden Abend nur *musica leggera* aus den Lokalen ringsum als Background ist kein echter Ersatz dafür. Die traditionellen italienischen Opern-Freiluftstätten wie die „Arena di Verona" oder die „Arena Sferisterio" in Macerata dünken allerdings zu weit entfernt für einen Kurztrip. Bei einem Rundgang in der malerischen *città vecchia* sticht plötzlich ein Plakat mit Balkenlettern ins Auge: Festival dell'Operetta – Trieste / Teatro G. Verdi. Zugetragen hat sich die Geschichte, die ich nun erzähle, im Jahre 1982.

Hin und wieder gab es in Österreich ja Berichte über diese für Italien einmalige Institution, über ein Theater, das außerhalb der obligaten Opern- und Ballett-Saison dem Genre der Operette huldigt. Neben dem Œuvre italienischer Herkunft sind es – wohl als ein Pendant zu den frappant an die Wiener Ringstraße erinnernden prächtigen Fassaden im

Zentrum Triests – speziell Spitzenwerke der „Silbernen Ära" der Wiener Operette von Lehár über Kálmán und Fall bis zu Oscar Straus.

Das Angebot von Operetten-Vorstellungen an Sonntagen auf dem Plakat in Grado führte zu dem spontanen Entschluss, das Festival zu besuchen. In Triest wirkten die Straßen und Plätze in der Nachmittagshitze des 18. Juli 1982 wie ausgestorben; die Einheimischen befanden sich wohl auf den Stränden der Stadt. Bloß im schützenden Schatten der mächtigen Mauern des altehrwürdigen Opernhauses scharte sich eine auf den Einlass wartende wogende Besucherschar. Der von den Architekten Gian Antonio Selva und Matteo Pertsch errichtete Theaterbau wurde am 21. April 1801 mit der Oper GENEVRA DI SCOZIA des bayerischen Komponisten Johann Simon Mayr eröffnet. Die klassizistische Fassade wendet sich der *Piazza Verdi* mit der gegenüber befindlichen *Galeria* zu, während die Hinterseite mit dem großen Bühnentor meerseitig am Kai des alten Hafens liegt. Im Angedenken an die Uraufführungen von IL CORSARO (1848) und STIFFELIO (1850) trägt das *Teatro Lirico* den Namen des Schöpfers dieser Opern-Werke: „Giuseppe Verdi".

Bei Durchsicht der einzelnen „Festival"-Spielpläne des Triestiner Theaters kristallisiert sich aber als Schwerpunkt das Schaffen von Franz Lehár heraus: von LA VEDOVA ALLEGRA, IL CONTE DI LUSSEMBURGO, LO ZAREVICH, IL PAESE DEL SORRISO bis hin zu der Rarität FRASQUITA. Vermutlich ist dies eine Reverenz an den Operetten-Meister, der zu Monarchie-Zeiten als junger Kapellmeister des Infanterie-Regiments Nr. 87 anno 1897 sieben Monate lang in Triest stationiert war.

Die am 18. Juli 1982 bei den Eingängen zum *Teatro Verdi* affichierten Plakate gaben in der Verquickung von Lehárs Namen mit dem Titel und Untertitel des angekündigten Werkes ein Rätsel auf: „LA DANZA DELLE LIBELLULE. Operetta in due atti di Carlo Lombardo, Musica di Franz Lehár".

Wie bitte, eine „italienische" Operette von Franz Lehár? Bekanntlich hatte sein Komponisten-Freund Giacomo Puccini mit LA RONDINE für das Wiener Carl-Theater einen vergeblichen Operetten-Versuch unternommen, der vom Verleger Tito Ricordi angeblich als „schlechter Lehár" befunden und erst unter der Patronanz des konkurrierenden Verlegers Renzo Sonzogno in einer Überarbeitung anno 1917 „als Oper" in Monte Carlo uraufgeführt wurde. Der Besuch des „unbekannten Lehárs" barg also eine Überraschung ...

Unverwechselbar ist die Atmosphäre in den Foyers eines italienischen Opernhauses: lebhaftes Stimmengewirr, Geklirr von Porzellantassen und köstlicher Espresso-Duft. Die Aura einer fast 200-jährigen Opern-Geschichte breitet sich spürbar über das prächtige Logenrund des an die 1.400 Besucher fassenden Zuschauerraums aus. Weil das Zeitalter der auf Eishöhlen-Niveau klimatisierten Säle noch fern war, begegnete das Publikum dem vorherrschenden Hitzestau mit möglichst legerer Bekleidung. Als Punkt 18 Uhr Guerrino Gruber schwungvoll den Taktstock hob und sich der Vorhang öffnete, gab es einen verblüffenden Effekt: eine glitzernde Schneelandschaft breitete sich auf der Bühne aus! Ein erlösendes „Ah"-Gestöhne im Saal. Die erhoffte Abkühlung erwies sich aber als optische Täuschung, weil den mit dicken Pullovern und Schneemützen ausstaffierten Chorleuten unübersehbar die Schweißtropfen im Gesicht standen.

Die szenische Ausgangslage: Ein Urlaub im Schnee bringt die bekanntesten Namen der Champagner-Industrie zusammen, Sir Piper, Charlotta Pommery und die junge Witwe Elena Cliquot. Piper hat das mit Hypotheken belastete Schloss von Nancy erstanden. An den Garten des Schlosses grenzt das Hotel du Parc. Tutù heißt die junge Besitzerin, deren Ehemann Gratin sich nicht um sie kümmert, weil er sich als Komödien-Autor versucht. Piper bereitet aus Anlass seines Einzuges ins Schloss einen Empfang vor, bei welchem im Schlosstheater Gratins Stück „Dall'Olimpo a Montmartre" aufgeführt werden soll. Erst mit Fortgang der Handlung wird klar, wer *die Libellen* sind: Drei honorige Damen, die den jungen mysteriösen Hotelgast Carlo „umschwirren": Carlotta Pommery, welche darauf hofft, den Geheimnisvollen zu erobern, Elena Cliquot, bei der es Liebe auf den ersten Blick ist, und Tutù, welche Gratin eifersüchtig machen möchte. Auf der Schlossbühne sollen diese die Minerva, Venus und Diana, Carlo den Adonis darstellen. Auch Bouquet, ein beschäftigungsloser Mime, hofft auf eine Rolle, ihm bleibt ... das Pferd! Während der Stellproben für das Stück gestehen sich Elena und Carlo ihre Liebe. Inzwischen befinden Carlotta und Tutù, dass ihr frivoles Spiel lange genug gedauert hat. Sie geben

– im Gegensatz zu den echten Libellen, die ihre Beute im Fluge fangen – ihr Opfer wieder frei und kehren reumütig zu ihren Ehemännern zurück. Die Hochzeit von Elena und Carlo wird ein Fest. Piper ist der Einzige, der nicht zum Zug kommt, ihn tröstet Bouquet: „Es bleibt Ihnen immer noch Ihr Champagner, oder etwa nicht?"

Der Theaterbesuch war gewiss ein sehr eindrucksvolles Erlebnis, weil sich dieses – unterstützt von einigen schon etwas vergilbten Szenen-Fotos – über dreieinhalb Jahrzehnte so nachhaltig in der Erinnerung erhalten hat: drei Stunden Verve und Witz mit begeisternden gesanglichen und darstellerischen Leistungen in einer opulenten Ausstattung, garniert vom wirbelnden *Corpo di ballo* im winterlichen Outfit. (Der Komponist Giacomo Meyerbeer hatte bereits anno 1849 in seiner Oper LE PROPHÈTE mit einem „Eisläufer"-Ballett Furore gemacht.) Ein Glanzlicht setzte der Buffo Sandro Massimini in der Rolle des Bouquet als in Gesang, Tanz und Spiel entfesseltes Temperament-Bündel. Bei dem von ihm hinreißend interpretierten „Foxtrott delle gigolettes" erreichte der Applaus Siedegrade. Mit dem Knalleffekt des explodierenden Korkens einer überdimensionalen Sektflasche kam die Verwechslungs-Story an ein versöhnliches Ende. Nach drei vergnüglichen Stunden „im Backofen" verließen die Besucher leicht erschöpft, aber mit glücklichen Gesichtern den Saal. Eine angenehme Brise vom Meer her sorgte für Abkühlung. Die Nummer „Bambolina" im Ohr waren wir, die aus Grado angereisten Theaterbesucher, uns einig: Franz Lehárs Notenschrift war vom ersten Takt an sofort erkennbar gewesen, auch wenn man vorher nicht gewusst hätte, von wem die Musik stammt. In Grado konnten wir einen musikalischen Querschnitt von LIBELLENTANZ auf CD erwerben, zum Glück mit dem Sänger-Atout Sandro Massimini, den wir auf der Bühne erlebt hatten.

Aus „Sternen" wurden „Libellen"

Eine Nachlese zur Werk-Entstehung
In der einschlägigen biografischen Literatur über Franz Lehár wird LA DANZA DELLE LIBELLULE zumeist nur „zwischen den Zeilen" als eine

Metamorphose aus der Lehár-Operette DER STERNGUCKER erwähnt. Dieses anno 1916 im Theater in der Josefstadt uraufgeführte, als chorloses musikalisches Lustspiel von Fritz Löhner konzipierte Werk wurde nach 79 Vorstellungen abgesetzt. Für Lehár war es ein herber Misserfolg! Auch die einige Monate später im Theater an der Wien vorgestellte Zweitfassung vermochte das Werk auf Dauer nicht zu retten. Im Mittelpunkt der STERNGUCKER-Handlung stand der etwas verschrobene, in die Astronomie verliebte Franz Höfer, der sich als eiserner Junggeselle nach etlichen Missverständnissen im Umgang mit jungen Damen aus einem Mädchen-Pensionat plötzlich als Dreifach-Verlobter sieht. Der alljährliche Pensionats-Ball ist Schauplatz des „Libellentanzes", einer Art heimlicher Ehebörse für höhere Töchter.

Im seinerzeitigen Programm-Heft des Triestiner Theaters finden sich die Fakten über die „Häutung" der missglückten Larve DER STERNGUCKER zu den „drei anmutigen Libellen" aus der Sicht des Autors Claudio Gherbitz. Von Josef Lanner ins Deutsche übersetzte Gherbitz-Zitate stellen den umtriebigen italienischen Impresario, Übersetzer und Arrangeur Carlo Lombardo (1869–1959) vor, der maßgeblich an der Änderung des Librettos und der Partitur von STERNGUCKER beteiligt war:

> Wir schreiben das Jahr 1920. In Wien ist es Franz Lehár, der mit großem Interesse nach Mailand blickt, wo zumindest im Bereich der Operette Carlo Lombardo, gebürtiger Neapolitaner und Adoptiv-Mailänder, die maßgebliche Figur ist. […] So erhielt Lombardo eine Einladung, an Lehárs Arbeit DER STERNGUCKER mitzuwirken.

Lombardo begegnete den wegen des Misserfolgs von DER STERNGUCKER entmutigten Lehár mit unwiderstehlichem Humor: „Sie bieten mir einen herrlichen Misserfolg an und erlauben mir nicht, Sie im Gegenzug zum Abendessen einzuladen?" Lehár konnte wohl nicht anders, als die Einladung anzunehmen. Das Gespräch bei Tisch führte dazu, dass Lehár seine Partitur Lombardo zur Umgestaltung überließ. Nach fünf Monaten erschien Lombardo mit dem neuen Werk LA DANZA

Carlo Lombardo und Franz Lehár, um 1922.

DELLE LIBELLULE in Bad Ischl. Ganz einfach wird es für Lombardo nicht gewesen sein, Lehárs Einwilligung zur Verwendung der neuen Operette zu erhalten!

LA DANZA DELLE LIBELLULE wurde am 3. Mai 1922 im Teatro Lirico in Mailand erstmals aufgeführt und war ein großer Erfolg. Begleitet von nicht enden wollendem Applaus dauerte die Vorstellung bis zwei Uhr in der Nacht. Am nächsten Tag sang und pfiff ganz Mailand die Motive der Operette. Im folgenden Herbst stand die Novität gleichzeitig auf dem Programm von zweiundfünfzig Ensembles und wurde unter dem Titel LE TRE GRAZIE auch in Wien, in Paris, wo sie für zwei aufeinanderfolgende Saisonen im Programm blieb, in London und New York aufgeführt. Lehár brauchte einige Zeit, um sich mit der Realität abzufinden. Er musste anerkennen, dass Lombardo die Fähigkeit besaß, aus allem Gold zu machen, was er in Angriff nahm, ließ jedoch keine Gelegenheit aus, sich über das wüste Massaker, das der Musik angetan wurde, zu beschweren.

Für den Autor Claudio Gherbitz steht es außer Zweifel, dass der von Lehár wenig goutierte musikalische Eingriff, der Foxtrott „E' notte … t'invita l'apache, O gigolette, o gigolette!", von Lombardo sei. Weniger klar ist es beim Duett „Bambolina". Möglicherweise nahm Lombardo Lehárs Anfangsidee auf und machte sie dann zur eigenen.

Eine überlieferte Anekdote beweist letztendlich jedoch das überaus entspannte Verhältnis zwischen Lehár und seinem „Bearbeiter" Carlo Lombardo:

> Sie trafen sich in Budapest zur Premiere von LE TRE GRAZIE und waren dort Gäste in einer Luxusvilla. Während sich beide in ihren Zimmern in den obligaten Frack kleideten, bemerkte Lehár, dass er seine weiße Fliege vergessen hatte. Durch einen sehr aufmerksamen Diener, der als Überbringer der Nachrichten fungierte, tauschten sie sich Zettel mit Fragen und den entsprechenden Antworten aus. Lombardo hatte auch nur eine weiße Fliege dabei. Als sie auf einen Smoking ausweichen wollten, bemerkte Lombardo, dass er keine schwarze Fliege dabei habe. Nach neuerlichem Austausch von Zetteln kam der Diener mit einem Tintenfässchen und einem Zettel von Lehár herein, auf dem stand: „Einer, der aus Sternen Libellen macht, kann auch aus einer weißen eine schwarze Fliege machen."

Hans-Heinz Bollmann als Goethe und Lea Seidl als Friederike in der Wiener Erstaufführung, 1929.

„Alles hier ist in Poesie getaucht"

Lehárs Singspiel FRIEDERIKE

von Heide Stockinger

I. Teil

Mitte August 1928 ließ das Pilsner Tagblatt in die „Ischler Operettenküche" blicken: „In Ischl, dem Hollywood der Librettisten und Komponisten, wird fieberhaft gearbeitet. Der Sommer wird ja bekanntlich dazu verwendet, um die im Winter gesammelten Eindrücke zu Operetten zu verarbeiten. Von allem abgekehrt, arbeitet bei Tag und Nacht Franz Lehár an der Instrumentation seiner neuesten Operette ‚Friederike'."

Das G'frett mit den Librettisten hatte auch Meister Lehár. Wo ein gutes Buch hernehmen? „Alles in allem waren es wohl ein Dutzend Librettisten, die für die Bedürfnisse von zwei Dutzend Komponisten zu sorgen hatten", bringt es der kundige Bernard Grun in seiner KULTURGESCHICHTE DER OPERETTE auf den Punkt. Einem so fleißigen Komponisten wie Franz Lehár, der sich für jedes Jahr eine Operetten-Neuproduktion vorgenommen hat, war die Not besonders spürbar. Im Sommer 1926 ging PAGANINI erfolgreich um die Welt, für den ZAREWITSCH mit einem stimmigen Textbuch der Autoren Béla Jenbach und Heinz Reichert war die Berliner Uraufführung mit Richard Tauber geplant, etwas Neues lag aber nicht vor. Auf Lehárs Schreibtisch türmten sich die Textbücher, keines aber entsprach seinen Anforderungen. Da meldete sich Dr. Fritz Löhner-Beda, gemeinsam mit einem Herrn namens Dr. Ludwig Herzer. Franz Lehár war skeptisch, der Frauenarzt Dr. Herzer war für ihn als Textdichter ein unbeschriebenes Blatt, auch wenn er für Edmund Eysler und andere bereits mehrere Operetten geschrieben hatte. Den Librettisten seines Werks DER STERNGUCKER Dr. Löhner-Beda aber machte Lehár für den Misserfolg der Operette verantwortlich. Dem STERNGUCKER, 1916 mit Stars wie Louis Treumann und Louise Kartousch im Theater an der Josefstadt herausgekommen, war kein Erfolg beschieden – der Librettist war „schuldig geblieben, was so viele von ihm erwartet" hatten, stichelte der „Floh". Nun aber war er, von der Kleinkunstszene kommend, in den zwanziger Jahren zum angesehenen Schlagerliedtexter herangereift.

> Dr. Fritz Löhner-Beda gehört zu jenen Wiener Persönlichkeiten, die längst schon in den Adelsstand der Popularität erhoben worden sind, einen Adelsstand, der an Stelle des überholten „von" einfach den bestimmten Artikel setzt. Man sagt in Wien „der Beda", so wie man „der Marischka" sagt und „der Lehar",

so schrieb die Wiener Sonn- und Montagszeitung am 26. Dezember 1927, die bei der Aufzählung offensichtlich auf den in Berlin schon längst als „der Tauber" titulierten Lehár'schen Premieren-Starsänger Richard Tauber vergessen hatte. Zu Ohren gekommen war Franz Lehár natürlich, dass Dr. Fritz Löhner-Beda 1925 (gemeinsam mit Ernst Neubach) der Texter von Fred Raymonds später zum Volkslied „aufgestiegenen" Gassenhauer „Ich hab' mein Herz in Heidelberg verloren" war. Nach der (stummen) Verfilmung sollte das Trio gemeinsam mit Bruno Hardt-Warden mit einem gleichnamigen Singspiel an der Wiener Volksoper einen weiteren Coup landen, die Premiere war am 29. April 1927.

Im Lehár'schen Operetten-Universum ab Mitte der zwanziger Jahre waren legendäre Personen wie der Teufelsgeiger in PAGANINI (nach erfolgloser Wiener Uraufführung im Herbst 1925 ohne Tauber ein triumphaler Erfolg 1926 mit Tauber in Berlin), der russische Thronfolger

Aljoscha in ZAREWITSCH (Premiere 1927 in Berlin, mit Tauber) und der junge Goethe in FRIEDERIKE (Premiere 1928 in Berlin, mit Tauber) Garanten für den Erfolg. Die liebenden Frauen der Protagonisten üben sich im Verzicht. Und obwohl die Operetten nicht zum Happy End führen, war das Publikum nicht verstimmt, sondern identifizierte sich mit den Schicksalen der handelnden Hauptpersonen. Was von uns Spätgeborenen als Rückschritt gesehen wird, nämlich der Griff nach Stoffen, die von der Lebenswirklichkeit des Publikums noch weiter als bisher entfernt waren, bedeutete für Lehár und sein Publikum „Innovation". Dr. Ludwig Herzer, der bei einem freundschaftlichen Plausch mit Dr. Fritz Löhner-Beda „eine Idee" hatte, war der Meinung, nach der „Frack-Oper" (DIE LUSTIGE WITWE) würden sich die Stücke nun auch tragischer Stoffe annehmen. Lehárs Musik gleite von der Operettenschablone weg, man spüre den Künstler, der es nicht nötig habe, hinter der Banalität einherzumarschieren ...
„Ganz plötzlich war der Einfall da", schreibt Herzer in seinem Aufsatz „Wie ‚Friederike' entstand":

> In einer gemütlichen Plauderstunde mit meinem Freunde Dr. Fritz Löhner-Beda warf ich den Satz hin: „Man kann das Leben mit seinen merkwürdigen krausen Zufällen nicht nackt-realistisch auf die Bühne bringen. Jeder würde sagen, das ist konstruiert, da hört man die Maschinerie knarren. Und doch wirkt auf der Bühne nur *wirklich* Erlebtes." „Ja, ja, das ist richtig", erwiderte mein Freund. [...] „Mir schwebt irgendwie ein starkes Erlebnis aus der Jugendzeit eines unserer Großen vor ... Napoleon, Beethoven, Goethe –" Wie elektrisiert sprang ich auf: „Goethe! ... Ja! ... Sesenheim!"

In Sesenheim (heute: Sessenheim) im Elsass war die Pfarrerstochter Friederike Brion daheim. Sie verliebte sich 1770 als 18-Jährige in den 21-jährigen Johann Wolfgang von Goethe, der in Straßburg Jurisprudenz studierte. In den zwanziger Jahren des vorigen Jahrhunderts war Goethe noch fixer Bestandteil der Lehrpläne an den Schulen. Friederikes Liebe, die Goethe erwiderte, war Allgemeingut einer breiten Bildungsschicht.

Das Pfarrhaus zu Sesenheim, Zeichnung von Johann Wolfgang von Goethe.

Um Franz Lehár von einem Operetten-Goethe zu überzeugen, bedurfte es großer Überredungskunst. Auch Richard Tauber, Lehárs „Uraufführungstenor", hatte bei der Premiere des Singspiels seinen Vorbehalt gegenüber seiner Rolle noch nicht ganz überwinden können. Er schien, wie ein Berliner Rezensent feststellte, „im 1. Akt etwas geniert, als wolle er sagen ‚Pardon, mein Name ist Goethe'". Auch wenn es bei ihrem Stoff nur um den noch sehr jungen, tanzfreudigen, übermütigen Goethe ging, dessen spätere Größe nicht einmal sein etwas älterer Freund Johann Gottfried Herder voraussehen konnte, waren sich die Librettisten-Freunde sehr wohl ihrer Verantwortung gegenüber dem Stoff bewusst:

> Und nun ging es in fieberhaftem Tempo ans Quellenstudium: zunächst natürlich Goethes Autobiographie „Dichtung und Wahrheit", dann allmählich weiter und weiter durch die „Friederiken"-Literatur, eine stattliche Anzahl von (zirka 30) Monographien, ferner Goethe-, Herder-, Lenzbriefe, kurz alles, was aus dieser Zeit und über diese Zeit Gedrucktes zu erreichen war.

Über die wichtigste Frage für die Textdichter, wie es denn zum Bruch der Liebenden gekommen sei, „um es ganz handwerksmäßig [für ihr Vorhaben, ein Friederiken-Libretto zu erstellen] auszudrücken: über den Konflikt am Schluss des zweiten Aktes", erhielten sie in DICHTUNG UND WAHRHEIT keinen Aufschluss. „Goethe selbst gleitet darüber hinweg, indem er schreibt: ‚In solchem Drang und Verwirrung konnte ich doch nicht unterlassen, Friederiken noch einmal zu sehen. Es waren peinliche Tage, deren Erinnerung mir nicht geblieben ist.'" Goethes Aufbruch Richtung Frankfurt am 9. August 1771 nach einer in Straßburg bestandenen Prüfung war wohl eine überstürzte; am 7. oder 8. August könnte sich Goethe abrupt von Friederike verabschiedet haben. Wie Goethes Besuch bei Friederike, viele Jahre später, abgelaufen ist – daran erinnert sich der Dichter sehr wohl ...

Um nun doch einen dramatischen Höhepunkt zu gewinnen, blieb nichts anderes übrig, als Goethes größte und tiefste Liebe mit dem größten und tiefgreifendsten Ereignis seines Lebens in Zusammenhang zu bringen, das heißt also ein paar Jahre seines Daseins zu überspringen, eine licentia poëtica, für die uns Goethe selbst in manchem seiner Stücke Vorbild und mithin Entschuldigung bot: wir ließen ihn von Straßburg weg direkt nach Weimar berufen werden (was ja bekanntlich nicht 1771, sondern erst 1775 geschah) und gewannen so, indem wir Friederike auch noch aktiv eingreifen ließen, dramatische Spannung, Steigerung und den dramatischen Konflikt für den Schluß des zweiten Aktes. Den dritten Akt hat uns Goethe – fast möchte man sagen – in die Feder diktiert in jenem rührenden Brief an Frau von Stein, in dem er seinen, am 25. September 1779 erfolgten Besuch in Sesenheim schildert, wo er sich mit Friederike und den Ihrigen aussöhnte. Es war das letzte Wiedersehen.

„Emerdingen d. 28. Sept.
[...] d. 25 Abends ritt ich etwas seitwärts nach Sessenheim, indem die andern ihre Reise grad fortsezten, und fand daselbst eine Famielie wie ich sie vor acht Jahren verlassen hatte beysammen, und wurde gar

freundlich und gut aufgenommen. Da ich iezt so rein und still bin wie die Luft so ist mir der Athem guter und stiller Menschen sehr willkommen. Die Zweite Tochter vom Hause hatte mich ehmals geliebt schöner als ichs verdiente, und mehr als andre an die ich viel Leidenschafft und Treue verwendet habe, ich musste sie in einem Augenblick verlassen, wo es ihr fast das Leben kostete, sie ging leise drüber weg mir zu sagen was ihr von einer Kranckheit jener Zeit noch überbliebe, betrug sich allerliebst mit soviel herzlicher Freundschafft vom ersten Augenblick da ich ihr unerwartet auf der Schwelle ins Gesicht tratt, und wir mit den Nasen aneinander stiesen dass mir's ganz wohl wurde. Nachsagen muss ich ihr dass sie auch nicht durch die leiseste Berührung irgend ein altes Gefühl in meiner Seel zu wecken unternahm. Sie führte mich in iede Laube, und da musst ich sizzen und so wars gut. [...] Ich blieb die Nacht und schied den andern Morgen bey Sonnenaufgang, von freundlichen Gesichtern verabschiedet dass ich nun auch wieder mit Zufriedenheit an das Eckgen der Welt hindencken, und in Friede mit den Geistern dieser ausgesöhnten in mir leben kan."

Neben dem aufschlussreichen Brief von Goethe an Frau von Stein fasste auch der Dichter Jakob Michael Reinhold Lenz, der nicht wie im Singspiel gleichzeitig mit Goethe, sondern „danach" in Sesenheim gewesen war, Friederikes Gemütszustand in Worte:

> Denn immer, immer, immer doch
> Schwebt ihr das Bild an Wänden noch,
> Von einem Menschen, welcher kam
> Und ihr als Kind das Herze nahm.
> Fast ausgelöscht ist sein Gesicht,
> Doch seiner Worte Kraft noch nicht.

Skepsis gegenüber literarischer Aufarbeitung von geschichtlichen Ereignissen und biografischen Aspekten historischer Persönlichkeiten ist angebracht. Im Falle der Adaptierung von Goethe-Texten aus seinem autobiografischen Werk DICHTUNG UND WAHRHEIT für das Singspiel FRIEDERIKE liegen die Dinge noch einmal anders. Der Dichter hinterlässt nicht nur Text-Spuren in dem musikdramatischen Werk, die dem Titel DICHTUNG UND WAHRHEIT gerecht werden, er tritt sogar selber als Bühnenfigur darin auf. Vergleichbares hat sich viel später in der Oper DEATH IN VENICE zugetragen. Die männliche Hauptrolle in der Oper, deren Sujet aus der Novelle TOD IN VENEDIG allbekannt ist, kann vom Regisseur durchaus als Thomas Mann'sche Opernfigur ausgelegt werden. Hinzu kommt, dass der Komponist Benjamin Britten, mit einem Mann in Partnerschaft lebend, diesem die Tenor-Gesangspartie auf den Leib geschneidert hat. Zurück zu DICHTUNG UND WAHRHEIT. Der Titel des Werks verrät es – Goethe ist sich der Fallstricke eigener Betrachtungsweise bewusst. Um wie viel mehr fallen die Transformation seiner Lebensgeschichten ins Genre der Operette und die damit verbundenen „Zurechtbiegungen" ins Auge!

Franz Lehár, der beim Studium des Herzer/Beda-Librettos zu FRIEDERIKE mit wachsender Begeisterung musikalische Umsetzungsmöglichkeiten sah, musste auch Richard Tauber zum Mitmachen überreden. Dem damals schon weithin berühmten Tenor, gefeiert als Interpret von Mozart-Partien in ZAUBERFLÖTE, DON GIOVANNI und ENTFÜHRUNG AUS DEM SERAIL, nahmen Kritiker, Komponisten wie Richard Strauss und namhafte Dirigenten seinen Seitensprung zur Operette übel. Der nicht nur mit „teuflischer Musikalität" (Erich Wolfgang Korngold) gesegnete, sondern auch mit Intelligenz bei musikalischen Entscheidungen ausgestattete Richard Tauber wusste schon, dass nach der Übernahme der Rolle als „Goethe" in Lehárs Komposition ein doppeltes Kritiker-Gewitter über ihn hereinbrechen würde. Aber seine Verbundenheit mit Lehár und seine Wertschätzung für ihn als Komponisten waren groß, außerdem sollte seine Partnerin Käthe Dorsch sein …

Das Libretto lag am Tisch, die Theaterprinzipale Alfred und Fritz Rotter hatten das Werk FRIEDERIKE angenommen und mit ihrem Riecher für Erfolgversprechendes das von ihnen renovierte und vergrößerte Berliner Metropol-Theater als Premierenort festgelegt.

Die Gebrüder Rotter, die der Ansicht waren, daß, wenn man das Theatergeschäft versteht, man auch von der Musik etwas verstehen müsse, wollten wiederholt musikalische Änderungen vornehmen, denen sich Lehár auf das Entschiedenste widersetzte, und so kam es oft zu unliebsamen Auseinandersetzungen, wodurch die Aufführung in Frage gestellt war,

berichtet Richard Tauber in seinen Memoiren.

Die bereits 38-jährige Käthe Dorsch, die, von der Operette kommend, im Schauspiel reüssiert hatte, hatte schon das Gretchen in Goethes FAUST gespielt. Warum sie nicht in einer Goethe'schen Frauenfigur in einer Operette einsetzen? Sie konnte für die Aufgabe gewonnen werden. Ihre Entscheidung hierfür war wohl leichter gefallen, als sie erfuhr, dass sie, die Berühmte, mit einem ebenfalls Berühmten auf der Bühne stehen würde. Wie die Proben für FRIEDERIKE mit Richard Tauber als Partner verlaufen sind, erzählt sie im Interview:

Ich soll sagen, was ich über Tauber denke, was ich von ihm halte? Ist der Zeitpunkt nicht noch zu früh, jetzt, wo die Proben zu „Friederike" noch gar nicht begonnen haben?

***

Ich bin wieder eine Etappe weiter. Jetzt, nach einigen Proben, nach einigen Stunden, in denen wir über unsere Rollen sprachen, weiß ich, daß ich von ihm als Mensch, Kollege und Künstler sehr begeistert bin. – Und: von Tauber angesungen zu werden und dafür auch noch Gage zu bekommen – ist einfach herrlich. – Aber man frage mich auch (auch ich werde mich fragen) nach der Premiere, wenn er mich in Grund und Boden, wenn er mich totgesungen hat und gar nichts mehr von mir übrig ist – ob ich dann meine Meinung nicht geändert habe?

***

Ich habe meine Meinung nicht geändert. Jetzt, durch unser tägliches Zusammenspielen, habe ich ihn noch mehr, noch besser kennengelernt. Ich bleibe dabei: Richard Tauber ist es wert, daß man sich für ihn begeistert.

(aus GESICHT UND MASKE. Band 1, von Heinz Ludwigg; das Buch ist im Herbst 1928, kurz nach der Premiere von FRIEDERIKE erschienen)

"Alles hier ist in Poesie getaucht" 63

Käthe Dorsch und Richard Tauber in der Uraufführung von FRIEDERIKE, 1928.

In der renommierten Zeitschrift „Die Bühne" wurde auf das Großereignis hingewiesen:

> Es ist klar, daß Franz Lehár, der in Wien lebt und arbeitet, in Berlin zur Uraufführung gelangt. Das war schon bei einer ganzen Reihe von Lehár-Operetten der Fall. Berlin hat Wien überholt

[…]. Franz Lehár ist ein so eminenter Musiker, daß er es nicht nötig hat, sich an […] Klischees zu halten. Franz Lehár ist heute ein Name, der in der ganzen Welt klingt, seine Musik ist einfach Lehár-Musik, wie die von Johann Strauss Strauss-Musik und wie die Puccinis Puccini-Musik ist [Lehár und Puccini waren Freunde und bei ihren musikalischen Zielen Gleichgesinnte]. Er darf es sich leisten, Weltgeschichte in Musik zu setzen, einen Paganini zu komponieren und jetzt an eine der zartesten Episoden aus dem Leben Goethes heranzugehen. Seine „Friederike" ist selbstverständlich keine Operette, sondern sie ist ein Singspiel, die Musik, die Lehár geschrieben hat, bezeichnet er selbst als die reichste und schönste Arbeit seines Lebens. Die Musik ist voll Melodie, Süßigkeit, Anmut der Linien, sie zeichnet die Goethe-Stimmung der Zeit. Lehárs singender Goethe ist kein Operettenheld, sondern eine lyrische Figur [Lehárs Operetten ab PAGANINI werden auch als „lyrische" bezeichnet.], von echter Empfindung getragen, wie Rudolf, wie Des Grieux [wie muss so ein Vergleich Lehár geschmeichelt haben!]. Die Opernsänger haben sich auch sofort des singenden Goethe angenommen, Richard Tauber wird ihn in der Berliner Uraufführung singen und Hans Heinz Bollmann in der Wiener Erstaufführung im Johann Straußtheater.

Geistesgrößen wie Heinrich Mann und Albert Einstein konnten den triumphalen Berliner Erfolg der Premiere des Singspiels FRIEDERIKE am 4. Oktober 1928 mit Richard Tauber und Käthe Dorsch in den Hauptrollen und Hilde Wörner, Eugen Rex und Curt Vespermann in den Nebenrollen unter dem Dirigat von Franz Lehár miterleben. Medial war die Aufführung von Misstönen begleitet. Schon die Namen der handelnden Personen im Programmheft brachten Kritiker wie Karl Kraus, Kurt Tucholsky und Ernst Bloch auf die Palme. Es wurde den Librettisten vorgeworfen, aus Goethe einen „Heulepeter", aus dem unglücklichen Dichter Lenz einen „Dorftrottel" und aus dem Großherzog Karl August von Sachsen-Weimar eine „Panoptikumsfigur" gemacht zu haben. Die herausragende Leistung der unangreifbaren Käthe Dorsch wurde mit einem „Schulterklopfen" erwähnt. Die stilechte, empfindsame Schönheit jedoch, so Bernard Grun in seiner KULTURGESCHICHTE DER OPERETTE, sei unbeachtet geblieben, so wie auch der noble Orchesterklang und die meisterliche Sparsamkeit der Mittel. „Umso tiefer drang das Werk in die Massen", schrieb er. FRIEDERIKE war denn auch nach drei Monaten Spielzeit im Berliner Metropoltheater das meistgespielte Bühnenwerk im deutschen Sprachraum. Die Linzer Schriftstellerin Maria von Peteani, Augenzeugin der Premiere, hat in einer Glosse den Siegeszug des Singspiels vorausgesehen. Ein neidischer Künstler, so Peteani, habe nach der Uraufführung, mit Richard Tauber als Goethe, gesagt: „Na ja, – der traditionelle Premierenrummel. Die Operette war ja doch ein Durchfall." – „Hast recht", habe ein anderer beigepflichtet, „ich wette, daß Lehár damit mindestens fünf- bis siebenhundertmal durchfallen wird."

Inwieweit die Werbung des Berliner Chansonniers und Kabarettisten Otto Reutter, der der FRIEDERIKE in seinem Couplet „Sei modern" seine Reverenz erweist, die Aufführungsdichte befördert hat, sei dahingestellt, sie ist aber ein Zeichen für die Omnipräsenz der Aufführung:

Sei modern, lies keine alten Dichter!
Schon' die Werke dieser Geisteslichter,
lass' die Bücher hübsch im Schranke steh'n,
wo sie grollend dir den Rücken dreh'n.
's gibt ein Singspiel jetzt mit viel Musik,
da singt Goethe mit der Friederike.
Nicht mehr nötig, dass du Goethe liest,
es genügt, wenn du Friederike siehst.

Für Lehárs meisterliche musikalische Umsetzung des gar nicht simplen Librettos der gewieften Textdichter spricht, dass das Singspiel FRIEDERIKE auch in anderer Besetzung, also auch ohne Richard Tauber und Käthe Dorsch, seinen Siegeszug durch Europa angetreten hat. Hunderte von Aufführungen, da hat Maria von Peteani nicht übertrieben, sind belegt.

Um es gleich einmal vorwegzunehmen: Fritz Löhner-Beda und Ludwig Herzer bewiesen erneut ihr Können als Textdichter in der nur ein

Jahr nach dem FRIEDERIKE-Erfolg uraufgeführten Operette (im Herbst 1929) DAS LAND DES LÄCHELNS. Die Handlung der Operette hält auch krausen Inszenierungsideen zeitgenössischer Regisseure stand, und dass der Jahrhunderthit „Dein ist mein ganzes Herz" aus einer bald 100 Jahre alten Operette stammt, ist wohl weltweit betrachtet nur wenigen Eingeweihten bewusst.

II. Teil

„Treten wir ein" in Bedas/Herzers Studierstube, und prüfen wir nach, was diese noch ohne Internet stemmten. Das ist das Schöne, dass im Falle der FRIEDERIKE die Rechercheergebnisse der Librettisten in Goethes Werk nachgeprüft werden können!

> *Wir traten in den Hof: das Ganze gefiel mir wohl, es hatte das, was man malerisch nennt*

– so beginnt in Goethes DICHTUNG UND WAHRHEIT das Liebesabenteuer mit Friederike Brion, dem Töchterchen des Pfarrers von Sesenheim. Goethes Wortwahl „malerisch" für den Innenhof des Pfarrhauses ist eine Schönfärbung der baulichen Mängel des idyllischen Anwesens.

Goethe beschreibt, wie im Jahr 1770 der Medizinstudent Weyland ihn, den Jusstudenten, in das Sesenheimer Pfarrhaus der Familie Brion, bestehend aus dem Vater, der Mutter und zwei Töchtern, einführt. Goethe wird in den nächsten Monaten, also auch 1771, noch oft nach Sesenheim im Elsass, nahe Straßburg, kommen, weil er eine Neigung zu der jüngeren der Schwestern, zu Friederike gefasst hat. *Aus heitern blauen Augen blickte sie sehr deutlich umher, und das artige Stumpfnäschen forschte so frei in die Luft, als wenn es in der Welt keine Sorgen geben könnte; der Strohhut hing ihr im Arm, und so hatte ich das Vergnügen, sie beim ersten Blick auf einmal in ihrer ganzen Anmut und Leichtigkeit zu sehen und zu erkennen.* Goethe bekennt an anderer Stelle von DICHTUNG UND WAHRHEIT: *Aufkeimende Leidenschaft hat das Schöne, wie sie sich ihres Ursprungs bewusst ist, sie auch keine Gedan-*

ken eines Endes haben, und wie sie sich froh und heiter fühlt, nicht ahnen kann, daß sie wohl auch Unheil stiften dürfe.* Im Laufe der Besuche erschien Friederike Goethe immer lieblicher. *Als sich die Gelegenheit ergab, meine zärtlich Geliebte recht herzlich zu küssen, versäumte ich's nicht, und viel weniger versagte ich mir die Wiederholung dieser Freude.*

Andererseits schrieb Goethe: *Die Trennung tat gut!* Goethes Studien in Straßburg bedingten immer wieder längere Pausen zwischen den Besuchen in Sesenheim. Es dauerte, bis sich die Pfarrerstöchter entscheiden konnten, Goethe in einem französischen Salon in Straßburg zu besuchen. Eine *sonderbare Prüfung für die Liebe* war für Goethe Friederikes Teilnahme an einem städtischen Fest. *Und so fand ich nun meine Freundinnen, die ich nur auf ländlicher Szene zu sehen gewohnt war, deren Bild mir nur auf einem Hintergrunde von schwankenden Baumzeilen, beweglichen Bächen, nickenden Blumenwiesen und einem meilenweit freien Horizonte bisher erschien, zum ersten Mal in zwar weiten Zimmern, aber doch in der Enge in Bezug auf Tapeten, Spiegel, Standuhren und Porzellanpuppen. Friederike war in dieser Lage höchst merkwürdig. Eigentlich passte sie nicht hinein […] endlich sah ich sie abfahren, und es fiel mir wie ein Stein vom Herzen […]. Zerstreuungen und Heiterkeiten gab ich mich umso lieber, und zwar bis zur Trunkenheit hin, als mich mein leidenschaftliches Verhältnis zu Friederike zu ängstigen anfing.* In einem Brief an den Aktuar Johann Daniel Salzmann schlug Goethe im Mai 1771 denselben Ton an: *In meiner Seele ist's nicht ganz heiter, ich bin zu sehr wachend, als dass ich nicht fühlen sollte, dass ich nach Schatten greife.*

Goethe verließ Friederike. Im August 1771. Erst als sie auf seinen Abschiedsbrief reagierte, bekannte Goethe, *zerriß es mir das Herz.* Er flüchtete sich in die Dichtkunst. Bis er bald darauf Charlotte Buff kennenlernte …

Das muss festgehalten werden: Weder hat Friederike auf ihren Goethe verzichtet, um ihm nicht seine Karriere zu verbauen, wie im Singspiel FRIEDERIKE bühnenwirksam ausgeführt – die Berufung nach Weimar, im Singspiel Anlass für Friederikes „Opfer", kam ja erst Jahre später. Noch hatte Goethe, wie im Singspiel ausgeführt, bei der Tanzveranstaltung in Straßburg Ringe für sich und Friederike bereit. Unterwerfung der Protagonistinnen unter männliche Lebensentwürfe wie in der FRIEDERIKE und zum Beispiel auch in Lehárs Operetten PAGANINI und ZAREWITSCH müssen als Dokument der Zeit begriffen werden, was weiblichen Operettenfreunden heutzutage mitunter schwerfällt …

Auf einer empfehlenswerten CD-Gesamtaufnahme des Singspiels FRIEDERIKE, die ein Jahr nach einer FRIEDERIKE-Aufführung im Münchner Prinzregententheater 2008 erschienen ist, erschließt sich Handlung und Musik (wer hat denn FRIEDERIKE schon live auf der Bühne gesehen?). Der erste Akt beginnt mit dem Besuch der drei Studenten Weyland, Lenz und Goethe im Pfarrhaus zu Sesenheim zu Pfingsten 1771. Nach Chorszenen und dem Gesangsauftritt von Salomea, Friederikes Schwester, singt Goethe seine erste Arie „O, wie schön, wie wunderschön", die Natur und die Liebe zur „Allerschönsten" verherrlichend. Im Duett Goethe/Friederike „Blick' ich auf deine Hände" klingt ein sich anbahnendes Verhängnis an, der in vergangenen Tagen von einer Französin verfluchte Goethe singt „Nein, Geliebte, nein! Das wär' das Ende!" und verweigert Friederike den Kuss. Nach einer heiteren Szene mit dem „Buffo" Lenz („Lämmchen brav"), trifft es sich ganz gut, dass nach Begrüßungsszenen Goethe auf einsamen Wegen wandelnd sein „Sah ein Knab' ein Röslein stehn" konzipieren kann. Die gegenüber Goethes Originaltext etwas abgewandelte Liedstelle beginnt mit dem Vergleich „Da schwebt sie hin … leicht wie ein Reh, / Das über keimende Saaten flieht." Synästhetisch geht's zu beim musikalischen Vorgeplänkel. Goethe assoziiert die „beseligende Näh'" der Geliebten mit einer süßen Melodei, Glocken der Liebe, einer Schalmei und der Farbe Rot: „Wie es klingt? Wie es singt? / Was soll es werden, / Was soll es sein … / Das mich berauscht … / Das mich bezwingt? / Wie Röslein prangen / Ihre Wangen, / Wie Röslein rot ---" Goethe nimmt ein Notizbuch heraus und beginnt mit einem Rötelstift das Lied aufzuschreiben, das er sich selbst vorträgt: „Sah ein Knab' ein Röslein steh'n … / Röslein auf der Heiden …". Enharmonische Verwechslung? Goethe hat schon gewusst, dass er das Röslein brechen und ihm sehr wehtun wird, was er jedoch nicht singt, er gibt nämlich nur die beiden ersten Strophen des Gedichts zum Besten.

Dass die Entstehung des Gedichts „Sah ein Knab' ein Röslein stehn" in die Sesenheimer Zeit fällt, entbehrt gesicherter Beweise. Der Reh-Vergleich lautet bei Goethe in DICHTUNG UND WAHRHEIT: *Friederike ist wie ein Reh, wenn es leicht über die keimenden Saaten wegfliegt.* Der Dichter Lenz (im Singspiel sind sowohl die Figur Lenz wie auch die Figur Goethe „Tenor") lernte Friederike erst etwa ein Jahr nach dem Ende von Goethes Sesenheimer Abenteuer kennen und fand sie „unglücklich" vor. Der Verlassenen den abtrünnigen Geliebten zu ersetzen, gelang ihm nicht – Friederike trauerte! In dem bereits zitierten Brief an Frau von Stein aus dem Jahr 1779 räumt Goethe ja ein, dass im Jahr 1771 seine Flucht die Geliebte „fast das Leben kostete". Friederikes von Goethe in seinem Erlebnisbericht vom Jahr 1779 konstatierte „Unbefangenheit" mag vom Dichter fehlinterpretiert sein. Die Unverheiratete hat sich wohl nicht anmerken lassen, dass ihr Leben gelaufen war – Goethe-Verehrung bis zu ihrem Tod im Jahr 1813 (sie war 61 Jahre alt) bestimmte ihren Alltag!

Friederikes Schwester Salomea – Goethe erfindet für diese Schwester in DICHTUNG UND WAHRHEIT den Namen Olivie – zeigte im Jahr 1835 (!) einem Herrn namens Heinrich Kruse ein handschriftliches Büchlein, das zehn anonyme Gedichte enthielt, Goethe-Gedichte! Die Urtexte einiger Gedichte im Sesenheimer Liederbuch weichen von den gedruckten Goethe-Gedichten (beziehungsreich!) ab. Statt „Fühle, was dies Herz empfindet, / Reiche frei mir deine Hand. / Und das Band, das uns verbindet, / Sei kein schwaches Rosenband" steht da nun im Büchlein: „Mädchen, das wie ich empfindet, / Reich mir deine liebe Hand. / Und das Band … [usw.]" als vierte und letzte Strophe von „Mit einem gemalten Band". Ins Singspiel sind nur die ersten drei Strophen des Gedichts hineingenommen, mit Friederikes zweitem Lied, das, nach freudigen Ausrufen, goethekonform beginnt mit: „Kleine Blumen, kleine Blätter". Goethes Worte der 6. Strophe aus „Mailied": „O Mädchen, Mädchen, / Wie lieb' ich dich! / Wie blinkt dein Auge, / Wie liebst du mich!" fanden in leicht veränderter Form (zum Beispiel „leuchtet" das Auge im Lied) Eingang ins Singspiel und wurden zum „Tauber-Lied". „Der Milchjunge singt es, der Postbote pfeift es", war in der Tageszeitung „Amsterdam Telegraaf" vom 17. Juli 1929 zu lesen. Kolportiert ist diese Zeile in Richard Taubers unveröffentlichten ERINNERUNGEN AUS DEM LEBEN EINES SÄNGERS. Auch das berühmte „Willkommen und Abschied", von dem das Sesenheimer Liederbuch nur ein Fragment enthält, wurde nach dem Erstdruck 1775 im Jahr 1789 noch einmal in zwei entscheidenden Zeilen verändert. Aus „Du gingst, ich stund und sah zu Erden, / Und sah dir nach mit nassem Blick" wurde „Ich ging, du standst und sahst zu Erden / Und sahst mir nach mit nassem Blick". Das Duett „All mein Fühlen, all mein Sehnen" im zweiten Akt des Singspiels lehnt sich an „Willkommen und Abschied" textlich an. Auch nach der Sesenheimer Zeit entstandene Goethe-Gedichte dienten den Textdichtern als Material: „Wo Goethe aufhöre und Löhner anfange", wisse man nie, heißt es im Programmheft des Metropoltheaters in Berlin.

Wie viele Schalen sind in der russischen Puppe? Ein Gedicht im Sesenheimer Liederbuch wird zum abgewandelten Gedicht bei der Veröffentlichung, wird in ursprünglicher oder neuer Lesart zum „Singspiel-Lied" in neuem Gewand, wird zum Lied auf Schellack, später auf Schallplatte und CD, wird im Frühjahr 2018 zum gesungenen Lied beim halbszenischen Bühnenauftritt von Goethe in FRIEDERIKE im Linzer Musiktheater („Oper am Klavier" III). Was ist authentisch? Der leibhaftige Goethe, als er Friederike sein Gedicht vortrug? Ist Richard Taubers Goethe, als er mit gesungenen Goethe-Worten Käthe Dorschs Friederike hunderte Male umgarnte und das Publikum zu Tränen rührte, weniger authentisch? Tauber, als Sänger auf einer Londoner Bühne stehend, sagte 1940, nachdem nach einem Bombenangriff wieder Entwarnung gegeben war, „und nun zurück zur Wirklichkeit" und setzte seinen Gesang fort.

Ohne es zu wollen, ist mir, glaube ich, FRIEDERIKE zu einer Spieloper geworden.
Franz Lehár

Inwieweit der mit Lehár im Bad Ischler Sommer 1928 die „Tauber-Lieder" mitkomponierende Richard Tauber auch seinen Anteil an der musikalischen Gestaltung der Sesenheimer Liebesgeschichte und der Innigkeit der „Goethe-Lieder" hat, lässt sich heute nicht mehr rekonstruieren. Nicht nur das Mitkomponieren von Liedern für Lehár, auch seine Bühnenpräsenz, schauspielerische Begabung, seine wie für die Operette geschaffene Stimme (die aber auch für lyrische Gesangspartien in Opern „wie geschaffen war") und nicht zuletzt seine umgänglich humorvolle Wesensart beförderten Lehárs Kreativität während der Spätblüte der Silbernen Operettenära in einem kaum groß genug einzuschätzenden Maß. Was wäre aus dem „Meister", der die Lebensmitte bereits überschritten hatte, geworden, hätte es „den Tauber" nicht gegeben?

Die „Tauber-Lieder" waren dazu angetan, schnell die Herzen der Zuhörenden zu erobern. Die Kompositionstechnik von zentralen Liedern in Revuen und Operetten, einhergehend mit dem Wissen um mediale Vervielfältigung dieser Lieder durch die Schallplatte und später übers Radio, war natürlich allen Operettenkomponisten der ersten Dezennien des 20. Jahrhunderts bewusst. Da Tauber der berühmteste Interpret „zentraler" Lieder war, sprach man ab PAGANINI von „Tauber-Liedern". Das auch deshalb, weil ja Tauber, wenn er in der Operette auftrat, ab PAGANINI fast ausschließlich „Lehár" sang. Welch Wundermittel Lehár beim Komponieren der Tauber-Lieder einsetzte, haben Berufenere als die Verfasserin dieses Beitrags etwa folgendermaßen beschrieben:

> Der erste Teil des Liedes wird weitgehend vom Hauptmotiv bestimmt. Dann folgt ein Mittelteil mit neuem musikalischem Material. Und im Schlussteil wird die Anfangsmelodie wieder aufgegriffen, um zu einem strahlenden Abschluss geführt zu werden. Nach dem ‚Höhepunkt' am Beginn des Lieds folgt eine Melodie, die aus eher kleinen Intervallen besteht, wobei diese in Verbindung mit einem unregelmäßigen, punktierten Rhythmus eine äußerst intensive, um nicht zu sagen „erotisierende" Wirkung haben.

Es versteht sich von selbst, dass die Operettentenöre mit ihren Liedern die holde Weiblichkeit besangen. Der Clou dabei war allerdings, dass, obwohl das Lied an die Favoritin gerichtet war, die Tenöre, im speziellen Fall Tauber, immer allein auf der Bühne standen. Die Geliebte wurde im Text des Liedes nicht namentlich genannt. Das hatte zur Folge, dass sich jede Frau im Publikum oder jede Frau an den Trichtern ihres Grammophons, an den Lautsprechern ihres Radios angesprochen fühlen konnte. Und Lehár war ein Meister der eingängigen Melodie, mit „Meister Lehár" wurde er in reiferem Alter angesprochen.

Bei dem von Lehár komponierten „Röslein auf der Heiden" hat die Verfasserin des Beitrags so ihre eigenen Hörerlebnisse. Der wilde drängende Knabe, der gar nicht schnell genug das junge morgenschöne Röslein grob in Besitz nehmen kann, wird beim Nachhören auf CD – dies gilt für Richard Tauber wie auch für Klaus Florian Vogt – so überzeugend gesungen, dass man als Hörer fast geneigt ist, der Volksliedmelodie (die auf Franz Schuberts Vertonung fußt) das Nachsehen zu geben. Musikkritiker beanstanden, dass die Melodie bis (Sah ein Knab' ein Röslein) „steh'n" aufsteigt und bei „Röslein auf der Heiden" wieder sinkt. Bei „War so jung und morgenschön" klettert der Ton mit „lief er schnell, es nah zu seh'n" noch höher hinauf. Alles plausibel, wenn man sich den Bewegungsablauf und Gemütspegel des Knaben vorstellt! Der Refrain „Röslein, Röslein, Röslein rot..." ist wiederum Auftakt für die zweite Strophe, bei der es, die Gesangslinie im Zusammenhang mit dem Text verfolgend, ja noch heftiger als in der ersten Strophe zugeht.

Tauber hat vier Nummern aus FRIEDERIKE auf Schallplatte eingesungen, und, geschäftstüchtig wie er war, die Hälfte davon schon zwei Tage vor der Premiere des Singspiels, und zwar das Heidenröslein und das Lied „O Mädchen, mein Mädchen". Am 27. Oktober folgten dann Aufnahmen der Lieder „O, wie schön, wie wunderschön" und „Liebe, goldener Traum". Die vier Lieder sind für uns Nachgeborene wertvolles Audio-Material. Auch ohne Kenntnis der Operettenhandlung werden sie verstanden, weil, wie ausgeführt, die Namen der jeweils angesungenen weiblichen Bühnenfiguren nicht genannt werden.

Nach diesem „Tauber-Lied"-Intermezzo der weitere Handlungsverlauf der Operette und deren Vertonung durch Lehár: Das Singspiel beginnt mit einem Vorspiel. Zarte Bläsersoli geben einsame Weisen wieder. Dazwischen ernste, dramatische Orchesterausbrüche, in die anklingende Melodien von „O, wie schön, wie wunderschön", „O Mädchen, mein Mädchen" und „Heidenröslein" verwoben sind. Nach musikalischer Besänftigung sind Orgeltöne auszumachen, es naht ja ein religiöses Fest. Im ersten Akt erleben wir den Ablauf des ereignisfrohen sonnigen Pfingstsamstages des Jahres 1771. Den Singspiel-Goethe kennt Friederike schon, sie ersehnt sein Erscheinen. Und er kommt! Zu Pferde, gemeinsam mit seinen Freunden Weyland (Sprechrolle) und Lenz (Tenor). Friederike (Sopran) küsst den jungen Goethe (Tenor), obwohl dieser zurückschreckt – ein von ihm sitzengelassenes Mädchen hatte ihn ja „verflucht"! Nach Musiknummern, die zum schönen Frühlingstag passen, und Goethes Komponieren und Singen des „Heidenrösleins", endet der erste Akt mit einem großen Finale rauschhafter musikalischer Kaskaden. Chöre singen, die Protagonisten Goethe, Friederike, deren Schwester Salomea (Sopran) und Lenz stimmen ein, leitmotivisch sind Melodien kunstvoll ineinander verwoben, Friederike hat eine melodramatische Arie, in der sie mehrmals beschwörend „Ich liebe ihn!" singt. Das Lied „O Mädchen, mein Mädchen" stimmt Goethe sogar an, ohne freilich damit fortzufahren.

Das berühmte „Tauber-Lied" ist erst Bestandteil des zweiten Aktes, der in dem französisch eingerichteten Salon der Madame Schöll in Straßburg angesiedelt ist. Das Tanzfest beginnt nach einem einleitenden Menuett auf der Bühne mit dem Ländler „Elsässer Kind", Frauen umschwärmen Goethe, dieser hat aber zunächst nur Augen für Friederike und besingt sie mit „O Mädchen, mein Mädchen". Er registriert aber auch, dass Friederike und ihre Schwester Salomea die einzigen Gäste sind, die sich „deutsch tragen". Sie sind also in Tracht erschienen. Gar nicht peinliche Dialoge zwischen den musikalischen Nummern treiben die Handlung voran. Wir erfahren, dass Goethe, der Heiratspläne hat, Friederike „ernähren" könne, habe er doch eine Anstellung in Weimar erhalten. Hauptmann Knebel aus Weimar tritt auf und nennt die Bedingung für die Anstellung: Goethe müsse unverheiratet sein. Und, kurzum, Friederike bringt ein Opfer, will Goethe nicht im Wege stehen, und dieser zieht von dannen. Sie hat, um Goethe den Abschied zu erleichtern, sogar eine List ersonnen: Sie tanzt mit Lenz, damit der eifersüchtige Goethe an ihrer Liebe zweifle. Friederike singt ergreifend: „Warum hast du mich wachgeküsst"; das Lied endet mit „Ich war kein Weib, ich war ein Kind". Im Orchestergraben toben die Instrumente, so als wollten sie Friederikes Seelenzustand wiedergeben. Als sich der Sturm legt, singt Goethe „Narrt mich ein Traum? … / Bin ich von Sinnen? / Liebe, seliger Traum, / Aus himmlischen Höh'n, / Du kannst nicht vergeh'n! / Liebe, goldener Traum". Für Friederike ist der Traum schon ausgeträumt, sie beschließt den zweiten Akt mit: „Und der wilde Knabe brach, (da)s Röslein auf der Heiden", dann ein paar Takte Orchestermusik, und zuletzt Friederikes Resümee: „Musst' es eben leiden" … Da stockt einem das Herz, wenn diese Stelle ans Ohr dringt!

Im handlungsarmen dritten Akt, der wieder in Sesenheim, aber acht Jahre später an einem Herbsttag spielt, erklingt viel volksliednahe Musik, wie Pfälzer Tänze und der „Rheinländer". Den tanzenden Mädchen rät Friederike singend: „Gebet acht auf eure Herzen, / daß keines Feuer fängt." Goethe tritt mit Karl August, Großherzog von Sachsen-Weimar, auf und zeigt seinem ihm anvertrauten Adelsspross den Schauplatz seines einstigen Liebesabenteuers (auch eine *licentia poëtica*: der Reisegefährte ist nicht mit Goethe zum Pfarrhaus mitgekommen). Die diese Szene untermalende motivische Musik beschwört glückliche Stunden herauf, und Karl August bekennt: „Alles hier ist in Poesie getaucht …" Nach dem Goethe-Lied „Ein Herz, wie Gold so rein, / Ein treues Herz war mein" stellt er dem Großherzog sein „Riekchen" als Mamsell Brion vor. Dieser erkundigt sich nach ihrem Befinden. Sie antwortet: „Durchlaucht, Goethe gehört der ganzen Welt, also auch mir". Ein paar Abschiedstakte noch, Goethe beteuert „Ich vergesse dich nie", und sein „Leb wohl" ist schon nur mehr schwach in der Heidenröslein-Melodie auszumachen. Ein Tusch beendet ziemlich abrupt das Geschehen von Liebe und Leid. „Lassen'S das Herz sprechen, gehen'S in d' ‚Friederike'!" – selbst der scharfzüngige Karl Kraus, der über den Stoff mit einer Goethe'schen Bühnenfigur hergezogen ist, empfiehlt den Besuch von Lehárs Singspiel.

III. Teil

Goethe als Operettenfigur? Es wird natürlich viele geben, die sich darob bekreuzigen.
Aus: „Moderne Welt", 10. Jahrgang, Nr. 12 – 1. Märzheft 1929. Berlin/Wien/Leipzig.

Nach der Premiere von FRIEDERIKE am 4. Oktober 1928 in Berlin setzte sich der Siegeszug des Singspiels fort. In der Spielzeit 1928/1929 war trotz der Sensation DREIGROSCHENOPER das Singspiel FRIEDERIKE mit 300 Vorstellungen das erfolgreichste Stück in Berlin. Und dies trotz der Anfeindungen seitens bildungsbewusster Linksliberaler („Goethe wird verunglimpft") und politisch „rechts" Stehender („Machwerk jüdischer Librettisten") – wobei sich nach der Machtübernahme durch Hitler die Nationalsozialisten wegen des begrüßenswerten „deutschen Stoffes" bei der Brandmarkung schwertaten!

Für Tauber-Auftritte im Singspiel gab es aber schon vor 1933 zunächst einmal ein jähes Ende. Eine FRIEDERIKE-Gastspielreise bei eiskaltem Wetter führte Tauber von Ende Dezember 1928 bis Ende Jänner 1929 ins Rheinland. Zurück in Berlin brach er am 25. Jänner 1929 am Ende einer FRIEDERIKE-Aufführung im Berliner Theater des Westens zusammen (ins Metropol-Theater war DIE LUSTIGE WITWE eingezogen!). Eine schmerzhafte Gelenksentzündung fesselte ihn zunächst ans Bett. Nach einigen Wochen, als er in Bad Pistyan kurte, war er wegen Lähmungserscheinungen auf den Rollstuhl angewiesen, konnte aber schon im Frühsommer Missgünstige, die orakelten, er hätte seine Stimme verloren, bei einem Konzert in Bad Pistyan vom Gegenteil überzeugen. Nach Schallplattenaufnahmen Ende Juni in Berlin nahm Tauber Anfang Juli den Nachtzug nach Holland, um an Proben für FRIEDERIKE in Den Haag teilzunehmen. Nach umjubelten Aufführungen, ab 1. August auch in Amsterdam, machte er sich auf den Weg nach Bad Ischl, um mit Franz Lehár für die bevorstehende Premiere Anfang Oktober in Berlin von LAND DES LÄCHELNS zu arbeiten, bevor er Ende August in München noch achtmal als Goethe auftrat. Taubers nächster und auch letzter „Auftritt" als Goethe ließ auf sich warten; im April 1934 verkörperte er gesanglich den Dichter in einer Radio-Produktion der Operette

Mady Christians 1932 in der Verfilmung von FRIEDERIKE.

FREDERICA für die BBC in London. Andere, neue Aufgaben in Lehár-Operetten hatten Tauber nach seinem Dichterfürst-Debut in Anspruch genommen, wie die Rolle des Sou-Chong in dem heute noch gespielten „Wurf" LAND DES LÄCHELNS (mit Vera Schwarz als Partnerin) und die Titelrolle 1930 in der Operette SCHÖN IST DIE WELT (mit Partnerin Gitta Alpár); diese Wiederbelebung der Operette ENDLICH ALLEIN (1914) in neuem Gewand glückte allerdings nicht.

Zu Jahresanfang 1929 begann mit der Wiener Erstaufführung von FRIEDERIKE am 19. Februar unter Lehárs Dirigat ein internationaler Aufführungs-Reigen des Werks. Hans-Heinz Bollmann sang den Goethe, so erfolgreich, dass er auch in der Verfilmung der Operette 1932, mit Mady Christians in der Titelrolle, den Dichterfürsten spielte. Die erste Wiener Friederike war Lea Seidl, die mit dem Stück 1930 auch monatelang in London gastierte und danach im britischen WEISSEN RÖSSL brillierte. Ihr Goethe war Joseph Hislop, der später in Stockholm Jussi Björling und Birgit Nilsson Gesangsunterricht geben sollte. FRIEDERIKE erklang in den dreißiger Jahren nicht nur in England, sondern auch in Italien (Erstaufführung am 24. Mai 1929 in Mailand), Frankreich (Erstaufführung am 17. Januar 1930 in Paris) und 1937 in den USA, wo allerdings zum Entsetzen von Franz Lehár eine stark bearbeitete Fassung gezeigt wurde.

In dem bereits erwähnten März-Heft 1929 der Zeitschrift „Moderne Welt" setzt sich die Besprechung zur Erstaufführung der FRIEDERIKE in Wien mit einer interessanten These fort:

Entweihung des großen Olympiers! Aber weiß Gott, ob nicht solche Blasphemien viel dazu beitragen, große Geister erst wirklich populär zu machen. Wer kennt schon aus dem Volk die Episode von Sesenheim in Goethes Leben? Wer kennt das Schicksal der verzichtenden Friederike Brion? Wer? Nach der fünfhundertsten Ensuite-Aufführung der Lehárschen Operette „Friederike" hat man wenigstens mit dem jungen Goethe Bekanntschaft geschlossen [fürwahr eine kuriose Rechtfertigung, „Reinwaschung" der Librettisten!]. Hält sich nun auch das Buch (darunter Löhner-Beda als Autor) nicht haarscharf an die geschichtli-

Der erste britische Goethe John Hislop 1930.

che Wahrheit, so ist dennoch der junge Goethe in „Friederike" weit geschichtlicher als etwa Egmont im Goetheschen Drama. Da der Altmeister der Wiener Operette [...] Franz Lehár den Ehrgeiz hat, fernab der Lustigen Witwe und sonstiger Operetten den musikalischen Lorbeer zu pflücken, so wurde daraus keine rechte Operette, sondern ein Singspiel mit opernhaftem Einschlag, was sicher dem Olympier einträglicher war. [...] Die Wiener Premiere – und auch schon die Generalprobe – im Johann Straußtheater war ein gesellschaftliches Fest, bei dem das Wien der illustren Namen vertreten war. Endlich hat diese vorzügliche Wiener Operettenbühne nach manchen Fehlschlägen wieder ihre große abendfüllende Operette, die Aufführung selbst war eine jubelnde Würdigung Franz Lehárs, mit Hans Heinz Bollmanns vorzüglicher Interpretation Goethes, mit einer bis in die höchsten Lagen triumphierenden Lea Seidl, die die holde und stolze Märtyrerin Friederike mit tief empfundener Einfühlung gab, für Marianne Kupfer als Salomea und Max Willenz als Lenz, die ein wenig den heiteren Operettenton in diese ernste rührselige Angelegenheit mit Grazie, Humor und hinreißender Tanzlust brachten. Die Aufführung hielt begrüßenswertes Niveau. Genannt sei [...] noch [...] Walter Slezak [Schauspieler und Sohn von Leo Slezak] als gutmütiger Weyland. Einen Sonderbeifall holten sich die beiden „süßen" Lämmchen im ersten Akt, die auf Stichwort mit ihrem Blöken einsetzten, was man nicht von jedem Darsteller behaupten kann.

Neben des Kritikers These von Goethes Popularitätsgewinn durch die Aufführung von FRIEDERIKE möge noch Karl Kraus' Bonmot Erwähnung finden, man werde „einmal wissen, dass Goethe der war, den Tauber gesungen hat".
Den Erfolg des Singspiels hat das beleidigte und bildungsbürgerlich entrüstete Feuilleton der späten zwanziger Jahre nicht aufhalten können. Es äußerte sich zwar noch ein Jahr später, bei der Uraufführung von DAS LAND DES LÄCHELNS, Walter Schrenk in der „Deutschen Allgemeinen Zeitung" abfällig zum Erfolgsstück des Vorjahres: „Diesmal

war's nicht ganz so schlimm wie [...] bei der unvergeßlich-fürchterlichen ‚Friederike', deren Erfolg ein unwiderlegbarer Beweis für das katastrophale Absinken des Geschmacks- und Bildungsniveaus im Publikum wurde." Die Librettisten zum LAND DES LÄCHELNS waren dieselben, und so hielt Schrenk auch an seinen Vorwürfen fest: „Man möchte glauben, sie hätten vor allem e i n e n Grundsatz: nur kein Niveau, alles platt, so schmierig-sentimental wie möglich; denn das Schlechteste ist fürs Volk gerade gut genug! Und es wird denn auch danach!" Aber nicht Schrenks „Verriss" gefährdete die Aufführungsquote, sondern eine viel wirksamere, die „politische" Entscheidung skrupelloser Machthaber ...

Wien und auch die Bühnen der österreichischen Provinz erlebten zunächst im Lauf der dreißiger Jahre noch viele FRIEDERIKE-Aufführungen. Der Film nahm sich nicht nur der getreuen FRIEDERIKE-Wiedergabe an, sondern brachte auch Variationen des Stoffs auf den Markt, wie zum Beispiel den Atlantis -Tonfilm DIE JUGENDGELIEBTE, Untertitel: „Goethes Frühlingstraum", mit Elga Brink und Hans Stüwe.

In der (noch!) bestehenden Weimarer Republik wurde im Mai 1931 FRIEDERIKE im Steglitzer Schloßtheater zum 550. Mal gegeben! Vom Jahr 1933 liegt der Verfasserin ein Theaterprogramm des Metropol-Theaters Berlin vor, dessen Vorwort mit „Wiedersehen mit Friederike" betitelt ist. Diese FRIEDERIKE dürfte kurz nach Hitlers Machtübernahme auf die Bühne gekommen sein, weil im Vorwort zu lesen ist:

> Der rauschende Erfolg , den das Werk bei seiner Uraufführung, vor fünf Jahren, davontrug, ließ damals wenig Raum, sich mit dem wahren Gehalt des Buches und dem Zauber der Musik zu beschäftigen. Heute aber, da so viel weltbewegendes Geschehen gerade unser Vaterland durchbebt, erkennt man in ehrfürchtigem Erstaunen, dass hier dem Meister etwas gelungen ist, wonach Hunderte von Musiker unserer Zeit umsonst streben: Ein echtes musikalisches Volksstück, dessen reine Gefühlswelt kein falscher Ton stört, und dessen edle, zu Herzen gehende Fassung noch einem ganzen Menschengeschlecht vorbildlich sein wird. [...] Hier ist eine Gefühlswelt, die wir mit Recht als deutsch bezeichnen dürfen ...

Dem Programm sind unter „Personenverzeichnis" nicht nur berühmte Namen wie Erik Ode und Grethe Weiser zu entnehmen, sondern auch die Nennung des Textdichters: Singspiel von Fritz Löhner. Dieser Umstand ist von gewisser Bedeutung für weitere Überlegungen zur Rezeption der FRIEDERIKE.

Es ist das deutscheste unter meinen allen möglichen Nationen angehörenden Kindern ... ich meine die FRIEDERIKE: Ehrlich deutsch empfunden, in tiefster Ehrfurcht vor Goethe, mir vom Herzen geschrieben.
Franz Lehár

Es entbehrt einer gewissen Logik, dass die Machthaber des Dritten Reichs das Singspiel der jüdischen Librettisten und Taubers jüdischer Wurzeln wegen als „undeutsch" verwarfen. Von Stefan Frey, der sich verdienstvoll in seinen Büchern und Schriften mit Franz Lehár (und auch mit Richard Tauber) beschäftigt, erfährt der an FRIEDERIKE Interessierte im Booklet der schon erwähnten Gesamtaufnahme des Singspiels auf CD, dass Lehár im Jahr 1940 zu seinem 70. Geburtstag die Goethe-Medaille verliehen worden ist, „was ihn jedoch nicht hinderte, auch die von Ungarn angetragene Soproner Ehrenbürgerschaft anzunehmen". Bei Heranziehung verschiedener Quellen zur Erhellung des zitierten Satzteils lässt sich in Erfahrung bringen, dass vom Propagandaministerium dem Komponisten, mit ungarischer Staatsbürgerschaft, nahegelegt werden sollte, auf die Annahme der geplanten Ödenburger (Soproner) Ehrenbürgerschaft zu verzichten. Zu entschädigen hierfür sei Lehár mit der Freigabe seiner Goethe-Operette FRIEDERIKE.

Die Verleihung der Goethe-Medaille an Lehár durch den deutschen Gesandten von Budapest, Herrn Otto von Erdmannsdorff, erfolgte in Ungarn termingerecht zu Lehárs 70. Geburtstag am 30. April 1940. Dass es zeitgleich auch zur Ernennung zum Ödenburger (Soproner) Ehrenbürger gekommen sei, stimmt offenbar nicht (siehe biografische Übersicht zum August 1942). Die „Oedenburger Zeitung" druckte zwar am 3. Mai 1940 eine Dankesrede von Lehár ab, die sich aber nicht auf seine „Ernennung" bezieht. Dass der vom Deutschen Reich als „deutscher"

Karikatur von Thomas Theodor Heine im „Simplicissimus", erschienen am 1. Oktober 1928, drei Tage vor der Uraufführung: „Lehars Goetheoperette – ein Auftakt zum Anschluß? Ja, so im Walzerschritt schweben s' dahin – Der Geist von Weimar und das Herzerl von Wien!"

Komponist vereinnahmte Lehár sich aber pikanterweise in der Dankesrede zum „Ungartum" bekennt, soll den Lesern dieses Buchs nicht vorenthalten werden, zumal Lehárs liebstes Kind ja „seine deutscheste Operette" ist:

> Mein ungarisches Herz dankt für diese ehrende Feier, bei der ich besonders durch den Umstand gerührt war, dass alle Redner auf mein Ungartum hingewiesen haben, das ich am überzeugendsten dadurch dokumentiere, dass ich das Gebet zum Himmel emporsende: Gott erhalte den ersten Ungarn, Nikolaus von Horthy!

Im September desselben Jahres wurde eigens für Goebbels eine Privataufführung von FRIEDERIKE arrangiert. Goebbels sei nach der Aufführung schwankend geblieben, ob man das Werk „freigeben" könne. Lehár habe bis zuletzt FRIEDERIKE zu rehabilitieren versucht. Sein Bemühen sei ohne Erfolg geblieben, „durch den Bannstrahl der Nazis von den deutschen Bühnen verschwunden", so Stefan Frey im erwähnten Booklet, „verfiel FRIEDERIKE nach dem Zweiten Weltkrieg vollends der Vergessenheit".

Mein liebstes Werk ist aber und bleibt FRIEDERIKE. *In welche Kunstgattung sie jetzt oder in Zukunft eingereiht wird, überlasse ich nicht so sehr der Mitwelt, als der Nachwelt. Ich bin gewiss, dass mich dieses Werk noch lange überdauern wird.*
Franz Lehár

Franz Lehár hat sich geirrt, was die Rezeption seines Singspiels in unseren Tagen betrifft. Dass FRIEDERIKE aber während der Nazi-Zeit unaufgeführt geblieben sein soll, kann anhand zeitgenössischer Nachweise angezweifelt werden. Unterschiedliche Gewichtung von Recherchen führt zu unterschiedlichen Ergebnissen. Die Aufführungspraxis hing im Deutschen Reich und ab 1938 im annektierten Österreich häufig von Theaterdirektoren ab. Manchmal werden sogar die jüdischen Textdichter noch in den Programmheften erwähnt, dann wieder nur „Löhner", aber oft auch überhaupt nicht. (Wie erratisch NS-Behörden teilweise mit den eigenen Vorgaben umgingen, wird in Wolfgang Doschs Kapitel zum „arisierten" RASTELBINDER besonders deutlich.)

In Linz, Richard Taubers Geburtsstadt, standen Friederike und Goethe unter Theaterdirektor Ignaz Brantner immerhin noch 1942 (!) auf der Bühne des Landestheaters. Der Bannstrahl, von dem oben die Rede war, hat im Hitler-Regime die jüdischen Librettisten getroffen, in wörtlichem Sinne. Fritz Löhner-Beda wurde 1942 (!) in Auschwitz ermordet, Ludwig Herzer war schon 1939 im Schweizer Exil verstorben. FRIEDERIKE aber stand bis zur Schließung der Theater Anfang September 1944, als Joseph Goebbels den „totalen Krieg" ausgerufen hatte, auch ohne dessen „Freigabe" da und dort auf den Spielplänen.

Am 9. Oktober 1942 (!) dirigierte Franz Lehár selbst eine reichsweite Rundfunkübertragung aus Wien mit Maria Reining und Karl Friedrich. Es folgten, ohne Anspruch auf Vollständigkeit, ab Ende 1942 Aufführungen in Baden bei Wien, in Leipzig, in Wien und auch noch im März 1944 in Braunau – auch hier unter vollständiger Nennung der Librettisten! Ein für Nachgeborene gespenstisches Szenario: *Goethe-Worte* aus der Libretto-Schmiede von Textdichtern, deren Nennung im Programmheft wohl in Unkenntnis ihres tragischen Schicksals geschah, werden auf der Scheinwelt einer Braunauer Bühne *gesungen*, aber längst nicht mehr vom „Richard Tauber"-Goethe, der im britischen Exil künstlerisch darbte und in London auch wenig später verstarb.

E i n Kind ist mir besonders ans Herz gewachsen, die Friederike.

Franz Lehár bei einem Radiointerview im Dezember 1940 auf die Frage, welche Operette „das liebste Kind" seiner Muse sei.

IV. Teil

An uns Nachgeborene im neuen Jahrtausend!

Adaptierungen sind heutzutage en vogue. Literatur muss als Stoff für Film, Schauspiel, Musiktheater und Performances herhalten. Die Deutschtümelei im Singspiel Friederike geht auf Goethe zurück, kann daher nicht der Grund sein für das heutige Fehlen auf den Spielplänen. Also ist der Bühnen-Goethe der Hemmschuh. Wie wär's mit einer Adaptierung der Adaptierung? Wir leben in Geborgtem. Ein Erzähler-Goethe im Wettstreit mit dem Sänger-Goethe? In eine Rahmenhandlung das Singspiel setzen und auf die Bühnenbretter bringen? Der musikalische Gehalt, die schöne Musik ist es wert. Neben Volksliedhaftem und Walzer- und Ländlermusik enthält das Singspiel gewagte Harmonien, wenn das Orchester autonom im Einsatz ist – da traut sich Lehár was!

Während die Verfasserin an diesem Friederike-Beitrag schrieb, wurde sie durch einen Fund im Internet in ihrem Glauben an Wiederbelebungsmöglichkeiten des Singspiels bestätigt. Auf der internationalen Kulturplattform „Online Merker" macht Udo Pacolt am 21. Februar 2014 unter „Kritiken, Oper" auf ein Theaterereignis aufmerksam:

> Im Podium des Theaters Ulm kam eine fast vergessene Operette von Franz Lehár zur Aufführung: „Friederike". [...] Benjamin Künzel inszenierte das Werk als „Operette am Klavier" und lässt die verschiedenen Personen des Stücks von nur drei Darstellern spielen. Durch gute Personenführung und humorvolle Einfälle gelang ihm eine kurzweilige Aufführung – sie dauerte ohne Pause nur knapp achtzig Minuten – mit subtiler Ironie. Alle drei Darsteller agierten zur Freude des Publikums mit großer Spielfreude und köstlichem Humor. [...] Das Publikum unterhielt sich prächtig und lohnte es den Mitwirkenden am Schluss mit nicht enden wollendem Applaus.

Der Goethe sei gedoppelt gewesen, ein greiser Goethe habe augenzwinkernd das Verhalten des Studiosus reflektiert – ein glücklicher Regieeinfall! Man könne die Wiederbelebung der FRIEDERIKE als gelungen bezeichnen und dürfe darauf gespannt sein, wann und wo in Österreich diese Operette um die Jugendliebe Goethes zur Aufführung gelangen wird.

Schon erwähnt wurde die Aufführung in München 2008 und Gesamtaufnahme auf CD 2009; großes Verdienst kommt Ulf Schirmer zu, der als Leiter des Münchner Rundfunkorchesters nicht nur für die Einspielung von FRIEDERIKE auf CD, sondern auch für einen langfristig angelegten Lehár-Zyklus verantwortlich zeichnet. Auf die von Udo Pacolt 2014 gestellte Frage nach Aufführungen in Österreich kann geantwortet werden: Im April des Jahres 2018 brachte das Linzer Landestheater in der Reihe „Oper am Klavier" einige Szenen des Singspiels FRIEDERIKE in der Black Box Lounge des Musiktheaters auf die Bühne. Samuele Sgambaro begleitete die in historische Kostüme gewandeten Sängerpärchen „Friederike und Goethe" und „Salomea und Lenz" am Klavier. Die Projektleitung und Dramaturgie lag in den Händen von Christoph Blitt, der in seiner Moderation das FRIEDERIKE-unkundige Publikum mit seiner Begeisterung für das Werk ansteckte. Und wo gibt es zu FRIEDERIKE Nachlesenswertes, das auch von Begeisterung getragen ist? In dem Aufsatz „Franz Lehárs Singspiel Friederike: ‚In tiefster Ehrfurcht vor Goethe mir vom Herzen geschrieben'" von Robert Steiger in dem Sammelband GOETHE ALS LITERATUR-FIGUR.

Betrachtet man die Goethe-Figur und die Gestalt Friederikes im Singspiel vor diesem Hintergrund [drohender Untergang der bürgerlichen Ordnung], kann man feststellen, dass sie zumindest achtenswerte, vielleicht sogar liebenswerte Repräsentanten einer humanistischen Gesinnung sind, geschaffen in einer sich dramatisch verdüsternden Zeit."

– dieses Zitat steht stellvertretend für Beurteilungen von FRIEDERIKE-Kundigen dieser Tage.

Schlusswort

Vor bald hundert Jahren hat FRIEDERIKE das Licht der Welt erblickt. Sie ist also in die Jahre gekommen, was, ganz allgemein, für die musikdramatische Gattung „Operette" gilt. Die Gesellschaft ist eine andere geworden. Die Vorlieben von Besuchern der Musiktheater haben sich verändert. Die Revueoperette der zwanziger Jahre des letzten Jahrhunderts – lustvoll von Regisseuren inszeniert – hat offenbar der lyrischen Operette, die Lehárs Spätwerk bestimmt, den Beliebtheitsrang abgelaufen. Wie man bei Inszenierungen „gegensteuern" kann, um einen Solitär wie die FRIEDERIKE nicht ganz der Vergessenheit anheimfallen zu lassen, wird in dieser Nachschrift angedeutet. Das „liebste" Kind von Lehár, das Singspiel FRIEDERIKE, hat nicht nur kluge behutsame Geburtshelfer, „den Herzer" und „den Beda", die allerdings, das sollte doch erwähnt werden, ebenso wie Goethedarsteller und Freund des Komponisten Richard Tauber, von Meister Lehár im Radio-Interview vom Dezember 1940 unerwähnt bleiben. Mit diesem „liebsten" Kind, der FRIEDERIKE, hat Franz Lehár in der musikalischen Gestaltung seines

Singspiels auch eine neue Qualitätsstufe erreicht – eine Zuordnung, die Fachleute treffen! Die Verfasserin dieses Beitrags kann, unter Zuhilfenahme von Löhner-Bedas Goethe-Worten, nur sagen „O, wie schön, wie wunderschön" ist die Friederiken-Musik ... und gar nicht kitschig!

Louis Treumann als Wolf Bär Pfefferkorn (und Mizzi Günther als Suza) in der Uraufführung von DER RASTELBINDERN, 1902.

Franz Lehár und sein Rastelbinder

Operetten-Arisierung und „braune Nachrede"
von Wolfgang Dosch

I. Die Arisierung von Lehárs „jüdischer Operette"

Franz Lehár, zeitlebens ungarischer Staatsbürger mit Lebensmittelpunkt Wien, galt durch seine Ehe mit der jüdisch-gläubigen Sophie Paschkis, geschiedene Meth, und durch seine Zusammenarbeit mit beinahe ausschließlich jüdischen Librettisten, Direktoren, Verlegern, Künstlerinnen und Künstlern den Nazis als „verjudet" und zumindest als „strittiger Fall".

Für den Komponisten war stets „die Arbeit" das Leben. Und in einem seiner letzten Interviews (für Adolf Kretschy, veröffentlicht in „Das Podium", April 1970) meinte er, eigentlich am Leben vorbeigegangen zu sein. So ließ er auch „der Politik" keinen bewussten Platz in seinem Leben, weder zur Zeit der österreichisch-ungarischen Monarchie noch während des Ersten Weltkrieges und auch nicht in der Zwischenkriegszeit. Während der „Tausend Jahre" des braunen Regimes allerdings änderte sich das, da dieses System auch ihn dazu zwang zu reagieren. Und das tat er, entsprechend seines und des hohen Alters seiner Frau, entsprechend ihrer jüdischen Abstammung, entsprechend seiner in Österreich gesicherten wirtschaftlichen Situation als Inhaber des „Glocken-Verlages", des „Schikaneder-Schlössls" in Wien und der Villa in Bad Ischl. Ein Neuanfang in einem fremden Land mit einer fremden Sprache war dem beinahe 70-Jährigen – zweifellos auch in Übereinstimmung mit seiner Frau – nicht vorstellbar.

Außerdem schien ihm die Tatsache, Komponist der Lieblingsoperette Hitlers zu sein und von den Nationalsozialisten hofiert zu werden, die, nachdem sie die Mehrheit der (Operetten-)Komponisten vertrieben oder ermordet hatten, eines großen Meisters dringend bedurften, das Leben von sich und seiner Frau „in den eigenen vier Wänden" zu ermöglichen. Trotz der Gefahr, in der er Sophie wusste, ließ er sich niemals von den Nationalsozialisten missbrauchen oder hat er einem Mitmenschen wissentlich oder gar aus eigenem Antrieb und politischen Erwägungen geschadet. Dass er sich 1938 gegen mehrmalige Erpressungsversuche zur Wehr setzte und letztlich, um seiner Bedrängnis Nachdruck zu verleihen, sich in einem Brief tatsächlich unkorrekter Formulierungen bediente, erscheint dem Autor nachvollziehbar, wenn auch nicht akzeptierbar.

„Schweig', zagendes Herz" (aus DAS FÜRSTENKIND) heißt eine seiner betörendsten „lehárianischen" Melodien, und der Titel dieser Arie scheint dem Autor als (Über-)Lebens-Motto über Lehárs letztem Lebensjahrzehnt von 1938 bis 1948 zu stehen. Dass nach 1945 und dem Zusammenbruch des braunen Terrors von verschiedenen Seiten, immer wieder auch unter dem Deckmantel von „Correctness" und Wissenschaftlichkeit, tatsächlich jedoch oft enthüllungsjournalistisch, oberflächlich und auf Betroffenheit spekulierend, braune Anschuldigungen gegen Franz Lehár erhoben wurden, denen daran gelegen war, ihm Nähe zu nationalsozialistischem Gedankengut zu unterstellen und ihn zum Mitläufer, gar zum Mittäter zu brandmarken, scheint dem Verfasser unreflektiert und nicht entsprechend.

Die Geschichte der von der „Reichsstelle für Musikbearbeitung" in Auftrag gegebenen „Arisierung" seines RASTELBINDER, mit der Titelrolle eines jüdischen Zwiebelhändlers, möge als eindringliches Beispiel stehen für Lehárs tatsächliches Verhalten zur Zeit der „braunen Diktatur", ebenso wie es auch zahlreiche Stimmen jüdischer Zeitgenossen, die unerschütterlich wider die „braune Nachrede" für ihn eintraten, belegen.

Gesucht: Die arische Operette

Entgegen aller propagandistischen Erfolgsmeldungen erwiesen sich die Versuche der NS-Regierung, die durch die Vertreibung und Ermordung jüdischer Komponisten und Librettisten entstandene Lücke mit Werken arischer Autoren zu füllen, als bei weitem nicht erfolgreich. Und das, obwohl durch Reichsdramaturg Rainer Schlösser, wie er an den Reichsminister für Volksaufklärung und Propaganda Dr. Joseph Goebbels am 12. September 1934 schrieb, „auf alle Intendanzen Druck ausgeübt wurde, Operetten rein arischer Herkunft durch örtliche Neuentdeckungen […] zu vermehren."

In Anbetracht der „Totalisierung" des Krieges 1944 benötigte Goebbels jedoch gesteigerte „Kraft durch Freude", Operetten und Unterhaltung zum Durchhalten. Es wurde einerseits immer unüberhör- und -sehbarer, dass kein (arischer) Meister vom Himmel fiel, selbst Dostals erstklassige UNGARISCHE HOCHZEIT (1939) war kein gleichwertiger Ersatz für Kálmáns GRÄFIN MARIZA, Fred Raymonds gut gemachte SAISON IN SALZBURG (1938) keiner für Ralph Benatzkys WEISSES RÖSSL und erst recht nicht August Pepöcks REITER DER KAISERIN (1941) einer für Bruno Granichstaedtens AUF BEFEHL DER KAISERIN oder Leo Falls DIE KAISERIN (beide 1915). Andererseits wurde auch immer klarer, dass von dem einzigen im Reich verbliebenen und von diesem – trotz des „Makels" seiner jüdischen Gattin und seiner Zusammenarbeit mit zahllosen jüdischen Künstlern – akzeptierten und hofierten tatsächlichen Meister Franz Lehár keine neue Operette zu erwarten sein würde.

So verfiel man in der findigen Berliner „Reichsstelle für Musikbearbeitungen" auf eine bemerkenswert skurrile Idee, die den Operetten-Notstand des Dritten Reiches verdeutlicht. Ausgerechnet für Franz Lehárs

DER RASTELBINDER nach dem Libretto des jüdischen Victor Léon, dessen Hauptrolle, der jüdische Zwiebelhändler Wolf Bär Pfefferkorn, bei der Uraufführung 1902 im Carl-Theater der jüdische Louis Treumann (eigentlich: Alois Pollitzer) kreiert hatte, wurde von der „Reichsstelle" eine Neufassung in Auftrag gegeben.

Der erste Auftrag erging zu Beginn des Jahres 1943 an zwei Librettisten, an Della Zampach und Rudolf Köller, der in den 30er und 40er Jahren einer der Operettenlibrettisten des Verlages Sikorski war. Diese Bearbeitung jedoch fand weder die Zustimmung von Prof. Hans Joachim Moser, Leiter der „Reichsstelle für Musikbearbeitungen", noch vor allem von Franz Lehár. Der Meister stand Bearbeitungen seiner Werke grundsätzlich skeptisch bis ablehnend gegenüber, wusste aber sehr wohl, dass er, vor allem in Anbetracht seiner jüdischen Gattin, vom Wohlwollen der politischen Machthaber abhängig war. Dieser Zwiespalt spiegelt sich auch in seinem Schriftverkehr – er lebte damals in seiner Bad Ischler Villa, wo er Genesung nach einem gesundheitlichen Zusammenbruch und Sicherheit für seine jüdische Gattin Sophie erhoffte – mit dem Geschäftsführer seines 1935 gegründeten „Glocken-Verlages", Friedrich Fleischer, wider.

Fleischer an Lehár, 9. Oktober 1943:

> Herr Dr. Sikorski hat sich mit Frau Zampach geeinigt, dass der Verlag frei bleibt, die Originalversion spielen zu lassen, wenn sich die Zeiten ändern sollten und evtl. später auch eine andere Version machen zu lassen […]. Ich habe Frau Zampach gesagt, der 3. Akt befriedige noch nicht ganz […]. Sie wird Sie anfangs der kommenden Woche anrufen, um Ihre diesbezüglichen Wünsche kennenzulernen. Herr Dr. Sikorski sagte auf Wunsch des Herrn Prof. Moser, man möge die Kinderverlobung noch besser motivieren.

Fleischer an Lehár, 1. November 1943:

> Frau Della Zampach übermittelte mir in Abschrift ein Schreiben, das die „Reichsstelle für Musikbearbeitungen", Herr Prof. Moser,

an den Sikorski-Verlag und an sie gerichtet hat. [...] Ich verstehe, dass die Bearbeiterin einen Kompromiss suchen muss, finde aber andererseits, dass die Intervention der Reichsstelle zu weit geht. Man will da ja ein ganz neues Stück schreiben, eine Art Bauern-Komödie! [...] Ich bitte Sie, mich wissen zu lassen, was Sie zu tun gedenken und wie ich mich hier einstellen soll.

Franz Lehárs Antwortschreiben zeigt seine Angst gegenüber der „Reichsstelle" und sein Bewusstsein, in den Stricken der nationalsozialistischen Politik gefangen zu sein.

Lehár an Fleischer, 3. November 1943:

Mit dem RASTELBINDER sind wir nun tatsächlich in eine Sackgasse geraten, aus der wir nicht herauskönnen. Herrn Prof. Moser dürfen und wollen wir nicht beleidigen, da müssen wir sehr vorsichtig sein. Jetzt ist das RASTELBINDER-Buch so geworden, dass man es direkt neu komponieren müsste. Die Bearbeitung verweigern, könnte ganz unerwartete Folgen haben, denn man würde die Gründe missdeuten. Wenn man nur Sikorski dazu bringen könnte, gar nichts zu unternehmen. Jede Bearbeitung ist ein sicherer Durchfall. Der letzte Akt der Della Zampach ist natürlich auch unmöglich. [...] Noch etwas – der Zampach müssen Sie eine diplomatische Antwort geben, sonst schreibt sie dem Dr. Moser, dass wir uns gegen seine Vorschläge auflehnen.

Gesucht: ein ostmärkischer Autor

Letztlich zeitigte Lehárs Taktieren jedoch Erfolg, und die „Reichsstelle" löste Ende 1943/Anfang 1944 den Bearbeitervertrag mit Zampach und Köller; die Arisierung des RASTELBINDER verschwand für einige Monate in den Schubladen.

Am 3. Juni 1944 wandte sich Prof. Hans Joachim Moser, „Reichsstelle", wieder an den Verleger Hans Sikorski, um – diesmal in Rücksichtnahme auf die Wiener und österreichische Theaterszene – „einen

Hans Weigel, Ferdinand Piesen und Rudolf Weys planen 1934 das Programm für das Kabarett „Literatur am Naschmarkt".

begabten ostmärkischen Autor daranzusetzen und ihm meinen alten Plan vorzuschlagen". Da erinnerte sich Sikorski ausgerechnet des politisch links stehenden Schriftstellers Rudolf Weys (1898, Graz – 1978, Wien), Autor und Leiter des politischen Kabaretts „Wiener Werkel", dessen Gattin darüber hinaus Jüdin war! Nach den Nürnberger Gesetzen von 1935 muss dies für die „Reichskulturkammer" in Berlin eine durchaus heikle Entscheidung gewesen sein. Franz Lehár selbst hatte – speziell nach den misslichen Erfahrungen mit der zuvor versuchten Zampach/Köller-Bearbeitung – kein Interesse an einem neuerlichen Arisierungsversuch und also dem damit seines jüdischen Kolorits beraubten RASTELBINDER, kompositorisch wollte er dezidiert keine Änderungen vornehmen. Wie Briefe Lehárs an Rudolf Weys jedoch belegen, unterstützte er dessen Bearbeitung dennoch und vor allem deshalb, da beide als Gatten von Jüdinnen das gleiche Schicksal teilten, und um ihn und das Leben seiner Frau zu schützen.

Für Rudolf Weys gab es als Kabarettist in der neuen „Ostmark" erstaunlicher- und erfreulicherweise durchaus „österreichische Lösungen", als etwa ein Zensurbeamter nach einem Programm des „Wiener Werkel" meinte: „Ihr seid sehr frech, aber ich muss es ja nicht verstehen. Nur wenn der Goebbels nach Wien kommen sollte, der wird's verstehen!"

Es handelte sich dabei um Weys' DER WIENER JANUSKOPF, eine Vorwegnahme von Qualtingers DER HERR KARL, wo es in Bezugnahme auf die „Volksabstimmung" 1938 heißt: „Seit 2000 Jahr' bin ich ein Wiener / Und stimme seit jeher mit ‚Ja' / Als ganz gehorsamster Diener / Des Staates, der jeweils grad da." Als Goebbels tatsächlich eine Vorstellung des „Wiener Werkel" besuchte, verstand er sehr wohl Weys' „versteckte Kritik und Wiener Raunzerei" und „machte den Herrn sehr eindeutig auf die Gefährlichkeit seines Tuns aufmerksam", wie Goebbels am 9. Dezember 1940 in seinem Tagebuch diesbezüglich vermerkte.

Dennoch gelang es Weys – beinahe wunderbarerweise – nicht nur, zur Zeit der faschistischen Diktatur zehn Programme mit dem „Wiener Werkel" zu präsentieren, sondern vor allem auch seine Frau und sich durch diese „Tausend Jahre" zu retten. Diese Rettung hatte Weys aber im Weiteren vor allem seiner Arbeit an Operetten zu verdanken.

„Damit eckte man am wenigsten an, es entzog sich am meisten einer Stellungnahme des Propagandaministeriums", schrieb er an einen Freund am 12. März 1946. Es gelang ihm, einerseits mit LISA, BENIMM DICH (Wiener Kammerspiele, Uraufführung 21. März 1939) für den Komponisten Hans Lang eine Operette zu schreiben, die in allen Theatern des Reiches viel gespielt wurde und die „den Großteil unseres Lebensunterhaltes bildete". Andererseits wurde er, durch die Fürsprache Franz Lehárs und die seitens der Reichsmusikkammer vorrangig eingestufte Bearbeitung des RASTELBINDER „UK" („unabkömmlich") gestellt und nicht an die Front einberufen.

Das RASTELBINDER-Projekt scheint im Frühjahr 1944 in Weys' Leben getreten zu sein. Am 23. Juni 1944 schrieb Weys an Moser:

> Wie Sie wissen, ist ja die ganze Frage RASTELBINDER in jeder Hinsicht sehr heikel. Ein Buch bearbeiten, das einmal ein Welterfolg war, ist in jedem Fall eine undankbare Aufgabe, denn auch bei Gelingen der Neu-Arbeit vergleicht jeder, der das Stück seinerzeit sah, bewusst oder unbewusst das Neue mit dem Gewesenen.

„[S]chriftstellerische Arbeitsleistung und deren Aufgabenkreis als eine nicht durch andere Personen ersetzbare Tätigkeit": Unabkömmlichkeitsbestätigung für Rudolf Weys aus dem Jahr 1943 – unterzeichnet von Harry Payer, damals zuständig für die „Inszenierung und technische Oberleitung von Wehrmachts-Spielgruppen im Auftrag KDF-Verbindungsamt Wehrmacht" in Prag.

In seinem ersten diesbezüglichen Brief an Franz Lehár vom 27. Juli 1944 scheint Weys wesentlich offener und konkreter:

> Als nun – vor ungefähr zwei Monaten – die „Reichsstelle für Musikbearbeitungen" an mich herantrat und anfragte, ob ich den schon zweimal fehlgeschlagenen Versuch einer Neubearbeitung des RASTELBINDER wagen wolle, ich muss gestehen, da schrak ich zunächst zurück davor. Wie – so dachte ich – kann die Figur des Pfefferkorn gerettet werden und wie (das Schwerste!) der dritte Akt! Zunächst erkundigte ich mich bei Dr. Sikorski, ob es sich etwa um eine ‚Arisierung' handle (welche ich strikt abgelehnt hätte!), erhielt jedoch die Auskunft, dass eine Buchbearbeitung mit Einverständnis der Erben von Victor Léon, ja sogar über deren

Wunsch zustande käme. Des Weiteren führte Dr. Sikorski eingehend aus, dass der dritte Akt in der alten Form [...] wohl kaum aufgeführt werden könnte, denn die Ulkereien eines ungeschickten Juden und das Lachen eben darüber wären nicht nur im heutigen Deutschland, sondern auch darüber hinaus nicht mehr tragbar.

Bemerkenswert ist hierbei, dass sowohl der Verleger Sikorski wie auch der Bearbeiter Weys den (jüdischen) Librettisten des RASTELBINDER Victor Léon offensichtlich zu Rate zogen, und weiters, dass Sikorski eine Fassung ablehnte, bei der Juden dem Verlachen preisgegeben würden.

Dass allerdings Sikorskis Bedenken hinsichtlich der Spielbarkeit des RASTELBINDER berechtigt waren, zeigt auch das Verschwinden des Werkes von den Spielplänen nach dem Zweiten Weltkrieg. Es ist wohl anzunehmen, dass Weys' Bearbeitung mit einem nicht-jüdischen Pfefferkorn tatsächlich mehr Überlebenschancen gehabt hätte – wäre sie vollendet worden.

Weys ging mit hohem Respekt und mit Sensibilität an die Arbeit, wie er in der undatierten „Kurzen Vorbemerkung zu meiner Bearbeitung des RASTELBINDER" schrieb: „Ein schlechter Arzt, der mehr operiert als nötig. Das heißt, ich änderte nur, wo zwingender Grund vorliegt."

Pfefferkorn wird Sándor, Janku wird Schani

Trotz aller Sensibilität Weys' und allen erstaunlichen Respekts der „Reichsstelle" und des Verlages für die Original-Autoren waren Korrekturen bei DER RASTELBINDER unumgänglich. Die wesentlichste betraf natürlich die Hauptrolle des jüdischen Zwiebelhändlers Pfefferkorn. Obwohl die Reichsstelle die „einfache Verwandlung von Pfefferkorn in den ‚Schwarzen Peter'" in der vorangegangenen Zampach-Bearbeitung bestätigte, entschied sich Weys für den lokaltypischen Namen „Sándor". Die auffälligste Änderung für diejenigen, die das Original kannten, war Sándors neuer Dialekt, eher ein Hochdeutsch mit österreichischem Einschlag. Sándor wurde zu einem vollintegrierten Mitglied der Gesellschaft: während Pfefferkorn im Original aus Wien kam, ist Sándor, passend zu seinem östlichen Namen, ländlichen Ursprunges, aus dem slowakischen Dorf Trenčín.

Doch Pfefferkorn ist nicht der einzige Charakter, dessen Identität im Original problematisch für das Dritte Reich sein musste. Der slowakische Dorfbursche Janku, der nach seiner Abreise nach Wien im ersten Akt zum Geschäftsführer wird, scheint eine Art „Identitätskrise" durchzumachen, die in seinem Lied Nr. 9 „Ich bin ein Wiener Kind" zum Ausdruck kommt. Auch hier eliminierte Weys die unpassenden Stellen der 1. Strophe und macht aus dem „Janku" einen „Schani":

Nr. 9 Original (Janku)	**Nr. 9 Weys** (Schani)
's wär ein Slowak /	Ihr Herz und Sinn /
Nicht ganz ihr Geschmack	Schlägt nur für Wien
Bin kein Slowak, mit Tojetak	Ich wurd' geschwind /
	ein Wiener Kind
[…] I bin kein Brezina /	[…] I kenn' ka' Traurigkeit /
Der kein Wort Deutsch versteht	na, na, des gibt's ja net!

Anstelle die negativen Aspekte seines Slowakischseins zu beschreiben, besingt Janku/Schani nun bei Weys die Vorzüge, ein Wiener zu sein. Der Identitätskonflikt, den viele Theaterbesucher, speziell in Wien, selbst am eigenen Leib erleben mussten, wurde so gering wie möglich gehalten. Auch war die Slowakei damals bereits eine Art Satellitenstaat, ein dem Reich verbündeter Alliierter, mit dem es galt, freundschaftliche Beziehungen zu demonstrieren.

„Das schwierigste Problem der Neubearbeitung" von Lehárs RASTELBINDER war für Weys eindeutig der dritte Akt, den Moser in einem Brief vom 3. Juni 1944 an den Verleger Sikorski als einen „ganz undiskutablen" bezeichnete, wohl wegen des humorvollen Umganges mit dem Militär und der erotischen Anspielungen und Szenen. Über die Schwierigkeiten einer Bearbeitung dieses Aktes schrieb Weys an die Reichsstelle am 1. Juli 1944:

Der Schlussakt (Die Klippe der Neubearbeitung!) war – mag er auch in jeder Hinsicht überlebt sein und mag er auch sicherlich nie wieder in alter Form auf eine Bühne kommen – toll und burlesk lustig, wenn auch nicht nach jedermanns Geschmack. Aber es war so. Ein Equivalent für diese lustige Lustigkeit zu finden, ist enorm schwer!

Tatsächlich scheiterten auch die früheren Bearbeiter Zampach und Köller mit ihrer „langweiligen und kaum effektvollen Bearbeitung" (Moser an Verlag Sikorski, 7. Oktober 1943) an dieser Klippe, was einer der Gründe für die Reichsstelle war, Rudolf Weys mit einer Neubearbeitung des RASTELBINDER zu beauftragen, der in Anbetracht seiner langen Kabarett-Erfahrung auch von Willy Seidel, dem Direktor des Wiener Raimundtheaters, wo die Erstaufführung geplant war, bevorzugt wurde. Seidel war es auch, der Weys überzeugte, den dritten Akt wieder, wie im Prolog, in dem slowakischen Dorf spielen zu lassen, was er als den „natürlichen und zwanglosen" Treffpunkt für alle Charaktere wie auch für eine „ungekünstelte" Auflösung des Konfliktes empfand. Um Moser, die Reichsstelle und auch Franz Lehár davon zu überzeugen, schrieb Weys sogar eine „Psychologische Analyse", in der er nachzuweisen trachtete, wie jede handelnde Figur sich natürlicherweise nach dem zweiten Akt verhalten würde und dass jeder andere Ort für alle Beteiligten zwanghaft erscheinen würde. Abgesehen davon konnte Weys durch diesen Handlungsort die Erwartungen der Reichsstelle nach einer „im Milieu wurzelnden und bleibenden ‚Volksoperette'" besser erfüllen. Ein weiterer Grund für Direktor Seidels Idee, den Schauplatz des „Slowakischen Dorfes" für den Prolog und den zweiten Akt zu wählen, war zweifellos auch eine ökonomisch-theaterpraktische: „Dekorationsersparnis!" in Anbetracht des fünften Kriegsjahres.

Musikalisch war es Weys' erklärtes Anliegen, möglichst viel der originalen Partitur zu erhalten. Da die Reichsstelle bereits bei der vorangegangenen Zampach/Köller-Bearbeitung beanstandet hatte, dass „die ohnehin etwas schwachen und spärlichen Musiknummern in den weiträumigen Sprechszenen sich verlieren, ohne zwingend eingefädelt zu sein" (Moser an Sikorski, 3. Juni 1944), trachtete Weys, die Balance

Portrait von Franz Lehár, „Herrn Dr. Rudolf Weys zur Erinnerung an Ischl im Sommer 1944 herzlichst gewidmet".

zwischen Dialogszenen und Musiknummern auszugleichen. Da Franz Lehár keine Bereitschaft für eine musikalische Neubearbeitung seines RASTELBINDER zeigte, war es auch ratsam, den Komponisten diesbezüglich möglichst wenig in Anspruch zu nehmen. Weys plante lediglich zwei musikalische Neuerungen, das letzte Finaletto und das Duett für Mizzi und Janku, da „das Buffopaar nicht gut ohne Nummer bleiben kann". Lehár reagierte positiv auf Weys' neues Libretto: „Sie haben aus dem alten Stoff herausgeholt, was nur möglich war!", zitierte Weys Franz Lehár, den er in Bad Ischl besucht hatte, in einem Brief vom 9. August 1944 an den Direktor des Raimundtheaters Willy Seidel. Lehár erklärte sich auch bereit, neue Nummern zu komponieren, erbat sich nur etwas Zeit, da er sich nach einem Zusammenbruch infolge Überlastung als Komponist und Dirigent der Uraufführung seines GARABONCIÁS DIÁK im Februar 1943 an der Budapester Oper von einer längeren Krankheit erholte. Letztlich sah sich Lehár jedoch außerstande, Neukompositionen zu liefern.

Probleme mit dem Silbergulden

Obwohl Weys seine eigene dramaturgische Lösung für den zweiten Akt gefunden hatte, nahm er eine wesentliche Anregung, die Hans Joachim Moser bereits am 7. Oktober 1943 an den Verlag Sikorski zur Zampach/Köller-Bearbeitung formuliert hatte, dankbar auf:

> Der Silbergulden, der die Kinderverlobung gültig gemacht hätte, den hat Janku [bei Weys: Schani] schon damals ausgegeben, er ist als Zeuge nicht mehr beizubringen, aber der schwarze Peter [bei Weys: Sándor] schwört listig, er sei – falsch gewesen! Die drei Väter wollen über ihn als Falschgeld-Gauner herfallen, aber die vier Verliebten stellen sich selig vor ihn – nun ist alles in Ordnung, nun kann ihnen kein Unglück mehr drohen, die Kinderverlobung hat niemals zu Recht bestanden.

Moser schlug vor, dass es offenbleiben könne, ob des Rastelbinders Aussage „wahrheitsgemäß oder nur spaßhaft" sei (Moser an Sikorski, 3. Juni 1944). Weys jedoch entschied sich dafür, den falschen Silbergulden als Geheimnis seines Sándor zu belassen, das an seinem Bewusstsein nagt, bis es am Ende des Stückes enthüllt wird.

Franz Lehár jedoch missfiel diese neue Handlungsführung außerordentlich, wie Weys in einem Brief vom 24. August 1944 an Moser beklagte:

> Nur zu einem Punkt meiner Bearbeitung steht er nach wie vor ablehnend, das ist: der falsche Silbergulden! [...] Ich halte den Einwand Lehárs, die Figur Sándors (Rastelbinder) werde verfälscht, wenn er imstande sei, im Vorspiel der Suza ein falsches Geldstück anzuhängen, nicht für berechtigt. Denn die neue Bearbeitung zeigt ja ganz deutlich, wie sehr Sándor durch sage und schreibe zwölf Jahre immer wieder eben die Tatsache des „falschen Gulden" irgendwie bedrückt hat. Auch die letzte Auflösung erweist deutlich, dass ihm sein Geständnis recht schwer fällt. Gleichzeitig ergibt aber der „Gag" des falschen Guldens eine so

gute und glatte Auflösung am Schluss! Nun ich weiß ja, dass Sie und die Reichsstelle auch dieser, meiner Meinung sind. Aber – werden wir nicht trotzdem Lehár die Konzession machen müssen, davon abzukommen? Ich habe das Gefühl, es geht seinem Herzen zu sehr „contre coeur"! Zwar weiß ich noch nicht, welchen Einsatz Sándor dann wirklich im Finale des Schlussaktes haben soll, aber es wird mir eben doch etwas einfallen müssen.

Tatsächlich erweist sich Weys' Sándor im Vergleich zum gutherzigen, naiven Juden Pfefferkorn in Victor Léons Original und seinem „Das is' a einfache Rechnung" wesentlich weniger selbstlos und vertrauenswürdig, und es liegt ein Hauch von Betrug über dem Stück. Weys versicherte Lehár zwar, dass er von dem „falschen Gulden" Abstand nehmen würde, scheint dies aber nie ernsthaft in Erwägung gezogen zu haben. Vielleicht hatte er sich entschlossen, nicht noch mehr Zeit in die RASTELBINDER-Bearbeitung zu investieren, bis Lehár seine Arbeit daran aufgenommen hätte – eine vorausschauende Maßnahme, wie sich herausstellen sollte. Die Änderungen belegen aber auch Weys' Anstrengungen, den Forderungen seiner Arbeitgeber zu entsprechen, so zeichnete er die komische Rolle des Schmieds Glöppler, Mizzis Vater, durchaus unkonventionell und nicht stromlinienförmig.

Die Allgemeinheit, die g'hört vernichtet

Weys behielt Zampachs Idee – empfohlen von Moser – bei, die Rolle des Glöppler zu ändern, „dessen Tiraden heute nicht mehr der Erringung eines Parlamentsmandates gelten, sondern der Erreichung einer Präsidentenstelle im Antialkoholikerverein" (Weys, „Kurze Vorbemerkung"). Im Original verwendete Glöppler politische Terminologie immer, um sich für die Zeit vorzubereiten, wenn er sein anstrengendes Gewerbe seinem neuen Schwiegersohn Janku/Schani vermacht haben würde und sein Leben endlich der Politik widmen könnte. Es ist nicht verwunderlich, dass die „Reichsstelle für Musikbearbeitungen" nicht glücklich war über die Darstellung, dass „Politik" eine so leichte Arbeit sei, und die Absicht,

Politiker als Komiker auf die Bühne zu stellen. Der von Weys neu gestaltete Auftritt von Mizzis Vater entsprach den Vorstellungen eher:

GLÖPPLER: (Hauskäppchen, grüne Schürze, spricht gleichsam memorierend, aber mit großem Pathos vor sich hin, ohne auf die beiden zu achten) … Und dieser Feind, dieser Feind, der sich eingerottet hat, man muss ihn ausrotten!! Ausrotten ohne Gnade, ohne Barmherzigkeit, ohne Mitleid, ohne, ohne, ohne was –?? Mizzerl, so sag' schon …!? / […]
MIZZI: Ah, studierst' schon wieder die Red' für den „Antialkoholikerverein"?
GLÖPPLER: Natürlich! Die woll'n mich doch zum Präsidenten machen!

Die von Glöppler verwendete Terminologie orientiert sich offensichtlich an der zeitgenössischen politischen Sprache des Dritten Reiches, und „ausrotten" weist gar direkt auf den Holocaust hin. Der erste Auftritt des Schmieds Glöppler klingt wie eine Rede des Führers oder eines seiner getreuen Imitatoren über Juden. Mizzis Sätze verdeutlichen rasch, dass Glöppler kein glaubwürdiger Politiker, sondern eher ein einfacher Wiener Bürger ist, der eindrucksvolle Worte aufschnappt und sie für seine „kleine Welt" travestierend gebraucht. Obwohl Glöppler bei Weys nicht mehr direkt mit politischen Absichten gezeigt wird, kann jedoch die Verwendung von politischen Floskeln durch eine Komiker-Rolle durchaus als Kritik an der Politik des Dritten Reiches, speziell in Wien, verstanden werden. Dies wird in einer späteren Szene zwischen Glöppler und Mizzi noch deutlicher:

GLÖPPLER: Unser Leitsatz muss sein: „Nie wieder Delirium!" Alkohol in jeder Form gehört vernichtet!! (fegt in Rage Töpfe von der Budel)
MIZZI: Aber Vater, was willst' denn?! Du trinkst doch selber gern ein' guten Tropfen!
GLÖPPLER: Bring' mich nicht aus'n Konzept! 's gute Tröpferl is' meine Privatangelegenheit, im Verein gehöre ich der Allgemein-

heit und die g'hört vernichtet! – (ärgerlich) ah, was red' i denn da z'samm! Der Alkohol g'hört vernichtet! Ohne Gnade, ohne Barmherzigkeit, ohne Mitleid und ohne, ohne, – glaubt's ihr, das tepperte Wort fallt mir ein –?!

Andere kleinere Änderungen Weys' können sogar als Aufforderung zum Widerstand gelesen werden, so beispielsweise Glöpplers Ratschläge an Suza als seine neue Magd:

GLÖPPLER: (laut) Weißt, vor allem musst' Dich um die Aufräumung von mein' Zimmer kümmern. Wenns'd nachher zu mir kommst –, dann –, dann werd' ich Dir eine Red' halten ohne Gnade, ohne Barmherzigkeit und ohne …
SUZA: Ja, pan.
GLÖPPLER: Ohne Japan –? Das muss eine Chineserin sein, dass sie's immer mit die Japanesern z'tun hat!

Japan. Ja, pan!

Suza verwendet immer noch den slowakischen Ausdruck „pan" für Herr, um ihren neuen „Herren" Glöppler gebührend unterwürfig anzureden. Glöppler, der diesen Ausdruck nicht kennt, versteht „Japan" anstatt „Ja, pan!" Dieser kleine Scherz taucht bereits im Original auf, der folgende Kommentar Glöpplers findet sich allerdings erst in Weys' Bearbeitung und spielt auf die Spannungen zwischen China und Japan an, speziell seit dem Einmarsch Japans in die Mandschurei 1931. Die Parallelen zwischen Japanern und Deutschen waren bereits Thema in Weys' Kabarett „Wiener Werkel" in einem Sketch von Fritz Eckhardt und Franz Paul mit dem Titel Das chinesische Wunder – Ein Spiel um den Chinesen, der net untergeht, in dem die japanisch-chinesischen Spannungen als getarnte Metapher für die Unterschiede zwischen Österreichern und Germanen verwendet wurden. Dieses in Wien äußerst populäre politische Kabarettprogramm, erstaunlicherweise geduldet von offiziellen nationalsozialistischen Stellen, beinhaltete u. a. ein Gespräch zwischen einem chinesischen Angestellten, Reinigungskräften und Pif-Keh, einem hohen Beamten der „Tokioten" (Wortspiel mit „Idioten") von „Japanland", das „Wi-En", die Hauptstadt von „Chinaland", erobert hatte. Weys konnte damit rechnen, dass zumindest das Publikum einer Wiener RASTELBINDER-Aufführung diese Anspielungen verstehen würde.

Ein weiteres erstaunliches Moment in der Bearbeitung von Weys lässt Spekulationen zu: der Refrain von Sándors (Rastelbinder) Auftrittslied (Nr. 3). Für diese Nummer benützte Weys den bei der Reichsstelle als „gelungen" geltenden Text der vorangegangenen Bearbeitung von Zampach/Köller, der die generellen Pflichten und das Leben eines Rastelbinders in einem „gesäuberten" nicht-jüdischen Umfeld schildert und ohne jüdischen Dialekt und ohne jede Anspielung auf sein Jüdischsein auskommt (Weys, „Kurze Vorbemerkungen").

Ich bin ä armer Jud!

Obwohl Weys die Textänderungen in seinen diversen Korrespondenzen kommentierte, erwähnte er an keiner Stelle den Umgang mit der Musik Lehárs in seiner Bearbeitung. Und selbst in seinem Schreiben an den Verleger Sikorski kam er dessen expliziter Anfrage nach einer Liste der für die Bearbeitung nötigen (neuen) Musiknummern nicht vollständig nach. Ausgerechnet die charakteristische Nummer des Rastelbinders Pfefferkorn (bei Weys: Sándor) ließ er unerwähnt:

ORIGINAL (Pfefferkorn)	WEYS (Sándor)
Ich handle nur mit Zwiefel,	Als Rastelbinder sehr begehrt,
Es geht mir gor nix gut.	zieh' ich von Ort zu Ort.
Zerrissen Rock und Stiefel,	Wie ein Vogel ohne Nest, der
Ich bin ä armer Jud'!	sich nirgend niederlässt.
	Einmal bin ich da und einmal dort.

Zwar änderte Weys für seinen Sándor den Text und verzichtete durch Austextierung auf einige typisch „jüdische" Melismen und – selbstverständlich – auf jegliche textliche jüdische Anspielung. Aber Lehárs Musik spricht durch die Verwendung der Molltonart, der typischen Sekunden und des typischen Melismas die eindeutige Sprache des jüdischen Zwiebelhändlers Pfefferkorn, „ich bin ä armer Jud!". Sowohl Weys wie dem Verleger Sikorski als auch Moser als Leiter der „Reichsstelle für Musikbearbeitungen" muss klar gewesen sein, dass diese Musik eindeutig jüdisch war und auch derart verstanden würde!

Diese jüdischen Melismen boten bereits bei der Uraufführung des RASTELBINDER (20. Dezember 1902) Anlass für hitzige Diskussionen. So befand der renommierte Kritiker Ludwig Karpath, durchaus ein Freund Lehárs und Victor Léons:

> Widerlich ... Schon sein Auftrittslied, eine unerquickliche Imitation jener schwermütig schönen Gesänge, deren Intervallverhältnis ein anderes ist wie das der abendländischen Musik, löst in diesem Milieu in dem Hörer Empfindungen aus, die ungünstig auf das Kommende vorbereiten.

Die Reaktionen im Dritten Reich – 40 Jahre nach der Uraufführung – wären zweifellos noch eindeutiger gewesen. Doch was war zu tun für einen Bearbeiter? Die Melodie zu ändern, war nicht vorstellbar, allzumal es sich um einen der einprägsamsten Refrains der gesamten Operette handelte. Auch andere Nummern musikalisch zu verändern, wie etwa „Das is' a einfache Rechnung" (Sándor/Rastelbinder), wie es zuvor Zampach/Köller in ihrer Bearbeitung taten, lehnte Weys ab. Für ihn erlaubte die Einprägsamkeit und Popularität dieses Liedes lediglich einige geringfügige textliche Änderungen, wie er in „Kurze Vorbemerkungen" am 9. Juli 1944 an den Verleger Sikorski schrieb. War für Weys eine Neutextierung des Auftrittsliedes des Rastelbinders, das ihn explizit als Juden charakterisierte, unumgänglich, lehnte er dennoch Änderungen der Musik – trotz ihrer eindeutig jüdischen Note – strikt ab.

„Operetten-Arisierung" als Überlebensmittel

Die RASTELBINDER-Bearbeitung war für Rudolf Weys jedoch nicht nur irgendeine Beschäftigung. Als offizieller Reichsauftrag eröffnete sie ihm die Möglichkeit, sein Leben und vor allem das seiner jüdischen Gattin Gertrud (Gerda) und seines Sohnes zu schützen. Es war Weys klar, dass ihn „besagte Tätigkeit im Moment wohl auch vor unangenehmen Zugriffen" schützte (Weys an Dr. Hecker, 14. August 1944). Franz Lehár selbst, gegenüber fremden Bearbeitungen seiner Operetten grundsätzlich negativ eingestellt, schien nach den von der Reichsstelle in Auftrag gegebenen und misslungenen Versuchen kein wesentliches Interesse an einer weiteren Neufassung seines RASTELBINDER zu haben. Mit der Absicht, den Meister umzustimmen, planten Moser (Reichsstelle), Sikorski (Verlag) und Weys Anfang August 1944 einen Besuch in Bad Ischl, wo Lehár während der letzten Kriegsjahre, vor allem um seine jüdische Frau Sophie zu schützen, ganzjährig lebte. Da Weys jedoch Bedenken äußerte, dass Lehár sich durch „das kollektive Erscheinen" bedrängt fühlen und abweisend reagieren könnte, wurde beschlossen, dass Weys ihn zunächst alleine besuchen sollte (Weys an Willy Seidel, 9. August 1944). Wie die rege Korrespondenz nahelegt, nutzten Moser und Sikorski taktisch die Familiensituation von Weys, um Lehár zu einer Zustimmung für eine RASTELBINDER-Bearbeitung zu bewegen, wie Weys in seinem Bericht an Sikorski am 9. August 1944 bestätigt: „Also – ich bin gut (sogar per Sitzplatz) nach Wien gekommen. Gerda war sehr erfreut über alles, was ich zu erzählen hatte, sie lachte sehr über ihre indirekte ‚Mithilfe' am Lehár-Einverständnis zum RASTELBINDER."

Ich kenne Ihre Situation genau

Die Tatsache, dass Weys' Gattin, ebenso wie Sophie Lehár, jüdisch war, und die daraus für Weys resultierende schwierige Familiensituation, waren also offensichtlich ausschlaggebend für Lehárs Zustimmung zu dieser neuerlichen RASTELBINDER-Bearbeitung. Lehár wusste, dass er selbst als einer der für die Nationalsozialisten wichtigsten Komponisten trotz seiner jüdischen Gattin in einer ungleich sichereren Position als Weys war, wie sein Brief vom 1. Oktober 1944 an ihn belegt:

> Ich habe zugesagt, den RASTELBINDER einzurichten. Ich habe das wirklich nur getan, um Ihnen zu helfen. Ich kenne Ihre Situation genau und bin bestrebt, Ihnen entgegenzukommen, soweit es in meinen Kräften steht.

Und tatsächlich, schneller als erwartet, erwies sich das RASTELBINDER-Projekt als lebensrettend für Gerda Weys. Kaum war ihr Mann von seiner Reise nach Bad Ischl nach Wien zurückgekehrt, erhielt Gerda Mitte August 1944 eine Aufforderung zum Arbeitsdienst, da ihr Sohn Rupi das Alter von sechs Jahren erreicht hatte und somit seiner jüdischen Mutter das Recht abgesprochen wurde, bei ihrer Familie zu leben. Weys schrieb umgehend an das Arbeitsamt in Wien und verwies auf seine Bearbeiter-Tätigkeit im Auftrag von höchster Stelle und die dafür unverzichtbare Unterstützung seiner Gattin:

> Seit 1940 betreut meine Frau ohne jede (auch nur die kleinste) Hilfe meine Wohnung, meine ebendort befindliche Arbeitsstätte und mein nun sechs Jahre alt gewordenes Kind. Da ich seit 1942 auch keinerlei Diktat- oder Stenotypistinnenhilfe zur Verfügung habe, lernte meine Frau in dieser Zeit Maschinschreiben, damit wenigstens Vervielfältigung und Abschrift meiner Manuskripte jeweils rechtzeitige Erledigung finden konnte. […] Wird der geforderte anderweitige Arbeitseinsatz zur Tatsache, stehe ich […] ohne jede Abschreibehilfe bei den fortlaufend zu erstellenden Wehrmachts- und KdF-Programmen. […] Ganz abgesehen davon, dass jede geistige Konzentration notwendigerweise fehlen muss, sollte Kind und Haushalt ohne Wartung bleiben oder ich mich dieser widmen müssen.
>
> (Weys an das Arbeitsamt Wien, 16. August 1944)

Weys' Ansuchen war erfolgreich, seine Gattin Gerda durfte weiterhin bei ihrer Familie bleiben.

Der von Goebbels verordnete „totale Kriegseinsatz der Kulturschaffenden" und die damit einhergehende Schließung aller Theater des Deutschen Reiches brachte eine neue Wendung nicht nur im Leben von Weys. Bereits vorab durch einen Freund davon informiert, wandte er sich am 24. August 1944 sofort an Sikorski, Moser und Lehár und erbat sich umgehende Bestätigung der Fortdauer seines Bearbeiter-Auftrages. Für Lehár legte er sogar ein vorgefertigtes Antwortschreiben bei, das dieser auch beinahe wörtlich verwendete. Es ging bereits drei Tage später bei der Reichsstelle ein und trug entscheidend dazu bei, die Fortdauer von Weys' Bearbeitertätigkeit am RASTELBINDER zu gewährleisten. Seine finanzielle Situation jedoch verschlechterte sich durch die Theaterschließung wesentlich. Um weitere künftige Einkommen erzielen zu können, verhandelte er mit Sikorski, um seine RASTELBINDER-Bearbeitung als die einzige vom Verlag autorisierte Fassung lizensieren zu lassen. Ebenso vergeblich bemühte er sich bei Prof. Moser und Franz Lehár um Aufträge für weitere Bearbeitungen von Operetten, speziell von DER GÖTTERGATTE.

„An GÖTTERGATTE und dergleichen will ich gar nicht denken. Ich will ein neues Bühnenwerk nach 10 Jahren schreiben!", beantwortete Lehár eine diesbezügliche Anfrage Weys' am 1. Oktober 1944.

Zu allem Überfluss kam Ende August 1944 auch das RASTELBINDER-Projekt zu einem Stillstand. Lehárs Zusammenarbeit war nun für Weys von besonderer Wichtigkeit, doch entschloss sich Lehár – nach dem Versuch der Gestapo, seine Gattin aus dem Bad Ischler Haus zu verschleppen – zu längeren Aufenthalten in Zürich, wo sich diese sicherer fühlte und auch medizinische Versorgung gewährleistet war. Weys, dessen Vertrag aber festlegte, dass sein Honorar erst nach Vollendung des Projektes ausbezahlt wurde, schrieb regelmäßig an die Reichsstelle und erbat Vorschüsse mit dem Hinweis, dass er seine Arbeit termingerecht leiste, aber nun abhängig von Lehár sei. In seiner Verzweiflung wandte er sich am 25. August 1944 auch an den Komponisten selbst, brachte seine Bewunderung und Dankbarkeit für den „hochverehrten Meister" zum Ausdruck und ersuchte ihn dringend um die nötige Zusammenarbeit. Lehár jedoch war durch seinen gesundheitlichen Zusammenbruch und ein langwieriges Nieren- und Blasenleiden geschwächt, und seine Ärzte attestierten am 6. Dezember 1944 seine Bettlägerigkeit und Pflegebedürftigkeit.

Interesse des Ministers und Herzenswunsch Lehárs

Allmählich aber wurde Weys bewusst, dass diese Verzögerungen an der RASTELBINDER-Arbeit – vor allem, da sie nicht von ihm verursacht wurden – sich für seine Familie äußerst positiv auswirken könnten. Als ihn weitere Einberufungsbefehle erreichten, wie jener, den er in einem Brief vom 15. November 1944 an Moser erwähnte, „dass alle Volkssturmmänner, deren familiärer Fall so gelagert ist wie meiner (Gattin!) [,] aller Voraussicht nach auf ‚Schanzen' eingeteilt werden[,] *möglicherweise O. T.*" (i. e.: „Organisation Todt", nach 1942 geleitet von Albert Speer, nützte Zwangsarbeiter für gefährliche große Konstruktionsarbeiten), rechtfertigte er die Verzögerungen seiner Arbeit am RASTELBINDER durch „nicht voraussehbare Gründe":

a. eine Reise Franz Lehárs in die Schweiz (Ende September bis halben Oktober),
b. eine derzeitige Nieren- u. Blasenerkrankung des Meisters,
c. wesentliche Änderungswünsche an dem in Arbeit befindlichen Textbuch sowohl von Seiten des Meisters als auch vom Verleger des Stückes.

(Weys an das Arbeitsamt Wien, 30. Dezember 1944)

Mit „wesentliche Änderungswünsche" bezog sich Weys auf Lehárs Ablehnung seiner dramaturgischen Lösung des Stückes durch einen „falschen Silbergulden". Weys war nun bestrebt, das einzige Problem, das einer Lösung bedurfte – ein untergeordnetes, wie er selbst mehrfach feststellte –, als schwerwiegend für die Fortsetzung der Arbeit darzustellen. Er erbat sich sogar von Sikorski ein Schreiben, in dem er ihn offiziell um Unterstützung in diesem Fall ersuchte. Das Antwortschreiben von Sikorski vom 27. November 1944 an Weys kann in seiner Ausführlichkeit und umständlichen Schreibweise als Beleg dafür gelesen werden, wie wenig der „Reichsstelle für Musikbearbeitungen" tatsächlich an der Fertigstellung einer RASTELBINDER-Fassung gelegen war und wie sehr dieses Projekt immer mehr dazu beitrug, um Weys zu schützen:

> Sie wissen ja, wie begeistert und in allem einverstanden Meister Lehár sich zu Ihren Arbeiten zum RASTELBINDER geäußert hat, Sie wissen auch, wie zufrieden wir und die Herren vom Ministerium sind. Aber gerade weil die Neubearbeitung so besonders gut zu werden verspricht, muss ich Sie heute doch noch um etwas bitten: die Sache mit dem „Silbergulden" nämlich. Sie erinnern sich, dass schon bei unserer seinerzeitigen Arbeitsaussprache in Ischl (im Beisein von Intendant Drewes und Prof. Moser vom Ministerium) der Meister immer wieder auf dieses seiner Meinung nach psychologisch nicht ganz richtig geführte Motiv zu sprechen gekommen ist. [...] Gelingt Ihnen eine gute und neue Lösung, so ist das Werk sicherlich noch abgerundeter und Sie haben damit Meister Lehár zu seiner 75. Geburtstagsfeier die allergrößte Freude bereitet! [...] Schließlich und endlich aber wissen Sie ja selbst, dass der Herr Minister an dem Zustandekommen der Neufassung und an einer bestmöglichen Lösung ebenfalls großes Interesse hat. Sie werden auch für die noch ausständigen Lieder in Lehár einen noch viel ambitionierteren Mitarbeiter finden als bisher, wenn Sie seinen Herzenswunsch erfüllen.

(Sikorski an Weys, 27. November 1944)

RASTELBINDER *als Alibi gegen „Wirtschaftlichen Bereitstellungsschein" und Kompanieapell*

Für seine Frau erwies sich die RASTELBINDER-Verzögerung ebenfalls als hilfreich. Mehrmals konnte Weys das Arbeitsamt Wien seit dem 12. September 1944 erfolgreich von der Unabkömmlichkeit seiner Gattin zu Hause wegen seiner „arbeitsbedingten Fahrten nach Ischl zu Meister Lehár" überzeugen. Weys selbst beschrieb diese Vorgänge in

Hugo Gottschlich sah Rudolf Weys 1947 als Bücherwurm.

Briefen u. a. vom 19. Dezember 1944 an Sikorski unter dem Hinweis auf die immer schlechter funktionierende Bürokratie der Nationalsozialisten und deren blinden Gehorsam „großen Namen" gegenüber:

> Nun ist ja inzwischen ein „wirtschaftlicher Bereitstellungsschein" an mich ergangen, den diesmal noch Kurz vom Propagandaministerium abwenden konnte. Durch „Reichsauftrag" (Minister persönlich ... usw.). Freilich sind seine zwei Schreiben (Arbeitsamt, Gestapo) nicht enderledigt, ich glaube aber kaum, dass sie darüber hinweggehen werden. Interessanterweise hat sich aber trotzdem auch der Volkssturm vergangenen Sonntag mit einer Einberufung zu einem Kompanieappell gemeldet. Bedauerlicherweise war ich gerade bei Lehár in Ischl, wovon ich jene entschuldigend in Kenntnis setzte, mit der gleichzeitig angeschlossenen Bitte, mich nicht gerade in die allerersten Einheiten einzusetzen, da ich noch einen „Reichsauftrag" vom „Minister persönlich" usw. fertigzuarbeiten hätte. Nun, wir werden ja sehen!

An Lehár schrieb Weys im März 1945:

Bei alledem muss ich noch froh sein, dass es persönlich nicht ärger steht, dass ich noch zuhause bei Frau und Kind sein und beide beschützen kann […]. Das habe ich übrigens zu einem Gutteil dem Rastelbinder-Reichsauftrag zu verdanken, den ich an allen amtlichen Stellen als „Alibi" und „Ausweis" vorweise.

Tatsächlich überlebten Rudolf Weys und seine Familie den Krieg, und trotz schwerer Nachkriegsjahre fand er rasch Möglichkeiten zur Arbeit als Autor: Er wurde Mitarbeiter bei der Gestaltung der Wiener Ausstellung Niemals vergessen, 1946, versorgte Radioanstalten und Zeitschriften mit Essays wie „Cabaret unter den Augen der Zensur" und konnte seine eigene Kabarett- und Theatertätigkeit in Wien bis zu seinem Tod 1978 fortsetzen.

Seiltanzen von Woche zu Woche

Die Auseinandersetzung mit der Rastelbinder-Bearbeitung durch Weys in den letzten Kriegsjahren 1944 und 1945 bringt Verschiedenes zutage: Wir erfahren über das „Seiltanzen von Woche zu Woche" (Weys), das man im Dritten Reich vollführen musste, besonders wenn man – wie beispielsweise Lehár und Weys – Künstler und mit einer Jüdin verheiratet war. Nachträgliche Bewertungen oder gar Verurteilungen dieses Verhaltens sind nur nach intensiver Beschäftigung mit dem Menschen und seinen Lebensumständen zulässig. Während die Reichsstelle entsprechend den „Idealen" des Regimes zahlreiche Änderungen verlangte – vor allem natürlich hinsichtlich der Figur des jüdischen Zwiebelhändlers Pfefferkorn –, so belegen die moralische Herangehensweise und die Subtilität der Arbeit Weys' dennoch die eher moderate und sogar durchaus auch künstlerische Haltung der Reichsstelle und unterstützen so auch die von Fred K. Prieberg in seinem Standardwerk Musik im NS-Staat vertretene Ansicht, dass Goebbels die „Reichsstelle für Musikbearbeitungen" eher als Verwaltungsorgan ansah. Gleichzeitig belegt diese Rastelbinder-Bearbeitung, dass durch die Reichsstelle – auf Hitlers Geheiß! – der Kunstform Operette besondere Bedeutung zugemessen wurde, auch – und vielleicht gerade dann – als der Krieg in vollem Gange war. Selbst als die Bearbeitung des RASTELBINDER monatelang keine Fortschritte machte, als keine Aufführungsmöglichkeit absehbar war, auch noch, als beinahe alle Künstler einberufen waren, erhielt Weys offizielle Unterstützung für die Fortsetzung seiner RASTELBINDER-Bearbeitung!

Das „Happy End" für Rudolf Weys, weniger für seine unvollendet gebliebene und niemals lizensierte RASTELBINDER-Bearbeitung, hatte unterschiedliche Gründe: zuallererst die Bereitschaft Franz Lehárs, Rudolf Weys und seiner jüdischen Gattin behilflich zu sein, weiters aber auch der gute Wille und die vorsätzlich etwas „blinden Augen" des Verlegers Hans Sikorski und Prof. Hans Joachim Mosers von der „Reichsstelle für Musikbearbeitungen", die 1944/45 bereits eher den Charakter eines Ein-Mann-Unternehmens hatte. Moser ist zweifellos als notorischer Mitläufer einzuschätzen, der verzweifelt bemüht war, sich selbst und seine zahlreichen Mitarbeiter und Partner von Repressalien möglichst unbeschadet zu halten, allerdings nicht als „verbrecherischer Parteisoldat". Er wurde im Nachkriegsdeutschland vor allem von deutschen Kollegen missbraucht, um für deren eigene oder Untaten anderer Musikwissenschaftler der NS-Zeit herzuhalten. Moser rechtfertigte sich in seinem Schlusswort vor den Entnazifizierungsprozessen, 19. August 1947: „*Übrigens schäme ich mich* keiner *der Opern- und Operettenbearbeitungen oder Neuaufträge – keine wollte einen jüdischen Autor ersetzen.*"

Im konkreten Fall des RASTELBINDER war dies zweifellos so, denn sowohl Moser als auch der Verleger Sikorski wie natürlich auch Rudolf Weys hatten höchsten Respekt vor dem Werk Victor Léons und auch Kontakt mit ihm, wie Weys' und Mosers Briefen zu entnehmen ist.

In einem „Selbstbericht des Forschers und Schriftstellers Hans Joachim Moser" vom 10. Dezember 1947 beschreibt er seine Tätigkeit: „Ich habe einzig künstlerisch-wissenschaftliche Aufgaben erfüllt […] und mich sogar dauerhaft der Nazi-Ideologie widersetzt, indem ich jüdisch verheirateten Autoren zu Werkaufträgen, jüdisch oder sonst politisch Verfolgten zu Berufsgenehmigung verholfen habe."

Auch diese Aussage des Leiters der „Reichsstelle für Musikbearbeitungen" sieht man im Zusammenhang mit der RASTELBINDER-Bearbeitung bestätigt.

Rudolf Weys' Beispiel zeigt, dass Operette tatsächlich „Überlebens-Mittel" sein konnte in dieser schwierigen Zeit, selbst für solche, die zuvor nicht unbedingt „Operetten-Spezialisten" waren. Die dem Genre durchaus eigene Zweideutigkeit auch in politischen Aussagen erwies sich als hilfreich für Autoren, die keinesfalls Aufsehen erregen durften. Weys dient auch als Beispiel für jene Künstler im Dritten Reich, die, obwohl politisch oppositionell und „jüdisch versippt", sich nicht zur Emigration entschließen konnten. Es muss auch erwähnt werden, dass es für – notabene weltberühmte – Komponisten leichter war, in einem fremden Land Fuß zu fassen, als für – nur lokal anerkannte – Schriftsteller, deren Kunst im Wesentlichen an die Sprache gebunden war. Der offizielle Auftrag der Reichsstelle für die Bearbeitung einer Operette, und im Besonderen einer Operette von Franz Lehár, war ein außerordentlicher Glücksfall. Er bedeutete Einnahmen, Freistellung vom Militärdienst und das Zusammenbleiben der Familie. Weys war nicht der Einzige, der in den Genuss dieser Privilegien kommen konnte – für Moser war er nicht einmal einer Erwähnung in seinem Schlusswort bei den Entnazifizierungsprozessen wert, stattdessen führte er die „judenversippten" Komponisten Eduard Künneke, Edmund Nick, Hans Ebert an, denen er zu Aufträgen verhelfen konnte.

II. Jüdische Stimmen wider Lehárs „braune Nachrede"

Ihnen zu helfen, soweit es in meiner Macht steht

Das Projekt der Bearbeitung des RASTELBINDER, Franz Lehárs großer „jüdischer" Operette – seine „kleinere" war der Zweipersonen-Einakter ROSENSTOCK UND EDELWEISS (1912, im Kabarett „Die Hölle", Wien uraufgeführt), in der, wie beim RASTELBINDER auch, der (jüdische) Louis Treumann die (jüdische) Hauptrolle spielte –, dokumentiert in besonderer Weise Lehárs gespaltenes Verhältnis zur Politik des Dritten

Victor Léon, Miss Austria Lisl Goldarbeiter und Franz Lehár (von links) in dem „Bühnen-Filmspiel" FRANZ LEHÁR.

Reiches und vor allem seinen Einsatz für davon bedrohte Menschen und Mitarbeiter. Er hat Rudolf Weys, dem Bearbeiter seines RASTELBINDER, versprochen, „Ihnen zu helfen […], soweit es in meiner Macht steht", um ihm und seiner Familie das Überleben zu sichern. Und er hat dies auch tatsächlich getan.

Aber auch Victor Léon, den Original-Librettisten des RASTELBINDER, hat Franz Lehár durch seine Intervention vor Verschleppung und sicherem Tod bewahrt. Franz Marischka, Enkel Victor Léons, der die NS-Diktatur in London überlebte, berichtet in seinem Buch IMMER NUR LÄCHELN, dass die – arische – Freundin Léons, Anna Stift, die seinem Großvater und dessen Gattin liebevoll den Haushalt führte, zufällig erfuhr, „dass die Großeltern auf einer Liste der Gestapo standen und

abgeholt werden sollten. Sie informierte sofort Franz Lehár, der beim damaligen Gauleiter Bürckel tatsächlich erreichen konnte, dass Victor Léon und seine Frau von der Liste gestrichen wurden."
Franz Marischkas Darstellung deckt sich mit einer eidesstattlichen Erklärung, die besagte Anna Stift am 7. Februar 1972 zu Gunsten von Franz Lehár abgab, als man dem Komponisten vorwarf, sich während der Nazizeit nicht für seine jüdischen Librettisten eingesetzt zu haben:

> Als Universalerbin des (jüdischen) Schriftstellers und Operetten-Librettisten Victor Léon kann ich nachstehenden Vorfall bezeugen, aus dem sich die Hilfsbereitschaft für seine [Lehárs] jüdischen Freunde auch zur Zeit des Naziregimes ergibt: Anfang 1939 wurde der damals 80-jährige kranke Victor Léon von der SS aufgefordert, binnen drei Wochen seine Villa in Wien XIII., Wattmanngasse 22, samt seiner Lebensgefährtin Ottilie Popper zu verlassen. Da die beiden alten Leute entschlossen waren, sich eher das Leben zu nehmen, als sich diesem Befehl zu fügen, begab ich mich zu Franz Lehár und bat ihn um Hilfe. Lehár versprach trotz der eigenen Belastung mit seiner jüdischen Gattin, alles zu versuchen, um der bedrohten Familie zu helfen. Seine Intervention hatte auch vollen Erfolg. Victor Léon konnte bis zu seinem Tod im Jahr 1940 und Ottilie Popper bis zu ihrem Ableben 1942 unangefochten in ihrer Villa bleiben.
> (Nachlass Victor Léon, Wienbibliothek im Rathaus 37/3.21, zitiert nach Barbara Denscher: DER OPERETTENLIBRETTIST VICTOR LÉON: EINE WERKBIOGRAFIE)

Jüdische Stimmen wider braune Nachrede

Der jüdische RASTELBINDER und sein Komponist Franz Lehár wurden also tatsächlich zum Lebensretter! Nicht nur für seinen Librettisten Victor Léon, den Bearbeiter Rudolf Weys und deren Gattinnen, sondern auch für Sophie Lehár und viele andere. Umso mehr hält der Autor unreflektierte „braune Nachrede", vor allem von Journalisten jüngerer Tage, die sich reißerisch etwa mit Behauptungen über Lehár als „der Mann, der Löhner-Beda im KZ umkommen ließ", zu vermarkten suchen, für nicht angemessen und möchte im Weiteren einige jüdische Mitarbeiter und Zeitgenossen Lehárs zu Wort kommen lassen, die tatsächlich Emigration erleiden mussten und die dennoch „ihrem Meister" Verständnis entgegenbrachten und ihm in Treue, Verehrung und Liebe verbunden blieben. Ihnen soll das letzte Wort gehören.

Peter Herz – „Der verjudete Lehár"

Einer dieser jüdischen Zeitgenossen, Mitarbeiter und Freunde Lehárs, die trotz Vertreibung immer wieder leidenschaftlich und auch publizistisch für ihn eintraten, war der Librettist und Schriftsteller Peter Herz (1895, Wien – 1987, Wien). Aus seiner Feder stammen u. a. „Schön ist so ein Ringelspiel" und „In einem kleinen Café in Hernals" für Hermann Leopoldi sowie zahllose Texte für Leo Ascher, Edmund Eysler, Leo Fall, Bruno Granichstaedten und auch Franz Lehár. Zu seinem 85. Geburtstag, den er in der Wiener Synagoge in der Seitenstettengasse feierte, durfte der Verfasser dieses Aufsatzes als junger Sänger mit einigen Lieder gratulieren und lernte einen wahrhaft weltgewandten, ungeheuer liebenswerten und humorvollen Herrn kennen. Er erzählte mir, dem jungen Sänger, einiges über „seine Operettenmeister", die später meine wurden und über GESTERN WAR EIN SCHÖNER TAG, wie er auch seine Autobiografie mit dem Titel LIEBESERKLÄRUNG EINES LIBRETTISTEN AN DIE VERGANGENHEIT nannte. Aus seinen zahllosen Artikeln, Interviews u. a., in denen er sich Anschuldigungen und Gerüchten in Zusammenhang mit Lehár und dem Dritten Reich entgegenstellte, spricht vor allem sein Verständnis, sein Respekt und sein unbeugsamer Sinn für Gerechtigkeit. Herz war ein jüdisch denkender und lebender Mensch. Er publizierte vor allem auch in jüdischen Zeitungen und Journalen und trat auch da regelmäßig für Franz Lehár und die gegen ihn gerichtete „braune Nachrede" ein:

Nun ist eines sicher, Lehár war kein Nazi in des Wortes richtiger Bedeutung. Wie konnte er auch dies sein als der Gatte einer jüdischen Frau, die er liebte. Als überzeugter Altösterreicher, der sein Leben lang mit der österreichisch-ungarischen Armee verbunden blieb, der die Habsburger, für die sein Bruder – General Anton Lehár – die letzte Schlacht in Ungarn schlug, verehrte: jenes Haus Habsburg, das Hitler so ganz besonders hasste? [...] Er hatte nur das Pech, der Lieblingskomponist Hitlers zu sein.

("Die Ehrenarierin", "Die Gemeinde", 10. April 1973)

Als Lehár in Israel auf die schwarze Liste der verbotenen Komponisten kam, bezog er gegen "Israel und der Fall Lehár" in "Illustrierte neue Welt", Dezember 1974, Stellung und legte dar,

dass man Lehár in keinem Fall irgendwelche Aktivität für das Nazitum vorwerfen kann, er weder ein Amt oder eine Funktion innehatte, nie ein Nazi war, dies ja gar nicht sein konnte, [...] eine vollkommen passive Rolle in seinen Beziehungen zu den Nazis spielte.

Herz lässt dann das Leben Lehárs Revue passieren und zeigt auf, dass das Verbot Lehárs und seiner Musik in Israel seiner Ansicht nach nicht vertretbar sein kann.

Selbst in "Die Juden und das Theater an der Wien" in "Illustrierte Neue Welt", November/Dezember 1982, in dem Lehár nur "einer unter vielen" ist, war es Peter Herz wieder ein Anliegen, seine Sympathie für ihn zum Ausdruck zu bringen, denn als einziges Foto zu seinem Artikel, der sich mit den jüdischen Direktoren, Autoren und SängerInnen des Theaters an der Wien seit seinen Anfangstagen beschäftigt, präsentiert Herz ein Portrait Lehárs mit der Bildunterschrift: "Franz Lehár – durch seine Frau dem Judentum verbunden".

Besonders eindrücklich scheint mir Peter Herz' Bericht über ein Treffen seines Librettisten-Kollegen Paul Knepler (PAGANINI, GIUDITTA u. a.) mit Lehár nach Kriegsende in Zürich, als die beiden noch eine neue Operette planten, den er in einem Artikel "Der verjudete Lehár" in "Die Gemeinde", 1973/148, wiedergibt.

Knepler hatte Lehár einen Stoff vorgeschlagen, in dem ein alter, weiser Rabbi vorkam, wobei er selbst auf die Bedenklichkeit hinwies, so kurz nach der Nazizeit eine solche Figur auf die Bühne zu stellen und daher auf eine eventuelle Abänderung hinwies. Lehár aber lehnte dies entschieden ab […] warum sollte er nicht fortsetzen, was er in seinem Wolf Bär Pfefferkorn im RASTELBINDER begonnen hatte? Ja, er wolle diesem Rabbi schönste Melodie zu singen geben, denn so sagte er: „Juden verdienen nach dieser schrecklichen Zeit Wiedergutmachung – sogar auf der Bühne! Ihr Rabbi, lieber Freund Knepler, soll Lieder singen, die aus meinem Herzen kommen und zu aller Herzen gehen sollen!"

Und er schloss diesen Artikel: „Der verjudete Lehár" […] kein ungerechtfertigter Titel!"

Am häufigsten jedoch wird der Name Franz Lehárs im Zusammenhang mit der Ermordung des Librettisten Fritz Löhner-Beda im Konzentrationslager missbraucht. Selbstverständlich bezog Peter Herz auch dagegen Stellung, u. a. in seiner Autobiografie GESTERN WAR EIN SCHÖNER TAG:

Dass Interventionen bei dem Nazidiktator nichts nützen, musste Lehár erfahren, als er die Reise nach Berlin nur zu dem Zweck antrat, bei Hitler die Freilassung seines Mitarbeiters Dr. Löhner-Beda aus dem KZ zu erbitten. Hitler speiste Lehár mit der Bemerkung ab, er werde sich den Akt kommen lassen. So verlief diese Rettungsaktion im Sand.

Gerhard Bronner und Leo Askin – Lehár und Löhner-Beda

Zu Löhner-Beda und Franz Lehár äußerten sich auch zwei andere jüdische Zeitgenossen gleichlautend wie Peter Herz. Es war dies einerseits der Kabarettist, Musiker und Autor Gerhard Bronner (1922, Wien – 2007, Wien), der 1938 sechzehnjährig über Brünn und England nach Palästina floh, 1948 zurückkehrte und prägend für das österreichische

Nachkriegskabarett wurde („Der g'schupfte Ferdl" u. a.), andererseits der Schauspieler und Regisseur Leon Askin, eigentl. Leo Aschkenasy (1907, Wien – 2005, Wien), der über Paris in die USA floh, dort u. a. Schauspieler in Hollywood wurde und 1994 endgültig wieder nach Wien zurückkehrte. Beide entlasteten Franz Lehár im Zusammenhang mit Löhner-Bedas Schicksal ebenso wie bereits Peter Herz.

Alma Mahler – Lehár und Leben in Emigration

Den Vorwurf, dass Lehár in Anbetracht seiner jüdischen Gattin nicht emigrierte, entkräftet unter anderem auch Alma Mahler (1879, Wien – 1964, New York). Die Komponistin, Femme fatale und Gattin, Freundin und Muse vieler jüdischer Männer wie Gustav Mahler, Walter Gropius, Franz Werfel, Oskar Kokoschka und anderer Großer ihrer Zeit, schreibt in ihrer Autobiografie MEIN LEBEN:

> Franz Lehár, auch über achtzig [Lehár war damals erst siebzig Jahre alt] könnte nicht einen Monat von seinem Verdienst leben, denn es gibt in den USA kein einziges Operettentheater. Und Herumreisen, Tourneen erleiden – dazu ist er viel zu alt, zu müde, zu krank. Aber Lehár wollte um jeden Preis hinaus aus Deutschland. […] Der arme Oscar Straus musste, weil er Jude war, Deutschland verlassen; das ist ein großer Unterschied, ob man musste oder freiwillig ging. […] Den Nazis war natürlich daran gelegen, nicht alle großen Komponisten zu verlieren, so beschloss man, seine [Lehárs] Nähe zu jüdischen Mitarbeitern zu übersehen, deren Namen ohnedies nicht mehr genannt wurden, seine Gattin Sophie zur „Ehrenarierin" zu machen, obwohl man ihm zunächst nahegelegt hatte, sich von ihr zu trennen.

Bernard Grun – „das Geburtstagsgeschenk an Hitler"

Bernhard Grün, (1901 in Startsch/Mähren, heute Stařeč, Tschechien – 1972, London) wie er ursprünglich hieß, Schriftsteller, Dirigent und auch durchaus arrivierter (Operetten-)Komponist, der als Jude nach England flüchtete, schrieb nach dem Krieg auf Ersuchen von Dr. Otto Blau, dem jüdischen Verlagsleiters des ihm von Lehár 1945 übergebenen Glocken-Verlages, eine fundierte und liebevolle Lehár-Biografie GOLD UND SILBER. Als Nachwort stellt Grun einen Brief an Otto Blau:

> [...] Ich kannte ihn seit den Tagen der GELBEN JACKE [1923] und erfuhr viel menschliches Wohlwollen und manche künstlerische Anregung von ihm [...]. Nach GIUDITTA [1934] sprachen wir ein paar Mal über die Möglichkeit einer Lebensdarstellung. Er zögerte: sein Leben gehe ja noch weiter, seine Arbeit sei keineswegs abgeschlossen, und – „Ich hab' doch in meiner Musik alles das den Leuten über mich erzählt, was sie wissen sollen". [...] Und um dieses ging es mir: Franz Lehárs Wesen so lebendig zu machen, wie es sein Werk stets bleiben wird.

In dieser Biografie zitiert Bernard Grun Lehár auch zu seinem fatalen Geburtstagsgeschenk für Hitler kurz nach dem „Anschluss" Österreichs 1938:

> Staatssekretär Funke sagte mir, dass Hitler, als er in Wien war und kein Geld hatte, immer auf der Galerie war, um DIE LUSTIGE WITWE zu hören [...]. „Haben Sie noch so ein Programm?", und er gab mir den Rat, es einbinden und oben am Rand ein Hakenkreuz anbringen zu lassen. Wie unerfahren ich damals war, bezeugt, dass am Titel die beiden Hauptdarsteller Mizzi Günther und Louis Treumann (ein Jude) abgebildet waren.

Heinrich Mann – die Lieblingsoperette des Führers

Dass DIE LUSTIGE WITWE die Lieblingsoperette Adolf Hitlers war, ist zwar Lehárs Verdienst, aber gewiss nicht seine „Schuld". „Jeder mochte Lehár-Musik. Wenn sie Hitler aus Berchtesgaden beeindruckte, so war sie doch auch ein Hit auf dem Broadway!", so sagte Henrich Mann (1871, Lübeck – 1950, Santa Monica/Kalifornien) 1946 im amerikanischen Exil. Ihm wurde bereits 1933 die deutsche Staatsbürgerschaft aberkannt, und er emigrierte zunächst nach Frankreich, wo er zum intellektuellen Wortführer der antinazistischen Emigration wurde und 1940 weiter in die USA, die er, obwohl dort immer ein Fremder, nie mehr verließ.

Einzi und Robert Stolz – Lehárs Heimweh

Auch Einzi Stolz, eigentlich Yvonne Louise (1912, Warschau – 2004, Wien), die im Gegensatz zu ihrem Gatten Robert Stolz (1880, Graz – 1975, Berlin), der seinen Ariernachweis erbringen konnte und „freiwillig" emigrierte, jüdisch war, erzählte dem Verfasser dieses Aufsatzes öfters über Franz Lehár. Auch sie sagte: „Ja, DIE LUSTIGE WITWE war die Lieblingsoperette Hitlers, aber sie war die Lieblingsoperette der ganzen Welt! Ebenso wie Deutsch die Sprache der Nazis, aber auch die von Goethe war!"

Robert Stolz war mit Lehár befreundet und dirigierte DIE LUSTIGE WITWE nicht nur in der Uraufführungsserie am Theater an der Wien, sondern auch während seiner Emigration in den USA.

In ihrer Biografie SERVUS, DU! schreiben Einzi und Robert Stolz:

Auch Franz Lehár kam für kurze Zeit nach Paris, entschied, dass er zu alt sei, um noch einmal woanders heimisch zu werden[,] und kehrte wieder nach Österreich zurück. Er sagte, dass er sich von seinen Werken, kurz von seinem Leben in Wien nicht trennen könne. Lehárs Heimweh war stärker.

Paul Knepler – in Dankbarkeit und Liebe

Als „letzter lebender Mitarbeiter" (u. a. Librettist von PAGANINI, GIUDITTA) blieb Paul Knepler (1879, Wien – 1967, Wien), der sich als Jude durch seine Flucht nach England vor den Nationalsozialisten retten konnte, Lehár lebenslang in Freundschaft verbunden und hielt anlässlich der Enthüllung des Lehár-Denkmals am 6. Juli 1958 in Bad Ischl eine Festrede, die auch vom Glocken-Verlag gedruckt wurde:

> Mit ihm verband mich – ich darf es voll Stolz sagen, eine fast dreißigjährige Freundschaft.
>
> […] Es ist Franz Lehár gelungen, die Herzen der Menschen zu erobern! „Lippen schweigen, 's flüstern Geigen!", wo immer in aller Welt dieser süße unsterbliche Walzer aufklingt, wo immer sein – ich möchte sagen, der ganzen Welt gewidmetes Lied – „Dein ist mein ganzes Herz" ertönt, da schlagen die Herzen höher, denn mit seinem Herzen hat Lehár komponiert, mit dem Herzen gleichsam in Tönen gesprochen – und die Herzen in aller Welt antworten ihm! […] Dankbarkeit hat dieses Denkmal geschaffen und Liebe wird es nun in ihre Obhut nehmen.

Zu Franz Lehárs 90. Geburtstag 1960 schrieb Paul Knepler: „Wir haben allen Grund[,] Lehárs Geburtstagsjubiläums zu gedenken und uns dabei unserer tiefen Dankbarkeit ihm gegenüber bewusst zu werden."

Ich denke, wenn diese jüdischen Zeitgenossen ihre Stimmen für Franz Lehár und gegen braune Nachrede erheben und ihm in Freundschaft und Respekt gewogen bleiben, ist dem nichts hinzuzufügen und wir Nachgeborenen dürfen das ohne Zögern in Dankbarkeit und Liebe auch weiterhin tun!

Quellen:
Nachlass Rudolf Weys Wienbibliothek im Rathaus Handschriftensammlung ZPH 1011, 1020
„Glocken-Verlag", Archiv
Internationale Franz Lehár Gesellschaft, Archiv

Richard Tauber widmete sein Foto als Prinz Sou-Chong in Das Land des Lächelns Franz Lehár mit den Worten: „Was soll ich Dir hier herschreiben – Du weisst ja doch alles! Franzel!! Und so bleibt getreust Dein Richard. Berlin, Weihnachten 1929".

/ # „Brüder ohne den Luxus der Blutsverwandtschaft"

Richard Tauber erzählt von Franz Lehár

von Kai-Uwe Garrels

Franz Lehár beschrieb seinen Freund Richard Tauber 1928:

> Als Musiker – weit über dem Handwerk stehend, tiefgründig und von umfassendem Können. Als gottbegnadeter Sänger – die Stimme, die ich beim Komponieren höre. Als Mensch – ein lieber, prächtiger Kerl; treu wie Gold und zuverlässig wie Stahl.

1930, in einem Interview anlässlich seines 60. Geburtstages, mochte Lehár keinen seiner Zeitgenossen namentlich hervorheben:

> Nur Richard Tauber, der seit der ZIGEUNERLIEBE wohl alle meine Operetten gesungen hat, bedarf der besonderen Erwähnung. Ihm habe ich das „große" Lied des zweiten Aktes zu danken, die Grenze des Operettenliedes zur Opernarie. […] In hundert Vorstellungen, die Tauber singt, ist er immer ein anderer. Er lebt sei-

ne Partie immer neu. Er ist nie ein Mechanismus, vielmehr einer der Seltenen, den das Seelenspiel noch nicht abgestumpft, den es, merkwürdig genug, vertieft und verinnerlicht. – Immer überrascht er mich selbst. Darum sind wir Brüder ohne den Luxus der Blutsverwandtschaft.

Richard Tauber, 1891 in Linz geboren, war in der ersten Hälfte des 20. Jahrhunderts als Tenor weltberühmt und galt als einer der vielseitigsten Sänger. Bis Mitte der 1920er Jahre vorrangig Opernliebling und gefeierter Mozartsänger, unternahm er einen gelegentlichen „Abstieg" zur Operette: Durch seine enge, symbiotische Freundschaft mit Franz Lehár wurde er ab 1927 zu dessen Uraufführungssänger – und Weltstar mit dem Erkennungslied „Dein ist mein ganzes Herz".

1948 ist Richard Tauber in London an den Folgen seiner Lungenkrebs-Erkrankung verstorben. Vier Jahre später hat Max Tauber, der Cousin und langjährige Manager des Kammersängers, ein Typoskript AUS DEN MEMOIREN DES RICHARD TAUBER in elf Kapiteln angefertigt. Im Vorwort zum durchgehend in Ich-Form gehaltenen Text schreibt er:

> Als ich aus Amerika kommend durch die Schweiz kam, besuchte ich Otto [Hasé], Richards Stiefbruder. [...] Als Otto mir Richards Tagebuch gab, auf welches Richard geschrieben hatte „FÜR MAX", stand es bei mir sofort fest, es zu veröffentlichen. Richard hatte bei seinem letzten Aufenthalt in der Schweiz im Jahre 1945 [recte: 1946] Otto diese Blätter für mich übergeben.

Teile daraus haben ihren Weg in die Öffentlichkeit gefunden, in Interviews, Biografien und auf Plattencovern. Die hier erstmals weitgehend vollständig wiedergegebenen drei Kapitel FRANZ LEHÁR, NOCH EINMAL FRANZ LEHÁR und GIUDITTA verdanken wir Mädy Tauber, der Großcousine des Sängers und Tochter von Max Tauber.

Die Erstfassung des Textes ist gegen Ende des Zweiten Weltkrieges während Richard Taubers Exil in London entstanden. Er zeigt deutlich, dass Tauber sich nicht immer auf sein Gedächtnis und schon gar nicht auf Unterlagen, deren Großteil er bei seiner Emigration aus Deutschland 1933 und 1938 aus Österreich hatte zurücklassen müssen, verlassen konnte. Wo wir Nachgeborenen es heute besser wissen, sind Korrekturen – um den Textfluss möglichst wenig zu stören – als Fußnoten eingefügt; die Rechtschreibung wurde den geltenden Regeln angepasst.

***

VIII. Kapitel: Franz Lehár

Es war im Jahre 1921, in jener schönen Epoche meines Lebens, als ich noch die Welt mit jugendlichem Übermut[1] und tenoralem Optimismus ansah. Ich sollte im Salzburger Stadttheater, es war zur Festspielzeit, wo ich mich gewöhnlich zum Besuche meiner Mutter aufhielt, die Tenorrolle in ZIGEUNERLIEBE[2], Operette von Franz Lehár, singen. Der Direktor des Theaters bat mich zu intervenieren, dass Lehár selbst seine Operette dirigiere. Fest überzeugt, dass es mir durch „meiner schönen Augen Macht" gelingen würde, den Meister zu gewinnen, fuhr ich nach Ischl.

Die erste Begegnung mit Lehár erfolgte im Kurgarten, wo ich mich ihm als Tenor der Dresdner Staatsoper vorstellte. Allerdings sagte er trotz allen Verführungskünsten zu meinem Vorschlag: „Kaum möglich!" Der Meister war zu mir liebenswürdig, wie er es zu allen Menschen ist! Ich jedoch sollte in der ersten Stunde der Begegnung an ihm eine ach so bittere „Enttäuschung" erleben. Ich hatte ihn um ein Bild gebeten, prompt traf es auch im Hotel ein. Oh, wie tief war ich gekränkt, als ich seine Widmung las. Es lautete an „Rudolf" Tauber! Mein innigst geliebter „Franzl" hat sich den „Rudolf" bald abgewöhnt und weiß jetzt, dass ich „Richard" heiße!

Mein Auftreten im Theater an der Wien in seiner Operette im Sommer 1924[3] hatte uns bald nähergebracht. Damals waren die Vorstellun-

---

1   Tauber ist zu dieser Zeit 30 Jahre alt.
2   ZIGEUNERLIEBE mit Richard Tauber wurde nicht in Salzburg, sondern in Linz gespielt, am 2. August 1921.
3   Gemeint ist die Aufführungsserie von FRASQUITA (Uraufführung am 12. Mai 1922 mit Hubert Marischka in der Tenorrolle), die Tauber zunächst vom 10. Juli bis

gen trotz heißestem Augustklima allabendlich vollständig ausverkauft. Samstag und Sonntag kam der Meister von Ischl nach Wien und dirigierte sein Werk. Einmal hatte der Zug Verspätung, sodass Lehár erst mitten im ersten Akt erschien. Im Lodenkostüm mit kurzen Hosen tauchte er auf und nahm dem Kapellmeister den Stab aus der Hand. Nach Schluss des ersten Aktes brauste der Beifall nieder, Lehár wurde stürmisch gerufen. Er erschien vor dem Vorhang in seinen kurzen Hosen und Wadelstrümpfen! Da kam ich auf eine glorreiche Idee, ich zog mein Taschentuch, hielt es dem Meister vor die Knie und bedeckte hilfsbereit die Blößen – Lehárs Würde war gerettet!

Viele hunderte Male habe ich von der Bühne herab, wenn „Franzl" am Dirigentenpult saß, ihm seine mir gewidmeten „Lieder" zugesungen, und er wird wissen, dass ich immer mit meinem ganzen Herzen dabei war. Wie oft sah ich um seine Lippen einen ironisch lachenden Zug, wenn ich oben auf der Bühne meinem musikalischen Übermut freien Lauf ließ, wenn das Publikum die Wiederholung seiner Schlager mit den Füßen zu erkämpfen anfing und ich vom Falsett zum Fortissimo und wieder Piano überging und einige musikalische Husarenstückchen einschob, bis ich wieder Anschluss zu Lehár fand. In solchen Augenblicken bestand jedoch zwischen uns beiden immer innerer Kontakt. Ich wusste, dass der feine Musiker da unten am Pult wissen wird, wie ich es meine.

Im Sommer 1925 wirkte ich bei den Salzburger und Münchner Mozartfestspielen mit[4]. An meinen freien Tagen fuhr ich von Salzburg immer nach Ischl zu meinem Freunde Franz Lehár, der damals gerade an dem PAGANINI arbeitete. Lehár war damals von heißer Schaffensfreude erfüllt, da ihm das vorzügliche Buch von Paul Knepler besonders zusagte. Ich wohnte bei ihm in seiner reizenden Villa, und er spielte mir – man kann fast sagen: jede paar Stunden – etwas neu Komponiertes aus dem PAGANINI vor.

---

    7. August 1922 übernahm. Weitere Vorstellungen sang er von Ende September bis Mitte Oktober 1922.

4   Tauber sang 1925 von Anfang August bis Mitte September im Nationaltheater München in der ZAUBERFLÖTE, der ENTFÜHRUNG AUS DEM SERAIL und DON GIOVANNI. Bei den Salzburger Festspielen wirkte Tauber stattdessen 1922 und 1926 mit.

Eines Abends ging ich ins Ischler Kurtheater und nachher noch mit einigen Freunden zu „Zauner", der weltbekannten Konditorei. Lehár wollte noch arbeiten und ging nicht mit. Als ich in ziemlich vorgerückter Stunde zu seiner Villa komme, erblicke ich im ersten Stock in seinem großen Arbeitszimmer noch Licht. Ich denke: „Nanu, Franzl noch bei der Arbeit!", schleiche mich langsam die Treppe hinauf und lausche: Es tönt leise eine wunderschöne Melodie an mein Ohr. Schnell trete ich in das Zimmer, um zu erfahren, wo diese reizende, sofort ins Ohr gehende Melodie vorkommen soll, das heißt: ob im Finale oder in einem Duett oder – wehe dir, Franzl! – sollte sie gar der Sängerin gehören?!

Kaum erblickte mich Lehár, so winkte er mir lebhaft zu und rief: „Du, Richard, eben habe ich ein Lied für dich fertiggestellt!" Und nun kommt ein Augenblick, der für mich immer unvergesslich bleiben wird; Lehár zeigte auf sein vor ihm auf dem Flügel stehendes Skizzenbuch und bat mich, leise die Melodie mitzusingen, die da aufgezeichnet stand: „Gern hab' ich die Frau'n geküsst"! Ich tat es und war von diesem Augenblick an so stark in dem Bann dieses Liedes, das ich sozusagen noch „warm aus dem Ofen" zum Klingen brachte, dass wir noch gute zwei Stunden – Zeit und Ort vergessend – mit der Ausfeilung dieses Liedes verbrachten.[5]

Immer wieder musste Lehár mir diese oder jene Stelle vorspielen, immer wieder versuchte ich, die beste gesangliche Wirkung herauszufinden, immer wieder probierte ich eine neue Atemführung oder Phrasierung aus. Wir arbeiteten an dem Liede mit einem Eifer und einer Hingabe, als ob am nächsten Tage die Aufführung sein sollte. So standen z. B. im Mittelsatz drei Takte, die erst eine andere Melodie in Führung hatten, aber auf meine Bitte und mehrmaliges Vorsingen der Stelle in meinem Sinne änderte Lehár diese Takte in die heute bestehende Form um.

Auch wurden bereits von mir in jener Nacht die drei verschiedenen „Schlüsse" für die „da capi" gefunden und in sein Skizzenbuch vermerkt.

---

5   Diese Episode kann auch bereits Ende August 1924 stattgefunden haben: Nach einem Urlaub in Baden-Baden wohnte er damals im Salzburger Hotel Europe und schrieb am 29. August 1924 in Lehárs Gästebuch: „PAGANINI: Was ich heute von Dir gehört habe[,] erfüllt meine heimlichsten Wünsche[,] dieses Werk *von mir* der Welt übermitteln zu dürfen!!"

Diese Schnörkel und Schlusskadenzen sind meine ureigensten „Erfindungen", wenn man so sagen kann, und zwar verwendete ich diese Schlussverzierungen zum ersten Male bereits im Frühjahr 1923[6] in Lehárs Lied vom „Blauen Himmelbett" in seiner FRASQUITA, als ich dieses Werk in Wien sang. Die später neuerschienenen Klavierauszüge enthielten dann bereits diese meine Schlussvarianten gedruckt.

So sah die Geburtsstunde des „Gern hab' ich die Frau'n geküsst" aus. Bereits am nächsten Vormittag musste ich dieses Lied den Textdichtern Paul Knepler und Béla Jenbach vorsingen. Ich werde ebenso nicht vergessen, wie Herr Jenbach nach meinem Vortrage des Liedes zu mir kam und sagte: „Mit diesem Liede werden Sie den gleichen Erfolg haben und die gleiche Popularität erringen wie mit dem Vortrag ihrer berühmten B-Dur-Arie aus DON JUAN." Er sollte Recht behalten!

Zwei Tage später, als ich wieder nach Salzburg fuhr, um eben diesen Mozart zu singen[7], hatte ich das neue Lied gut 20- bis 25-mal Freunden und Theaterleuten, die zu Lehár kamen, vorgesungen. Ich kannte es bereits mit allen „Schikanen" in- und auswendig, und Ischl munkelte schon von einem neuen Lehár-Schlager. Mir blieb es dann auch vorbehalten, dieses Lied zu seinem berechtigten Erfolge zu führen, und es gibt wohl heute keinen musikalischen Menschen, der den Gesang von den „gern geküssten Frauen" nicht in sein Herz geschlossen hat.

Nicht weniger interessant, sogar viel komplizierter war die Entstehung des Lehárliedes „Willst du, willst du" aus ZAREWITSCH. Dieses Werk, das noch mehr als PAGANINI den Stempel meiner künstlerischen Eigenart trägt, da fast jeder Takt erst meine „Zensur" passierte, war fast fertig, als ich im Herbst 1926[8] nach Wien kam, um dort meine vertraglichen Monate an der Staatsoper zu absolvieren.

Fast jeden freien Nachmittag saß ich bei Lehár in seiner herrlichen Wohnung in Wien[9] und arbeitete mit ihm am ZAREWITSCH. Er hatte bereits ein „Tauberlied", wie er sich ausdrückte, im Sinn. Es sollte ein

---

6   Korrekt: im Sommer 1922.
7   Eher: nach München, siehe Anmerkung 4.
8   Tauber sang in dieser Saison vom 1. Dezember 1926 bis zum 30. Januar 1927 an der Wiener Staatsoper und war bis mindestens 21. November 1926 anderweitig engagiert.
9   In Lehárs Haus in der Theobaldgasse 16, 6. Bezirk.

Richard Tauber als Zarewitsch, 1927.

Walzer werden und hatte den Text: „Ich bin verliebt, und wär' ich es nicht, so möchte ich es sein". Er spielte mir diese Melodie vor, und ich war ehrlich begeistert, nur der Schluss, das heißt, die letzten sechs Takte, gefielen mir nicht sonderlich, sie waren zu gekünstelt und harmonisch zu kompliziert, um populär werden zu können.

Am nächsten Tag spielte mir Lehár andere sechs Schlusstakte vor, die aber wieder nicht restlos meinen Beifall fanden. Ich machte darauf den Vorschlag, diese ganze Nummer fallen zu lassen und ein gleiches Lied wie im PAGANINI zu schreiben, nämlich einen Gesang in Rondoform, das heißt, die Hauptmelodie am Anfang und am Schluss, als Mittelsatz eine vollkommen neue Melodie.

Trotzdem wollte ich aber auf die bereits vorhandene schöne Gesangslinie der ersterwähnten Melodie nicht verzichten, und nach Überlegung schlug ich Lehár vor, diese 32 Takte in das zweite Finale zu legen, was dann auch geschah. Es stehen nun diese ursprünglich als Hauptlied gedachten Takte im zweiten Finale, kurz vor dem Bacchanale, mit den gleichen Textworten beginnend „Ich bin verliebt …".

Lehár wollte sich die Sache überlegen, und wir sahen uns einige Tage nicht, da ich in der Oper beschäftigt war. Eines Abends telefonierte Lehár mich noch ziemlich spät an, er hätte etwas komponiert und möchte es mir vorspielen. Ich wollte mich gerade zur Ruhe begeben, da ich am nächsten Tage in Puccinis TURANDOT[10] aufzutreten hatte, da mir aber die Sache zu wichtig erschien, bat ich Lehár, noch zu mir zu kommen.

Er brachte zwei Kompositionen mit, die er mir zur Auswahl für das Hauptlied des ZAREWITSCH vorschlug. Ich wählte davon sofort die heute gesungene Melodie des Liedes „Willst du, willst du". Die Noten hatten aber noch keinen Text, wir machten uns daher einen so genannten „Schimmel", das ist eine Form, noch nicht textierte Musik mit beliebigen Textworten zu versehen, um den Rhythmus auf Text singen zu können. Wir fanden den Schimmel: „Sonja, Sonja, lass' Dir Liebe schwören. Sonja, Sonja, willst du mich erhören?"

Wie gesagt, das Lied gefiel mir außerordentlich, und ich fühlte sofort, dass das der Schlager werden könnte. Lehár, der meine Begeisterung sah, sagte: „Damit du in ein paar Tagen nicht wieder erklärst, es gefällt dir doch nicht, wirst du mir die Annahme des Liedes in mein Skizzenbuch hier bestätigen." Ich ging auf seine scherzhaften Worte ein und schrieb unter die Skizze in sein Notenheft: „Bewilligt! Richard."

Jedoch das Lied war noch nicht ganz geboren, denn es fehlte noch der Text. Herr Jenbach, einer der Textdichter des ZAREWITSCH, erhielt am nächsten Tage die Musik mit der Bitte, sofort einen recht wirkungsvollen „Taubertext" zu schreiben; und richtig, einige Tage später wurde Lehár und mir der Text vorgelegt, und zwar in seiner heute bestehenden Form. Er gefiel uns außerordentlich, und alles schien in bester Ordnung.

Als nun aber in Berlin die Proben zur Uraufführung des ZAREWITSCH stattfanden, schien das Lied mir und auch anderen Kollegen sowie dem Kapellmeister[11] doch nicht so wirkungsvoll, wie wir es erwarteten; das

---

10 Tauber sang den Calaf in TURANDOT am 14., 22. und 29. Dezember 1926 an der Wiener Staatsoper.

11 Ernst Hauke. Obwohl der Wiener Kapellmeister und Komponist als musikalischer Leiter in der Theaterwelt und bei Schallplattenaufnahmen im Berlin der ausgehenden 1920er Jahre quasi omnipräsent ist, sind von ihm keine Lebensdaten zu ermitteln – weder in zeitgenössischen noch heutigen Nachschlagewerken scheint er ver-

heißt, es schien nur so. Denn es ist immer schwer, nach einem sehr starken Schlager, wie das „PAGANINI-Lied" war, einen ebenso starken oder noch stärkeren zu schreiben. Das Nachfolgende muss immer zuerst verlieren, weil die Anforderung zu hoch gespannt ist und man den Erfolg des ersten Liedes noch überbieten will. Also kurz und gut, wir überlegten hin und her, was geschehen soll.

Lehár kam nach Berlin und wurde sofort bestürmt. Schon wollten wir wieder die ursprüngliche Idee des Walzerliedes aufgreifen! Lehár wollte schon ein ganz neues Lied schreiben, der Textdichter sollte einen neuen Text machen, kurz: Es war ein großes Durcheinander, das bis zum Tag der Generalprobe andauerte. Mir wurde dieses Ungewissheit, die mich schon ganz nervös machte, zu dumm, und ich erklärte einfach: „Es bleibt, wie es ist. Ich werde das Kind schon schaukeln" – und ich habe es geschaukelt!

Als ich am Premierenabend[12], nachdem ich das Lied unzählige Male gesungen hatte, zum Schluss eine neue von mir selbst verfasste Refrainzeile brachte, welche lautete: „ Willst du, willst du, es ist kein fauler Zauber – willst du, willst du, Täubchen, komm' zum Tauber"[13], fand der Jubel kein Ende.

---

treten zu sein. Nach kursorischer Recherche trat er als Kapellmeister erstmals im Dezember 1906 am „Landschaftlichen Theater" in Linz in Erscheinung, anderthalb Jahre zuvor könnte er in Wien maturiert haben – was ein Geburtsjahr Mitte bis Ende der 1880er Jahre wahrscheinlich macht. Im Dezember 1946 wurde in Malmö seine Operette HJÄRTER KUNG („Herzkönig", mit einem Libretto von Henry Richter) uraufgeführt: Deutet dies auf eine Emigration nach Schweden hin?

12   16. Februar 1927.
13   Auf der am 25. Februar 1925 aufgenommenen Schallplatte singt Tauber: „Willst du, willst du? *Folge meinem* Zauber …" Es war dieses „Tauber-Lied", das den Kritiker Karl Kraus zu seinem Feldzug gegen Franz Lehárs ZAREWITSCH anstachelte: Da „wird eine unbeschäftigte Dame in die Proszeniumsloge gesetzt, wirft bei der fünften Wiederholung von ‚Willst du …' Blumen vor die Füße des Schmalztenors, worauf er sich zu ihr wendet, direkt zu ihr empor, und für sie ein sechstes Mal ‚Willst Du' macht. Ich habe es gesehn. Kotzenswürdigeres hat sich nie in einem Theaterraum begeben; das Publikum winkte mit Tüchern." Nicht zuletzt wegen des überragenden Erfolges des Wolgaliedes „Allein, wieder allein … Es steht ein Soldat am Wolgastrand" „degradierte" Lehár die Melodie von „Willst du" in seiner Fassung von 1937 zu einem Duett.

PAGANINI-Probe in Berlin, als in Wien bereits die 100. Aufführung lief: Regisseure Reinhard Bruck und Karl Grünwald, Dirigent Ernst Hauke, Franz Lehár, Vera Schwarz und Richard Tauber (von links).

Aber kein Erfolg beim Theater wird von Dauer sein, wenn er nicht mit Vorbedacht begründet ist und alle Widerstände aus dem Weg geräumt sind. Man sieht stets nur das Erreichte, nicht die vielen Steine, die im Wege lagen.

Es fing bei PAGANINI an! Ein Jahr vor der Aufführung in Berlin hatte ich mit Franz Lehár in seinem Ischler Heim die Umarbeitung in vielen Stunden gemeinsam miterlebt. Vor derselben war PAGANINI bereits in Wien aufgeführt worden[14]. Es war das Gegenteil eines Erfolges. Ich hatte mit Direktor Saltenburg vom Deutschen Künstlertheater in Berlin für den Monat November 1926[15] einen Vertrag abgeschlossen, es waren 50 Aufführungen mit PAGANINI vorgesehen. Ich hatte alle meine anderen Gastspiele danach eingerichtet.

---

14 Am 30. Oktober 1925 im Johann-Strauß-Theater, mit Carl Clewing in der Titelrolle.

15 Eher: Februar 1926, die Berliner Erstaufführung von PAGANINI fand am 30. Januar 1926 statt.

Als ich zu den Proben im Oktober 1926 in Berlin eintraf, erklärte Direktor Saltenburg[16], es täte ihm leid, aber er würde PAGANINI nicht geben, er sei in Wien katastrophal durchgefallen und würde in Berlin ebenfalls kein Geschäft machen. In der Operette kommt immer zuerst das Geschäft!

Ich musste das Berliner Bühnenschiedsgericht in Anspruch nehmen, um die Einhaltung meines Vertrages durchzusetzen. Es kam eine Einigung zustande, nach der ich die Hälfte meines Honorars nachließ und Lehár auf seine Tantiemen verzichtete. Nach wie vor war die Premiere im November[17] angesetzt, die Zahl der Aufführungen jedoch auf 20 reduziert. Die nun beginnenden Proben waren sehr unangenehm, da die Bühne für die nächstfolgende Operette, welche in fieberhafter Hast vorbereitet wurde, gebraucht wurde. So waren wir auf das Probenzimmer angewiesen. Wir wurden von der Direktion überhaupt kaum beachtet. Ging Direktor Saltenburg an uns vorbei, grüßte er kaum, und speziell Lehár übersah er.

Als ich ihn einmal traf, sprach ich ihn an und sagte: „Sagen Sie, Direktor, was machen Sie eigentlich, wenn nun PAGANINI ein Riesenerfolg wird und das Publikum mit 20 Aufführungen nicht genug hat?" Er sah mich ironisch an, klopfte mir gönnerhaft auf die Schulter und sagte: „Mein lieber Freund, ich werde glücklich sein, wenn wir die erste Vorstellung ohne Skandal zu Ende kriegen." Nach der hundertsten Aufführung wollte Saltenburg eine Verlängerung auf weitere 100 Aufführungen. Nun wollte ich nicht mehr. Nach langem Hin und Her einigten wir uns auf weitere 50 Aufführungen, nachdem sich Saltenburg verpflichtet hatte, mir mein erstvereinbartes Honorar nicht nur vom Beginn an zu zahlen, sondern auch zu erhöhen, desgleichen Lehár seine Tantiemen.

Welche Beachtung Direktor Saltenburg dem Werk und dem Komponisten entgegenbrachte, zeigte der Umstand, dass er keinen Wert darauf legte, dass Lehár sein Werk selbst dirigierte. Nicht einmal in die

---

16 Heinz Saltenburg teilte dies Tauber schriftlich am 27. November 1925 mit, der zu der Zeit in Essen gastierte. Die Proben in Berlin begannen im Januar 1926.
17 Korrekt: Januar 1926.

Direktionsloge war Lehár am Premierenabend eingeladen. In derselben saß Direktor Saltenburg mit dem Komponisten der als zunächst vorgesehenen Operette und dessen Gattin[18] in Erwartung des Durchfalles. Ganz oben im zweiten Rang in einer kleinen Loge saß bescheiden Meister Lehár mit seiner Frau, und erst als das Publikum bei dem Lied „Gern hab' ich die Frau'n geküsst" seine Begeisterung mit Händen, Rufen und endlich Füßen zum Ausdruck brachte, zeigte ich hinauf in die Loge, um das Publikum aufmerksam zu machen, dass da oben noch jemand sitze und ebenfalls Anteil an dem Erfolg hat. Dann natürlich gab es kein Halten mehr, Lehár musste auf die Bühne. Später sagte er zu mir oft: „In diesem Moment bin ich künstlerisch das zweite Mal auf die Welt gekommen!"

Als Kuriosum muss ich noch Folgendes bemerken: Vor der Vorstellung blieb Direktor Saltenburg für uns unsichtbar, er zeigte sich nicht auf der Bühne. Nach dem ersten Akt stand er schon oben. Ich allerdings habe ihn nicht gesprochen, da ich in meiner Garderobe war. Nach dem zweiten Akt stand er mitten unter uns vor der Rampe, zwischen Lehár und mir, uns abwechselnd innig die Hände schüttelnd, während uns das Publikum mit Beifall überschüttete. Kammersängerin Vera Schwarz, welche eine hervorragende Anna Elisa war, küsste er ostentativ vor dem Publikum unzählige Male die Hände. Nach der 150. Aufführung konnte dann endlich die Operette starten, die für PAGANINIS Durchfall vorbereitet war, und diese Operette fiel dann wirklich durch[19]. Es kommt halt beim Theater und auch sonst im Leben immer anders, als man denkt.

Im Jahre 1927 folgte nunmehr ohne Widerspruch – Direktor Saltenburg wusste ja, es wird ein Geschäft – ZAREWITSCH mit Rita Georg, abermals im Deutschen Künstlertheater. Das Berliner Spekulantentum – Berlin war schon in der Vorkriegszeit eine Theaterbörse – hatte sich der beiden Namen Lehár/Tauber bemächtigt. Gebrüder Rotter[20],

---

18 Dies wären, wenn der Hinweis zutrifft, Clara und Oscar Straus, der Komponist des WALZERTRAUMS.
19 Auf PAGANINI folgte im Deutschen Künstlertheater ab 3. April 1926 Oscar Straus' EIN WALZERTRAUM aus dem Jahr 1907. Ein „wirklicher Durchfall" eines so bewährten Stückes ist eher unwahrscheinlich.
20 Alfred (1886–1933) und Fritz Rotter (1888–um 1939), eigentlich Schaie.

Alfred Rotter in der Ischler Sommerfrische, August 1929.

geschäftskundige Theaterfachleute, wollten die Konjunktur nicht vorübergehen lassen, ließen das Metropol-Theater durch Umbau vergrößern und prächtig herrichten, und im Herbst 1928 fand die Uraufführung von FRIEDERIKE im Metropol-Theater statt.

Käthe Dorsch als Friederike, die unvergesslich große Künstlerin, mehr Schauspielerin als Sängerin, bot darstellerisch und in ihrem gesanglichen Vortrag eine Sensation. Gebrüder Rotter, die der Ansicht waren, dass, wenn man das Theatergeschäft versteht, man auch von der Musik etwas verstehen müsse, wollten wiederholt musikalische Änderungen vornehmen, denen sich Lehár auf das Entschiedenste widersetzte, und so kam es oft zu unliebsamen Auseinandersetzungen, wodurch die Aufführung in Frage gestellt war. Die Generalprobe dauerte bis vier Uhr morgens, und am selben Abend war die Premiere[21]!

---

21 4. Oktober 1928.

Aber auch ich sah nicht ohne Angstgefühl dieser Erstaufführung entgegen. Die Darstellung des jungen Dichters Goethe – Goethe als Operettenfigur! Man ließ sich die Verkörperung von Goethes Faust in der Gounod'schen Oper gefallen, aber Goethe selbst in einer – Operette! Schon im ersten Akt wurde das Lied „Sah ein Knab' ein Röslein steh'n" mit Begeisterung aufgenommen, und als Goethe dann im zweiten Akt sein „Mädchen, mein Mädchen" sang, war die Verbindungslinie Goethe–Lehár hergestellt.

Welche Popularität sich dieser junge „Lehár-Goethe" in der Welt errang, möge der Auszug eines Artikels wiedergeben:

Amsterdam Telegraaf, den 7. Juli 1929[22]
O Mädchen, mein Mädchen!
Halb Amsterdam ist in dem Saal. Dafür sind wir gekommen, um dies zu hören. Bei dieser Hitze! Und wenn wir auch den ganzen Tag auf der Straße, am Abend im Kabarett, in jedem Kino kaum etwas anderes hören – der Milchjunge singt es, der Postbote pfeift es: „O Mädchen, mein Mädchen!" Nun, das erste „M" von diesem Mädchen müssen sie absolut von Tauber gehört haben, mit seinen vibrierenden Konsonanten, mit seinem Anschlag, mit seiner Wärme, seinem Charme – das ist einzig! Success, der eine Masse, ein Volk, einen Erdteil packt und mitreißt bis zu dem Zustand, wo der Mensch automatisch mit seinen Händen zu klatschen beginnt.
Es war wohl niemand gestern Abend, der sich von dieser spontanen Bewegung abseits halten konnte. Tauber wiederholte – der Saal begann zu jauchzen, Tauber wiederholte – der Saal wurde wild, – und Tauber begann zum vierten Male!

Überflüssig zu bemerken, dass Papa[23] auch diesen Artikel wochenlang immer „zufällig" bei sich trug.

---

22 Der Artikel erschien am 17. Juli 1929.
23 Richard Anton Tauber (1861–1942), österreichischer Schauspieler und ab 1912 Theaterdirektor, zur Zeit der Friederike Generalintendant des Chemnitzer Stadttheaters.

X. Kapitel: Noch einmal Franz Lehár

Lehár hatte nun die bereits vor Jahren in Wien gegebene Operette DIE GELBE JACKE[24] wirklich vollkommen umgearbeitet. Der Autor der GELBEN JACKE war Victor Léon, die neuen Textbearbeiter von LAND DES LÄCHELNS, so wurde die Operette jetzt umbenannt, waren Ludwig Herzer und Fritz Löhner, und sie waren textlich und musikalisch auf meine Person umgestellt worden.

Lehár sagte wiederholt, dass meine Stimme, meine Gesangsmanieren, ihn immer wieder neu inspirierten und nur ich und meine Stimme ihm immer neue Schaffenskraft verliehen. – Ich erhielt im August ein Telegramm von Lehár nach Scheveningen[25], worin er mir mitteilte: „Das fünfte Tauberlied ist fertig!"[26] Als ich die Ischler Villa von Lehár betrat, begrüßten mich die Klänge „Dein ist mein ganzes Herz". Wochenlang saßen wir, beinahe Tag und Nacht, zusammen und feilten jede einzelne Nuance aus.[27]

So ausgerüstet fuhren wir zu den Proben nach Berlin. Aber Lehár denkt und – Rotter lenkt! Diese vollkommen unmusikalischen Menschen machten Lehár Ausstellungen und musikalische Änderungseinwendungen. Endlich, knapp vor der Generalprobe, legte der Meister empört den Taktstock hin und verließ das Theater.

Ich fuhr, bereits in meiner Maske als „Prinz Sou-Chong", in sein Hotel, und es gelang mir, ihn wieder zurückzubringen. Auch diese Generalprobe dauerte wieder bis fünf Uhr morgens und am Abend – die

---

24 Uraufführung am 9. Februar 1923 im Theater an der Wien.
25 Tauber trat hier im Rahmen einer Sommertournee durch die Niederlande am 13. August 1929 im Kursaal (in einer Konzertgala u. a. mit den amerikanischen „Revellers") auf. Das „Neue Wiener Journal" berichtete allerdings bereits am 4. August 1929 launig über eine „Operettenpremiere in Lehárs Ischler Villa" (mit dem Komponisten am Klavier und dem Librettisten Löhner-Beda in allen Rollen), bei der als „schönste Nummer des zweiten Aktes" „Dein ist mein Herz …" (sic!) erklungen sei.
26 Diese Zählung schließt das Lied vom „blauen Himmelbett" aus FRASQUITA mit ein, das Lehár Tauber nicht „in die Kehle komponiert" hatte.
27 Franz Lehárs oft gedruckte Widmung: „Mein lieber Richard! Hier hast Du *DeinTauber-Lied*!!" stammt ebenso wie ein Gästebucheintrag Taubers: „[…] Unsere Freundschaft bleibt immer bestehen!!" vom 17. August 1929.

Vera Schwarz, Franz Lehár und Richard Tauber bei der Uraufführung von DAS LAND DES LÄCHELNS, 1929.

Premiere[28]! Für einen Tenor wohl eine starke Zumutung, aber es gelang – „Dein ist mein ganzes Herz"!

Wieder hatte Vera Schwarz großen Anteil an dem damals unerhörten Sensationserfolg des neuen Lehár. Der Erfolg von LAND DES LÄCHELNS übertraf alle unsere Erwartungen, und die darauffolgenden Monate waren ein einzigartiger Triumphzug von Franzl und mir, wir waren fast immer zusammen, und wo wir uns zeigten, brachte man uns Ovationen entgegen.

Ich erinnere mich, wie wir nach einer LAND DES LÄCHELNS-Vorstellung das Sechstagerennen im Sportpalast[29] besuchten und sofort bei unserem Eintritt in die Loge mit Jubel begrüßt wurden, dann bildeten sich Sprechchöre, und zum Schluss brüllte das Publikum des vollbesetzten Riesenhauses: „Tauber, singen, singen …" Das Orchester, welches in der Rennbahn spielte, hörte auf, das Klavier wurde in die Mitte

---

28 Am 10. Oktober 1929.
29 Das 22. Berliner Sechstagerennen fand vom 1. bis 7. November 1929 statt.

geschoben, und ehe wir noch wussten, wie uns geschah, wurden wir hochgehoben und im Triumph in die Arena getragen.

Es war sehr schön, aber Franzl und ich waren doch mehr konsterniert als erfreut. Dann aber saß Lehár beim Klavier, und eine Totenstille herrschte im großen Haus. Die Radfahrer fuhren ganz still und langsam um uns herum, und ich sang „Dein ist mein ganzes Herz". – Und so war es überall – ein einziger Feiertag war damals das Leben. [...]

„Dein ist mein ganzes Herz" dürfte [von einer Millionenauflage der Plattenaufnahme] nicht weit entfernt stehen, da ich es in den vier Weltsprachen Englisch, Französisch, Italienisch und Deutsch gesungen habe[30]. Auf öffentlichen Plätzen in Berlin, in Caféhäusern und Restaurants klang es mir entgegen, und so oft ich ein Lokal betrat, in dem ein Orchester spielte, brach dasselbe bei meinem Eintritt sofort ab und spielte „Dein ist mein ganzes Herz", und das Publikum applaudierte. So nenne ich es heute meine Hymne!

Und nun noch das letzte und endgiltige Ereignis der Berliner Lehár-Premieren. Im Jahre 1930 erfolgte die Aufführung der Neubearbeitung der Operette ENDLICH ALLEIN[31] als SCHÖN IST DIE WELT[32] mit Gitta Alpár. Der zweite Akt bestand nur aus Duetten zwischen Alpár und mir und meinem Lied „Schön ist die Welt". Die gesangliche Leistung unserer beiden aufeinander eingestellten Stimmen war ein gesangliches Bravourstück, das restlos Anerkennung fand.

Auf den Proben aber herrschte Gewitterstimmung zwischen Lehár und Rotters, auf der Generalprobe verließ Lehár das Theater – gerne wäre ich ihm nachgefolgt, aber ich wollte einen öffentlichen Theaterskandal vermeiden, und da der Meister mir zuliebe doch noch die erste Aufführung dirigierte, so blieb die Öffentlichkeit unberührt von dem, was hinter den Kulissen vorging. Lehár betrat nie mehr das Metropoltheater, und eine Aussöhnung mit den Rotters erfolgte nicht.

Auch von SCHÖN IST DIE WELT wurden viele Schallplatten aufgenommen. Die Schallplatten sind meiner Reise um die Welt vorausge-

---

30 Schallplattenaufnahmen davon machte Tauber in Deutsch und Englisch.
31 Uraufgeführt am 30. Januar 1914 im Theater an der Wien.
32 Premiere am 3. Dezember 1930 im Metropol-Theater.

eilt, und als ich im Oktober 1931 meine erste Amerikareise[33] antrat, war ich dort kein Fremder mehr. Eine Berliner Zeitung schrieb anlässlich meiner Abreise:

> Abschied!
> Wenn einer singen kann wie Richard Tauber, dann lässt ihn der Gott, der solche Stimmen wachsen ließ, nicht ewig in Europa sitzen, dann holt er ihn per Schnelldampfer ins Yankeeland, damit auch in dieser Erdzone das Volk begeistert vor seiner Stimme hinsinke.
> Tauber den Amerikanern! Also fährt Richard der Große für ein paar Wochen ins Gebiet der Dollarei! Jetzt nimmt er Abschied, und das Publikum kann ihn nur bitten: Komm' bald wieder! Wir können ohne Dich nicht mehr sein.

Diese Abschiedsworte der Theaterstadt Berlin klangen mir noch im Ohr, als ich im Jahre 1933 Berlin[34] mit tiefer Bitterkeit im Herzen für immer verließ.

XI. Kapitel: GIUDITTA

Im Jahre 1936[35] hielt Franz Lehár mit der Operette GIUDITTA seinen Einzug in die Wiener Staatsoper. Das Buch war wieder von Paul Knepler[36] geschrieben. Die Titelpartie sang Jarmila Novotná.

---

33 Richard Tauber brach am 17. Oktober 1931 von Bremerhaven zu seiner ersten, fünfwöchigen Amerikafahrt auf, bei der er insgesamt 15 Konzerte in New York, Chicago, Philadelphia und Boston gab. Aus New York schickte er Franz Lehár als Geschenk einen Steinway-Flügel, der noch heute in der Lehár-Villa in Bad Ischl steht.
34 Am 17. März 1933, zwei Tage nach seiner letzten Schallplattenaufnahme in Berlin und eine Woche, nachdem er vor dem Weinlokal Kempinski von Nazis zusammengeschlagen worden war, verließ Richard Tauber Deutschland und kehrte nicht mehr zurück.
35 Die Uraufführung fand am 20. Januar 1934 statt.
36 und Fritz Löhner-Beda.

"Operette ist Operette und hat mit Oper nichts zu tun", hat Schalk[37] zu mir gesagt, als ich mich entschloss, im Theater an der Wien Lehár zu singen. „Und wenn Sie im Theater an der Wien singen, sind Sie für das Opernhaus uninteressant." In derselben Weise äußerte sich etwas später Klemens Strauss[38], und zwar in bedeutend krasserer Form. Er sagte: „Wenn Sie Operette singen, bringen Sie unser Opernhaus in Misskredit, wir sind ja schließlich kein Zirkus!" An all das musste ich denken, als Franz Lehár und ich uns Hand in Hand an der Rampe der Wiener Opernbühne vor dem jubelnden Beifall des tobenden Publikums verbeugten. – Wir sahen uns lachend an und verstanden uns.

Ob Oper, ob Operette, entscheidend ist immer, bis zu welcher Höhe ein schaffendes Genie seine Aufgabe meistert. – GIUDITTA von Franz Lehár hat das Niveau der Wiener Staatsoper nicht verringert, wohl aber die Einnahmen bedeutend erhöht. Eine Wiener Zeitung[39] schrieb am Tage der Aufführung:

> Rekordeinnahmen der GIUDITTA! Die heutige Franz-Lehár-Premiere in der Staatsoper findet bei dreifach erhöhten Preisen statt. Gleichwohl war das Haus bereits durch Vorbestellungen vollständig ausverkauft und bringt einen Bruttoertrag von 44.000 Schilling. Auch die erste Wiederholung am Sonntag sowie die dritte Aufführung am Donnerstag sind bereits ausverkauft! An diesen Abenden sind die Plätze auf das zwei- bis zweieinhalbfache der normalen Höhe festgesetzt.
> Jedenfalls scheint der Einzug Lehárs in die Staatsoper für diese ein glänzendes Geschäft zu bedeuten, da trotz der Höchstgagen, die an Jarmila Novotná und Richard Tauber gezahlt werden, schon an den ersten drei Abenden beträchtliche Überschüsse

---

37 Franz Schalk (1863–1931), österreichischer Dirigent und von 1918 bis 1929 Direktor der Wiener Staatsoper.
38 Clemens Krauss (1893–1954), österreichischer Dirigent und von 1929 bis 1934 Direktor der Wiener Staatsoper.
39 Ähnlich lautende Artikel erschienen in mehreren Wiener Zeitungen; das konkrete Zitat dürfte aus mehreren Artikeln bestehen.

erzielt werden. Allerdings hat das große Publikumsinteresse für GIUDITTA den Besuch der Oper in den letzten Tagen ein wenig beeinträchtigt, da viele Interessenten, die sonst zu den normalen Repertoirestücken gekommen wären, dies unterlassen haben und eine Vormerkung für die Wiederholung der Novität vorzogen.

Wieder hatte Franzl für mich ein Lied komponiert, und wie alle Lieder, die er mir gewidmet, sang ich es so, dass es bald von jeder und jedem mitgesungen wurde. Lehár selbst war sehr glücklich, dass GIUDITTA im Opernhaus aufgeführt wurde. In seiner unglaublichen Bescheidenheit hatte er nie dergleichen erhofft, und ich war glücklich, weil ich fühlte, dass auch ich meinen Anteil hatte an diesem seinen Emporstieg über seine Zeitgenossen, die er ja alle turmhoch überragt.
Nun habe ich noch ein gemeinsames Erlebnis zu berichten:

Radiosensation zwischen Wien und New York. Franz Lehár und Richard Tauber.

Wiener Sonn- und Montagszeitung vom 12. November 1934.
Eine Radiosensation wie noch nie ging gestern nachts von Wien aus durch die Welt. Das an technischen Sensationen verwöhnte amerikanische Publikum erlebte von Wien aus eine Überraschung, die wohl jede bisherige Leistung des Radiowunders noch um vielfaches überbot: die Gäste der großaufgemachten New Yorker Premiere des Metro-Goldwyn-Mayer-Films DIE LUSTIGE WITWE[40]

---

40 In den Hauptrollen Jeanette MacDonald und Maurice Chevalier, Regie Ernst Lubitsch. Im Mai 1934 war Franz Lehár in den Wiener Rosenhügel-Studios „getonfilmt" worden, wie er „60 Takte" seiner „berühmtesten Melodie" – des Walzers „Lippen schweigen" – dirigierte, Regie führte Paul Fejos. (Das „Neue Wiener Journal" berichtete am 18. Mai 1934 darüber.) Diese Bilder sollten eigentlich in den Vorspann des Lubitsch-Filmes eingeschnitten werden, wie es das deutschsprachige Publikum aus den Verfilmungen von DAS LAND DES LÄCHELNS (1930) und FRASQUITA (1934) kannte. Offenbar erschienen die Wiener Aufnahmen aber nur – für wenige Sekunden – im Trailer für den Lubitsch-Film.

von Franz Lehár konnten vor der Premiere nicht nur die Stimmen Richard Taubers und Meister Lehárs und die wundervollen Wiener Philharmoniker von Wien aus im Rundfunk hören – während der Premiere erhielten sie auch, und das war das Erstmalige, die ungeheure Sensation des New Yorker Premierenabends, die Fotografien des eine Stunde vorher in Wien stattgefundenen Radio-Lehár-Tauber-Philharmoniker-Konzertes in New York ausgefolgt.

Philharmoniker konzertieren für New York – Bilder Wien – New York in einer Stunde.

Seit vielen Wochen wartete man in New York mit Spannung auf die Premiere dieses Lehár-Films DIE LUSTIGE WITWE, das Interesse war durch eine großzügige Reklame-Kampagne noch besonders angefacht worden. Seit Wochen war daher für diesen Abend auch keine Karte mehr zu haben. New Yorks beste Gesellschaft, die Elite der Finanz, der Kunst und Gesellschaft, hatte sich für diese Premiere Rendezvous gegeben. Für sieben Uhr abends war der Beginn der Sensationsübertragung aus Wien angesetzt – in Wien begann sie um ein Uhr nachts europäischer Zeit.

Rapide Bildübertragung

In Wien aber waren sich die Hörer ebenso wenig der überragenden technischen Bedeutung dieser Übertragung bewusst wie die New Yorker, die freilich eine Stunde später bei der Verteilung der Wiener Fotos davon überrascht wurden.
Dieses Überraschungsmoment machte diese rapide Bildübertragung zwischen zwei Erdteilen über den Ozean zu einer Weltsensation.
Es ist zu erwarten, dass der ungeheure Erfolg der Übertragung die amerikanische Öffentlichkeit noch lange in Atem halten wird. Selbstverständlich bedeutet diese Übertragung auch für Wien und Österreich einen ganz großen Werbeerfolg, und Österreich

steht damit wieder einmal im Mittelpunkt des amerikanischen Interesses.

Über die technische Organisation dieser einzigartigen Übertragung der Ravag teilt Direktor Ing. Bellak[41] einem unserer Mitarbeiter Folgendes mit:

„Es handelte sich bei der gestrigen Sendung der Ravag um eine der sensationellsten in der bisherigen Geschichte der Ravag. Lange, komplizierte Vorbereitungen waren nötig gewesen, um ihren Erfolg zu garantieren. Das Konzert der Wiener Philharmoniker mit Lehár als Dirigent und Richard Tauber als Tenorstar begann um ein Uhr nachts im Studio des Ronachergebäudes. Die Philharmoniker spielten erlesenste Stücke aus dem Lehár'schen Werk, und Tauber sang seine schönsten Lehár-Tauber-Lieder!"

Mit innerster Genugtuung darf ich auf diese Zeitepoche von unerhörten Erfolgen zurückblicken, die von Lehár'scher Musik ausgingen. Von Jahr zu Jahr – von PAGANINI bis LAND DES LÄCHELNS – von „Schatz, ich bitt' dich, komm' heut' Nacht", „Dein ist mein ganzes Herz" bis GIUDITTA nahm die Begeisterung für Lehárs Werke bei unser beider Wirken einen steten Aufstieg. Nun hat das Schicksal uns auseinandergerissen, aber ich weiß bestimmt, es wird uns wieder zusammenführen!

***

Mit diesen Worten enden Richard Taubers „Erinnerungen aus dem Leben eines Sängers". Übersprungen hat er seine weiteren gemeinsamen Auftritte mit Franz Lehár, unter anderem bei den „Lehár Festspielen" in Abbazia (heute Opatija, Kroatien) im August 1935, bei einer Wohltätigkeitsgala am 26. Dezember 1935 in Paris – hier wurde auch

---

41 Paul Bellak war 1934 Direktor des RAVAG-Pressedienstes und Chefredakteur der Programmzeitung „Radio Wien".

„Brüder ohne den Luxus der Blutsverwandtschaft"   149

Franz Lehár und Richard Tauber im Sommer 1946 in Zürich.

der gesamte zweite Akt der GIUDITTA mit Jarmila Novotná gespielt –, mehrere GIUDITTA-Aufführungen Anfang Juni 1936 in Zürich und die PAGANINI-Premiere in London am 20. Mai 1937. Der letzte gemeinsame Abend an der Wiener Staatsoper fand am 2. Februar 1938 statt: Lehár dirigierte, Tauber sang den Prinzen Sou-Chong in DAS LAND DES LÄCHELNS. Mit ebenso „tiefer Bitterkeit im Herzen", wie er sie in Berlin empfunden hatte, musste er auf einer Italien-Tournee vom „Anschluss" Österreichs an das Deutsche Reich erfahren. Im Londoner Exil nahm er 1940 die britische Staatsbürgerschaft an.

Doch Richard Taubers Wunsch sollte sich erfüllen: Anfang Juni 1946 – zwei Monate, nachdem der Londoner Flughafen nach dem Zweiten Weltkrieg wieder für den zivilen Flugverkehr freigegeben worden war – flog er zu Franz Lehár nach Zürich, um mit ihm eine New Yorker Produktion von DAS LAND DES LÄCHELNS zu besprechen. Am 5. Juni teilte der Sprecher des Schweizer Radios den Hörern mit: „Wir haben für den 7. Juni ein Konzert des Radio-Orchesters Beromünster unter der Leitung von Franz Lehár angekündigt. Soeben ist der weltberühmte Tenor Richard Tauber überraschend in Zürich eingetroffen; er wird als Solist bei dem Konzert mitwirken." Dazu hatte Lehár Tauber mit einer List gebracht: „Ich hab' ihm erzählt, am Kontinent seien Gerüchte über seine Stimme im Umlauf: Sie habe nachgelassen, ihren Glanz verloren. Und Schnappula[42] fiel mir prompt darauf herein – es wurde eines unserer schönsten Konzerte!" Auf dem ganzen europäischen Kontinent baten Rundfunkstationen darum, die Sendung übertragen zu dürfen.

---

42 „Schnappula" war Taubers eigene Wortschöpfung, sein Universal- und Lieblingswort. Der Schriftsteller, Komponist und Dirigent Bernard Grun erklärte: „Eine herrliche Schnappula war eine attraktive, eine schauderhafte Schnappula eine lästige Frauensperson; ein Schnappula-Theaterstück oder ein Schnappula-Essen mochten Lob oder Tadel, eine Schnappula-Gage oder Schnappula-Situation Freude oder Ärger – immer je nach der Intonation bedeuten."

Der Mitschnitt davon wurde von der Schallplattenfirma dreißig Jahre später als „Abschiedskonzert" veröffentlicht. Tatsächlich sollten die beiden Freunde einander nicht mehr wiedersehen; Richard Tauber starb am 8. Januar 1948 in London an Lungenkrebs. Lehár schrieb an seinen Biografen Stan Czech: „Danke für Ihr Beileid über Taubers Tod. Nun wird's recht einsam um mich."

Franz Lehár 1923 auf dem Balkon seiner Villa in Bad Ischl.

Die Lehár-Villa in Bad Ischl

Ein Sommermärchen …

von Helga Maria Leitner

Bad Ischl ist Zentrum vieler historischer Bauten. Klingende Namen, wie Johann Nestroy, Oscar Straus, Richard Tauber, Johann Strauss, Alexander Girardi und noch viele mehr, fanden darin Herberge und Heimat zugleich. Ein Gebäude sticht dabei besonders heraus – die Lehár-Villa.

Erhaben, fest im Wissen ihrer so ruhmvollen Geschichte, ruht sie an der Traun, im Herzen von Bad Ischl. Würdevoll, stoisch wirkt der zweistöckige Biedermeierbau, der den Glanz der alten Tage nicht verloren hat. Trotz seines stolzen Alters spürt man die Geschichte und die Geschichten, die die alten Mauern zu erzählen haben.

Die Lehár-Villa ist eine Leidenschaft (… die manchmal auch „Leiden schafft"). Sie packt einen, nimmt einen voll und ganz in Besitz und macht eindeutig Lust auf mehr. Sie lässt einen eintauchen in eine andere Welt, eine andere Zeit, ja verleitet zum Tagträumen. Der Geist der Jahrhunderte ist allerorts zu spüren. In jedem Winkel, jeder Nische, an jeder Stelle lebt das Genie des großen Meisters, der kurz vor seinem Tod verfügt hat, dass das Haus mit all seinem prunkvollen Inhalt der Stadt

Bad Ischl zukommen soll[1] – der Stadt, mit der ihn so viel verbunden hat, gleichsam der Ort seines Aufstiegs war, aber auch seine Inspiration[2], seine Heimat, sein Zuhause.

Lehár war ein Vordenker. Er wollte, dass all das, was er in liebevoller Kleinarbeit, gemeinsam mit seiner Ehefrau Sophie (die, wie es heißt, der treibende Motor der Sammlerleidenschaft gewesen ist) zusammengetragen hat, für die Nachwelt erhalten bleiben sollte. So übertrug er nicht nur die Villa mit Inhalt in das Eigentum der Stadt Bad Ischl, sondern verfügte gleichzeitig, dass das Haus als „Franz-Lehár-Museum" zu führen und der Öffentlichkeit zugänglich zu machen ist. – Das Ganze im Originalzustand.[3] Die zahlreichen Gäste der Villa staunen nicht schlecht, wenn ihnen gesagt wird, dass vom Teppich bis zum Vorhang alles noch original von Franz Lehár ist und sich seit seinem Tod am 24. Oktober 1948 im Hause nichts verändert hat.

Indem bereits im Juni 1949 das Museum eröffnet wurde, wurde des Meisters Wunsch auch prompt umgesetzt und erfreut seither Musikliebhaber und Kunstbegeisterte ebenso wie Museumsfreunde aus aller Welt, die meist nicht mit dieser Reichhaltigkeit und Vielfalt an Kunstgegenständen wie Bildern, Vasen, Möbeln, Fotos und Erinnerungsstücken rechnen.

Den Anfang der Besichtigungstour macht die Eingangshalle, quasi der Mittel- beziehungsweise Ausgangspunkt des Hauses. Dort gibt bereits der sehr bescheiden wirkende Barockschrank, ein Tiroler Sakristeischrank mit den vier Evangelisten – Matthäus, Markus, Lukas und Johannes – und einem Aufsatz, der Christi Geburt zeigt, einen Vorgeschmack auf das, was im Haus noch alles verborgen ist.

Seitwärts geht es ins Speisezimmer. Ein edler Raum mit Biedermeiermöbeln und einem Lüster, der damals wie heute die Gäste des Hauses entzückt. Zwei Wienerinnen waren es, die bereits am Eingang des Hauses davon berichteten, dass ihre Mutter einst im Alter von 16 oder 17

---

1 Vgl. Testament Franz Lehár vom 10. Oktober 1948.
2 Originalzitat Franz Lehár in „Das kleine Volksblatt", Nr. 155, 5. Juni 1940, 7: „In Bad Ischl hatte ich immer die besten Einfälle.".
3 Vgl. Testament Franz Lehár vom 10. Oktober 1948.

Jahren Gast der Villa war. Sie erzählte immer von dem reich gedeckten Tisch und dem prunkvollen Ambiente. Die Schilderungen der Frau dürften so detailliert gewesen sein, dass ihre Töchter den Ort der Erzählungen gleich wiedererkannt haben. Das Speisezimmer birgt aber auch andere Erinnerungen. So erzählte der am 24. Mai 2018 verstorbene Professor Heinrich Kraus, dass ihm hier im Jahre 1946 eine Tasse heiße Schokolade serviert wurde. Frau Lehár hat diese auf einem Gaskocher aus Schweizer Schokolade geschmolzen – „etwas Besonderes, sowas hat es damals [gemeint: nach Ende des Zweiten Weltkrieges] ja nicht gegeben …"

Der Rundgang durchs Haus gestaltet sich gleich einem roten Faden. Hinauf geht es durchs Stiegenhaus. Im Halbstock hat sich die alte Hauskapelle befunden, deren schmiedeeisernes Tor quasi als natürliche Barriere gedient hat. – War das Tor geschlossen, war jedem bekannt, dass zu warten war, ehe man vorgelassen wurde.

Im zweiten Stock reihen sich Rauchersalon, kleines Arbeitszimmer und Biedermeierzimmer aneinander. Die Räume sind gespickt mit Andenken und Fotos von Wegbegleitern wie Giacomo Puccini, Maria Jeritza, Anna Sacher, Louis Treumann, Fritz Löhner-Beda, aber auch seinem engen Freund und Vertrauten Richard Tauber.

Eine quietschende Türe führt wieder ins Stiegenhaus zurück. Die zahlreichen Nebenräume dienten lange noch als Lager- und Archivräume. Nunmehr sind diese ins Nebengebäude übersiedelt, wo ein Salinen- und Operettenarchiv Einzug gehalten hat. Bereits am 14. September 2018 wurde der Nachlass von Franz Lehár in das Österreichische Nationale Memory of the World Register der UNESCO aufgenommen.[4] Hinunter geht es in den ersten Stock, wo sich die im Grunde schönsten Räume des Hauses befinden. Der sogenannte Rote Salon, das große Arbeitszimmer, der Empfangssalon, gleich daneben das reich mit sakraler Kunst ausgestattete Schlafzimmer Lehárs, woran sich das Ankleidezimmer und schließlich auch das – für damalige Verhältnisse – moderne und großzügige Badezimmer anschließen.

---

4 Vgl. Urkunde der UNESCO vom 14. September 2018.

Im Arbeitszimmer befindet sich ein Steinway-Flügel, der bereits im Jahr 1912 in Hamburg gebaut wurde[5], ein Geschenk von Richard Tauber. Die Besonderheit: Der Flügel wurde seit mittlerweile mehr als 70 Jahren nicht mehr gestimmt und ist „still in tune" – jeder Ton stimmt und sorgt für regelrechte Gänsehautmomente. So erzählte einmal ein älterer Herr von seiner Begegnung mit Zarah Leander (1931 die Stockholmer „lustige Witwe"), als er ganz beiläufig das Vilja-Lied zum Besten gab. Ein junger Musikstudent aus Graz versuchte es mit sanfter Jazzmusik … eine sehr bescheiden auftretende Frau mittleren Alters mit Lehár. Sechs Jahre habe sie geübt, um sich ihren größten und, wie sie meinte, auch „letzten Traum in diesem Leben" zu erfüllen … ein unvergesslicher und tränenreicher Moment!

Der Empfangssalon, ein schöner heller Raum mit ausladendem, überdachtem Balkon. Auch hier wurde Geschichte geschrieben. Gibt es doch hier ein ganz bekanntes Foto, auf welchem Lehár am 6. Mai 1945 mit amerikanischen Soldaten musiziert.

Eine Verbindungstür führt ins Schlafzimmer. Der mit zahlreichen religiösen Bildern und Kunstwerken ausgestattete Raum wirkt überladen, düster, ja bedrückend. Er zeigt Lehárs tiefe Religiosität, die ihn zeitlebens auch eng mit seiner Mutter Christine Lehár, geborene Neubrandt, verbunden hat. Neben dem schmalen, schräg in die Ecke platzierten Bett, übrigens Louis XVI., befindet sich ein Nachtkästchen – darauf alles noch im Original belassen. Ein Notizblock mit der Aufgabenliste für den Tag, Haarbürste, Toiletteartikel, alles griffbereit. Daneben aber auch ein Kalender, der am 24. Oktober 1948 stehengeblieben ist. Die Literatur gibt die Todeszeit mit 15.00 Uhr an[6], der Kalender mit Eintrag des Leibarztes mit 14.00 Uhr. Auf dem Betschemel gegenüber – die Totenmaske.

Das Ende? – Nein! Denn Lehárs Leben und Werk leben weiter! Seine Musik – ein Vermächtnis für die Ewigkeit!

Kurze Zeit später, am 30. Oktober 1948 das Begräbnis des großen Meisters am Ischler Stadtfriedhof.

---

5   E-Mail von David R. Kirkland, Steinway & Sons, New York, 11. Februar 2019.
6   Vgl. Linke, Franz Lehár (2001) 128.

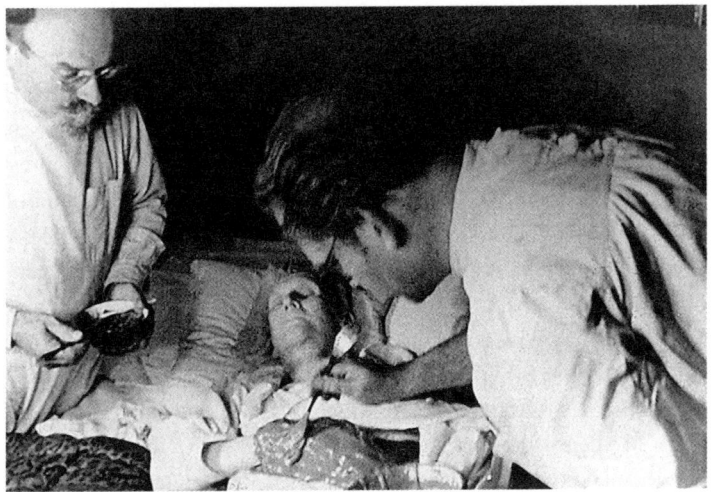

Handabguss durch Willy Kauer (rechts) am 24. Oktober 1948, nach der Abnahme der Totenmaske.

Ganz Ischl war auf den Beinen, die Geschäfte geschlossen, die Straßen gesäumt von einer Menschenmenge. Beim heutigen „Lehárkino" war Franz Lehárs Sarg aufgebahrt. Dort konnten sich die Menschen von Meister Lehár verabschieden. Bis heute halten sich die Erinnerungen an damals. So war es für meinen Vater, der damals im zarten Alter von vier Jahren gemeinsam mit seiner Mutter Franz Lehár die letzte Ehre erwies, eine schaurig anmutende Szenerie, die sich tief in seine Erinnerung eingebrannt hat. Er erzählt stets von den Menschenmassen, der Aufregung der Erwachsenen und den Unmengen an Weihwasser, die sich wiederum ihren Weg suchten und den Boden ringsum den Sarg Lehárs quasi überschwemmten. Ein anderer erzählt, er habe – damals im Volksschulalter – mit einem Zweiten den Kranz vor dem Leichenzug hertragen müssen. Von der Kirche über die Kaiser-Franz-Josef-Straße, Kreuzplatz, Wirerstraße, über die Brücke, hinauf über die Grazer Straße zum Friedhof. „Weißt, wie schwer der war …?", sagt er heute noch oft. Aber auch andere Erinnerungen gibt es an diesen Tag. So meinte eine ältere Dame, sie könne sich vor allem deshalb noch ganz genau an alles erinnern, weil sie damals mit acht Jahren ihr erstes Paar Seidenstrümpfe bekommen hat.

Das Ischler Grab, in dem Christine Lehár seit ihrem Tod am 6. Juni 1906 ruht, ist seit 1948 auch für ihren Sohn Franz die letzte Ruhestätte. Seine Ehefrau Sophie wurde ebenfalls in Bad Ischl beerdigt.[7] Sie ist am 1. September 1947 in Zürich in ihrem Appartement im Hotel Baur au Lac einem plötzlichen Herztod erlegen. Der Musikverleger und Jurist Dr. Otto Blau formulierte es in seinem Schreiben vom 20. September 1947 an Annie Bantle, der langjährigen Haushälterin und engen Vertrauten der Lehárs, so: „Frau Lehár ist in den Nebenraum gegangen, ohne Abschied zu nehmen und ohne zu ahnen, dass sie sterben wird. Der Puls hat ausgesetzt, sie hat aber nichts mehr gespürt und ist hinübergeschlummert."[8] Eine Tragödie, die sich hier in Lehárs Leben ereignet hat – hat er doch seine treueste Gefährtin verloren. „Für den Meister ist sie unersetzlich und nur die Zeit kann ihm helfen über den Verlust hinwegzukommen"[9], so Otto Blau weiter. Als schneidiger Militärkapellmeister war der junge Franz das erste Mal 1901 in den Ischler Kurlisten zu finden.[10] Im Jahr 1902 trat Sophie in sein Leben, die gemeinsam mit ihren Eltern ebenfalls die Sommerfrische in Ischl verbrachte. Im gleichen Jahr komponierte er hier auch seine ersten beiden Operettenerfolge, nämlich DER RASTELBINDER und WIENER FRAUEN. Quasi „vom Fleck weg" wurde er daraufhin von Direktor Wilhelm Karczag ans Theater an der Wien engagiert. Noch im selben Jahr, am 21. November und am 20. Dezember, wurden beide Operetten in Wien uraufgeführt.

Sophie Paschkis entstammte einem sehr konservativen jüdischen Haushalt. Bemerkenswert, dass sie ihren bereits 1901 geehelichten Mann, Heinrich Meth, für Franz Lehár verlassen hat. Obendrein ließ sie sich im Jahre 1904 von ihm scheiden. Nach 20 Jahren „wilder Ehe" heirateten Franz und Sophie am 20. Februar 1924 in Wien.[11] Dass eine derart

---

7 Neben Lehárs Mutter und Ehefrau fand später auch Franz Lehár Schwester, Emilie Paphazay-Lehár († 1976) ihre letzte Ruhe im Kreise der Familie.
8 Vgl. Schreiben Dr. Otto Blau vom 20. September 1947 an Annie Bantle, sowie Linke, Franz Lehár (2001) 124 und 126.
9 Vgl. Schreiben Dr. Otto Blau vom 20. September 1947 an Annie Bantle.
10 Vgl. Ischler Fremden-Liste Nr. 61 vom 27. August 1901; anders Arnbom, Die Villen von Bad Ischl (2017), 72.
11 Vgl. Linke, Franz Lehár (2001) 79.

Die Lehár-Villa in Bad Ischl   159

Nahe bei Franz Lehárs Grab auf dem Bad Ischler Friedhof:
Der Gedenkstein für Richard Tauber am Grab seines Cousins Max.

„saloppe" Form des Zusammenlebens damals für einiges Gerede gesorgt hat, steht wohl außer Zweifel. Die Beschaffenheit der Liegenschaft an der Traun kam dem jungen Paar jedoch mehr als nur entgegen. So kaufte Franz Lehár im Juni 1912 die Liegenschaft an der Traun, auf der zwei Gebäude errichtet waren, um stattliche 68.000 Kronen in bar. Ein enormer Betrag, wenn man bedenkt, dass Franz Lehár als eines von drei Kindern am 30. April 1870 im ungarischen Komárom in sehr bescheidene Verhältnisse hineingeboren wurde. Die Operette DIE LUSTIGE WITWE war es, die Franz Lehár Ende 1905 quasi zum „Popstar" der damaligen Zeit aufsteigen ließ. Mehr als 300.000 Aufführungen weltweit, allein in einem Zeitraum von 1905 bis 1948, machten ihn nicht nur zum „Superstar der Operette", sondern auch zu einem reichen Mann.[12] – Wie man sich also eine Liegenschaft mit zwei Häusern in bar leisten kann, ist damit wohl im Grunde erklärt.

Das Gebäude im Hintergrund ist mit Franz-Lehár-Kai Nummer 10 im hiesigen Verzeichnis eingetragen, das Gebäude im Vordergrund, an der Traun, mit Haus Nummer 8. Verbunden sind beide mit einem überdachten Gang. Sophie hat ihre Wohnung hinten gehabt, ihr Ehemann Franz die seine vorne.[13] Damit dürfte auch dem allgemeinen Gerede (vor 1924) Genüge getan worden sein. Originell nur, dass man diese Wohnsituation zeitlebens, so auch nach der Hochzeit, beibehalten hat. Dies war wohl auch dem Umstand geschuldet, dass Lehár gerne nachts gearbeitet hat, dabei seine Ruhe haben wollte, und tagsüber oft geruht hat, wie man ihm nachsagt. Andere Gerüchte, wie etwa auch Damenbesuche, sind ein unausgesprochenes, aber dennoch offenkundiges Geheimnis. Auch dazu gibt es („technisch formuliert") nach wie vor „Zeitzeugen". Dennoch, von Franz und Sophie hätte man sich das sprichwörtliche „Scherflein" abschneiden können. Haben die beiden doch vor allem in Zeiten bedingungslos zueinandergestanden, in denen es nicht so selbstverständlich war. Sophies jüdische Abstammung erforderte es, dass Lehár im Jahr 1939 den Wohnsitz von Wien nach Bad Ischl verlegte.[14] Auch das künstlerische Büro wurde übersiedelt. Vorrangig genannt wurden gesundheitliche Gründe. Die Sicherheit seiner Ehefrau Sophie war es aber, die das Paar zu diesem Schritt bewegte.

Im Verlauf des Zweiten Weltkrieges wurden zusätzlich große Teile seiner Kunstsammlung von Wien nach Ischl gebracht. Dies vor allem, um Plünderungen und Kriegsschäden vorzubeugen. Ebenso in Ansehung der späteren Besatzungsverhältnisse – die amerikanische „Rainbow Division" erreichte am 6. Mai 1945 von Salzburg her kommend die

---

12 Vgl. www.operetten-lexikon.info/?menu=149&lang=1 (Stand: 20.09.2019).
13 Im Nebengebäude befanden sich übrigens auch die Küche und eine gemütliche Bauernstube für das tägliche Beisammensein.
14 Vgl. Linke, Franz Lehár (2001) 117.

Die Lehár-Villa in Bad Ischl heute.

Stadt an der Traun.[15] Und dennoch, auch wenn Lehár in Reichskanzler und Führer Adolf Hitler einen seiner größten Bewunderer hatte, der Sophie Lehár bereits im Jahr 1938 zur sogenannten „Ehrenarierin"

---

15 Vgl. Linke, Franz Lehár (2001) 123.

ernannte, war die damalige Situation alles andere als einfach. So standen etwa eines Tages Gestapo-Leute vor der Tür, die Sophie abholen wollten. Lehár hat dies durch einen Anruf beim Wiener Gauleiter Josef Bürckel gerade noch verhindern können. Es heißt aber, dass Sophie „für den Fall der Fälle" stets eine Zyankali-Kapsel griffbereit hatte und sogar bis in den Raum Gmunden versteckt wurde, wenn ihr Ehemann Franz nicht anwesend war.[16] Wie eng der Grat zwischen Sein und Nichtsein damals war, zeigt sich auch daran, dass Heinrich Meth, Sophies erster Ehemann, am 21. September 1942 im Konzentrationslager Treblinka in Polen ermordet wurde.[17]

Das Ehepaar Lehár hatte das große Glück, die letzten beiden Kriegsjahre in Zürich verbringen zu können; auch um hier dringend erforderliche ärztliche Betreuung in Anspruch zu nehmen, die in der Heimat damals nur mangelhaft gegeben war. Die angespannte Zeit davor ist aber nicht ohne Spuren an beider Gesundheit vorübergegangen. Erzählungen eines älteren Herren berichten von einem Zusammentreffen in der Straßenbahn in Zürich, in die ein betagter Mann mit Baskenmütze eingestiegen ist. Eine Dame sagte schließlich auf „Schwyzerdütsch" zu dem nichtsahnenden Jungen: „Bürbel, weißt wer das ist? – Das ist Meister Lehár!" ...

Damit ist die Geschichte um Franz Lehár und die von ihm so sehr geliebte Lehár-Villa aber noch nicht am Ende. Im Gegenteil, die Geschichte hat lange vor Franz Lehár eigentlich schon begonnen. So gehen die Ursprünge des Hauses bereits auf eine lange Zeit vorher zurück. Ein Blick ins Grundbuch lässt einiges erahnen, sind doch darin Einträge vorhanden, die weit über das ursprünglich kolportierte Jahr 1870 hinausgehen.[18]

In den Stadturbarien beziehungsweise der Häuserchronik der Stadt Bad Ischl findet sich bereits ein Hinweis, wonach sich die Liegenschaft im Jahre 1646 im Eigentum von Wolf Spitzer befunden hat.[19] Schon zu

---

16 Vgl. Arnbom, Die Villen von Bad Ischl (2017) 76.
17 Vgl. Leitner, Lehrgangsarbeit des Ausbildungslehrgangs zur Museumskustodin 2018 (2018) 10, FN 5.
18 Vgl. Grundbuch Bad Ischl EZ 292 Katastralgemeinde Ischl.
19 Vgl. Urbar I 48, II 34, sowie Haidinger, Häuser-Chronik Markt Ischl (1950).

dieser Zeit wurde klar zwischen zwei Grundstücken unterteilt. Angesprochen sind damit jene Teile, auf denen später die Häuser Franz-Lehár-Kai 8 (Lehár-Villa) und Franz-Lehár-Kai 10 (Lehár-Stöckl) errichtet wurden.

In den darauffolgenden 100 Jahren wechselte die Liegenschaft mehrfach die Eigentümer, ehe sie im sogenannten Alten Grundbuch, das zwischen 1790 und 1793 angelegt wurde, mit Hoffuß[20] 1760 unter dem Hofnamen „Höllnwerthische Behausung" eingetragen ist. Als Besitzerin scheint die Brotsitzerswitwe[21] Elisabeth Höllnwerthin auf, die die Liegenschaft um 510 Gulden gekauft und als Alleineigentümerin besessen hat. Darüber hinaus hat sie offenbar auch weiterhin das Brotsitzergewerbe ausgeübt.

Die schlichte Biedermeiervilla an der Traun dürfte schließlich um 1843 erbaut worden sein.[22] Der Tischlermeister Matthias Zimmer, der die Liegenschaft im September 1842 um 3.000 Gulden erworben hat, ist aller Wahrscheinlichkeit nach für einen erheblichen Teil der Um- beziehungsweise Neubaumaßnahmen verantwortlich. Damit einhergehend ist auch eine enorme Wertsteigerung nachzuvollziehen. So etwa beläuft sich der Kauf der Villa samt Nebengebäude durch Gräfin Karoline Lamberg im Jahre 1844 bereits auf satte 13.500 Gulden.

Um 1866 dürfte die Aufnahme des Wiener Fotografen Wilhelm Burger entstanden sein, die im Bildarchiv der Nationalbibliothek fälschlich unter „Lauffen" geführt wird. Tatsächlich ist darauf aber eine Ansicht des rechten Traunufers mit der späteren Lehár-Villa zu sehen, die sich ursprünglich als einstöckiger Bau mit Walmdach und recht einfacher Fassade zeigt.[23]

---

20 Seit 1445 bestimmte der Hoffuß die Höhe der zu erbringenden Steuer- und Abgabenleistungen der Bevölkerung.
21 Ein Brotsitzer ist jemand, der das Brot von Bäckern übernommen und es mit Gewinn weiterverkauft hat. Vgl. Altes Grundbuch, Gerichtsbezirk Bad Ischl, Handschrift Nr. 17, Bd. 2, 226, Bildnummer 188.
22 Vgl. Federspiel, Lauffner Bilder – diesmal aus Ischl: Am Traunufer, Mitteilungen des Ischler Heimatvereins, Folge 32 (2013) 69.
23 Vgl. Federspiel, Lauffner Bilder – diesmal aus Ischl: Am Traunufer, Mitteilungen

Die spätere Lehár-Villa 1866.

Klingende Namen wie Freifrau Josefine von Diller Heß (1872)[24], Antonia Fürstin von Thurn und Taxis sowie Marietta Gräfin Wolkenstein (1890) folgen, ehe die Liegenschaft im Jahre 1890 erneut die Eigentümer gewechselt hat. Als Käufer treten Elzéar Herzog von Sabran Ponteves sowie seine Ehegattin Adelheid Herzogin von Sabran Ponteves, geborene Kálnoky de Köröspatak auf.[25] Im Oktober 1891 beantragen die nunmehrigen Eigentümer einen nicht unerheblichen Umbau, der

---

des Ischler Heimatvereins, Folge 32 (2013) 69.
24 Freiherr Friedrich von Diller Heß ist am 3. Juli 1866 bei Königgrätz gefallen und auf Wunsch der Familie nach dessen Tod nach Ischl überführt worden. Er fand am Ischler Friedhof seine letzte Ruhe. Vgl. Eckel in Ischler Heimatverein (Hrsg.), Bad Ischler Friedhofsführer (2016) 27.
25 Vgl. Grundbuch Bad Ischl EZ 292 Katastralgemeinde Ischl B-LNR 3.

die Villa danach in ihrer jetzigen zweistöckigen Erscheinungsform entstehen lässt.[26]

1896 stirbt der Herzog von Sabran Ponteves, woraufhin sein Anteil an der Liegenschaft Louise Delphine Marquise von Tholzan zufällt, wogegen seine Witwe Adelheid jedoch rechtliche Schritte einleitet. Im Juni 1899 wird ihr auch dieser Anteil zugesprochen und sie erhält damit das Alleineigentum an der Liegenschaft. Adelheid von Sabran Ponteves stirbt am 22. März 1905.[27] Im Jahr 1909 wird das Eigentum für Villa und Nebengebäude für ihren minderjährigen Neffen und Erben Alexander Graf Kálnoky de Köröspatak im Grundbuch intabuliert.[28]

Interessant ist die durchaus lange Zeit, die zwischen dem Tod der Herzogin von Sabran Ponteves und der Eintragung des Eigentums für Alexander Graf Kálnoky im Jahre 1909 liegt. Ob dies mit einer langen Dauer der Abhandlung zusammenhängt oder andere Gründe hat, lässt sich nur vermuten. Dass den Kaufvertragsunterlagen von 1912 (Kauf durch Franz Lehár und Sophie Meth) ein am 7. Februar 1905 ausgestellter Totenschein der Diözese Seckau in Graz beiliegt, der auf den Namen des k.u.k. Kämmerers und Generalmajors außer Dienst Alexander Johann Kálnoky de Köröspatak ausgestellt ist, macht die Angelegenheit noch spannender.[29] Im konkreten Fall dürfte es sich um den Bruder der Eigentümerin gehandelt haben und ist davon auszugehen, dass dieser Totenschein lediglich zu Beweiszwecken beigebracht worden ist – wohl nur um zu belegen, dass es sich bei dem minderjährigen Erben auch tatsächlich um die richtige im Testament der Herzogin vom 8. Oktober 1904 letztwillig bedachte Person handelt.

Nun aber wieder weg von den Vermutungen und hin zu belegbaren Tatsachen. Mit Datum 4. Juni 1912 kaufen Franz Lehár und Sophie Meth die Liegenschaft mit den Häusern Nummer 281 und 282 in Ischl mit sämtlichen Einrichtungsgegenständen zu einem Kaufpreis von

---

26 Vgl. Archiv der Stadtgemeinde Bad Ischl, Umbauplan 1891.
27 Vgl. geni.com/people/Adelheid-Henriette-Aloysia-Isabella-Kálnoky-de-Köröspatak/6000000012700605089 (Stand: 19.09.2019).
28 Vgl. Grundbuch Bad Ischl EZ 292 Katastralgemeinde Ischl B-LNR 9.
29 Vgl. Totenschein Alexander Graf Kálnoky de Köröspatak, Diözese Seckau vom 7. Februar 1905.

Franz Lehár 1939 im Liegestuhl vor seiner Ischler Villa.

68.000 Kronen. Dieser Betrag beinhaltet 50.000 Kronen für das Wohnhaus mit der Nummer 281 im Vordergrund und 18.000 Kronen für das Nebengebäude mit der Nummer 282. Der Kaufpreis für die Liegenschaft wird bei Unterfertigung des Kaufvertrages in bar bezahlt. Nach entsprechender pflegschaftsbehördlicher Genehmigung, die am 10. Juli 1912 durch das K.K. Bezirksgericht Innere Stadt Wien erfolgt ist, wurde schließlich am 17. August 1912 das Eigentum für Franz

Lehár im hiesigen Grundbuch einverleibt.[30] (Das oft im Zusammenhang mit dem Kauf der Lehár-Villa kolportierte Jahr 1910 ist damit nicht richtig.)

Ab 1912 hielt Franz Lehár sohin der Stadt Bad Ischl die Treue. Diese tiefe Verbundenheit zeigt sich auch über seinen Tod hinaus. In seinem Testament vom 10. Oktober 1948 verfügte er letztlich wie folgt:

> Der Stadt Bad Ischl, in der ich den größten Teil meiner Werke geschrieben habe, vermache ich in dankbarer Würdigung der mir von den Funktionären und der Bevölkerung dieser Stadt, während der Zeit völlig ungerechtfertigter Angriffe gegen mich und meine Frau, gehaltenen Treue meine Villa in Bad Ischl, Lehár Kai 8 und das rückwärtige Haus Nr. 10 unter folgenden Bedingungen und Auflagen:
> Aus der Villa ist ein Franz-Lehár-Museum zu bilden. Sie hat ausschließlich dem Zweck eines Franz-Lehár-Museums zu dienen und ist in gutem Zustand zu erhalten und in dem Zustand zu belassen, in dem sie von der Legatarin übernommen wird. Die in der Villa befindlichen Einrichtungsgegenstände hat diese Legatarin ebenfalls zu erhalten und zu dem gedachten Zweck zu verwenden.[31]

Diesem Wunsch wird auch heute noch entsprochen. Auf dass das Sommermärchen nie enden möge!

---

30 Vgl. Kaufvertrag vom 4. Juni 1912 sowie Grundbuch Bad Ischl EZ 292 Katastralgemeinde Ischl, B-LNR 10.
31 Testament Franz Lehár vom 10. Oktober 1948.

Lehár an seinem Schreibtisch im Dachgeschoß des Schlössls, um 1940.

Das Wiener Lehár-Schlössl

Ein Potpourri

von Heide Stockinger

Einführung

Das barocke Schlössl in Nussdorf, Hackhofergasse 18, im 19. Wiener Gemeindebezirk Döbling ist ein denkmalgeschütztes „schlossähnliches" Gebäude kulturhistorischer Bedeutung. Erfüllt mit Leben ist das Schlössl an den Abhängen des Kahlenbergs nahe der Donau bis zum heutigen Tag. Die frühe Geschichte des Anwesens, das erst im 18. Jahrhundert zum „Schlössl" wurde, liegt weitgehend im Dunkeln. Ins Scheinwerferlicht gerät es erst beim Kauf durch den Theaterprinzipal Emanuel Schikaneder zu Anfang des 19. Jahrhunderts. Dann wird es wieder still um die Geschicke des Gebäudes und seiner Bewohner. Bis zum Jahr 1932, als der Komponist Franz Lehár das barocke Schikaneder-Schlössl kaufte, mit seiner Frau Sophie bewohnte und eine Schar hochgestellter Besucher anzog, die bis heute, mehr als 70 Jahre nach seinem Tod, in das mit Stuck und Fresken geschmückte Interieur eines „Tempels" der Tonkunst eintauchen! Nein, nicht nur ein Bewahren von Vorhandenem gewährleisten sie, sondern das herrschaftliche Barock-Juwel „tönt", und das nicht im übertragenen Sinn.

Wichtigster Darsteller im folgenden Potpourri ist das Schlössl. Tragende Rollen haben im historischen Ambiente der Komponist Franz Lehár, sein Freund, der Sänger Richard Tauber, sein Bruder, Anton Freiherr von Lehár, und, angekommen im Heute, die 95-jährige Hermine Kreuzer, ohne die das „Schlössl" keinen Auftritt hätte, in dieser Anordnung des Gedenkens …

Das Schlössl-Hauptstück

> Nie hätte Lehár den Taktstock gehoben, wenn nicht der Bruder dabei gewesen war. Anton Freiherr von Lehár war der strengste Kritiker seines Bruders Franz. Zwischen den beiden ist eine innige Liebe gewesen.
>
> Hermine Kreuzer

Wenn auch Hermine Kreuzers Zitat eine freundliche „Annäherung" an den Wahrheitsgehalt der Aussage ist, weiß sie doch, wovon sie spricht. Seit ihrem Dienstantritt im Schlössl im Jahr 1951, also seit nunmehr 70 Jahren hütet sie das Barock-Schlössl in Nussdorf, bis zu seinem Tod 2011 war auch ihr Ehemann Erich maßgeblich daran beteiligt. Das Jahr 1962 brachte eine Wende für das Ehepaar Kreuzer, Hermine wird noch mit eigenen Worten von diesem für beide einschneidenden Ereignis berichten! Seit Erichs Tod – er wurde 94 – ist sie alleinige vielbewunderte und bedankte Besitzerin, „Hausherrin"; die Bezeichnung Schloss-Herrin verbietet sie sich.

Das Lehár-Schlössl, als Schikaneder-Schlössl den Wienern immer noch geläufig, hat in der bis heute bestehenden Gestalt nach Umbauten Mitte des 18. Jahrhunderts viele Besitzer gehabt. Die längste Periode eines Besitzer-Kontinuums erlebte das Schlössl in den letzten 90 Jahren. Erwerben konnte der Komponist Franz Lehár das geschichtsträchtige Schlössl in damals ruhiger Lage im Jahr 1932, da er es mit seinen Operetten zu Wohlstand gebracht hatte. Nach seinem Tod im Oktober 1948 erbte das Schlössl sein Bruder Anton Freiherr von Lehár. Bei der Testamentseröffnung nach seinem Tod im Jahr 1962

Das Wiener Lehár-Schlössl 171

Die Brüder Franz und Anton Lehár.

erlebte das treue Hausmeisterpaar Hermine und Erich Kreuzer eine Überraschung ...

Erstes Schlössl-Zwischenspiel

Der unter den Künstlern wohl berühmteste Schlössl-Gast bei Franz Lehár in den 30ern, der Tenor Richard Tauber, steht an einem noch milden Dezembertag des Jahres 1933 vor dem hackhofergassenseitigen Trakt des Lehár-Schlössls. „Wie ein Bürgerhaus der Vorstadt, es lässt nicht vermuten, was sich dahinter verbirgt! Typisch Franz, diese Bescheidenheit, sogar beim Entree!" geht's Tauber durch den Kopf. Er läutet. Der Diener Karl – er hieß Karl Grün, aber unter „Herr Grün" wüssten die meisten Lehár-Forscher wohl nicht, wer gemeint ist –, also der mürrische Diener Karl öffnet. Seine Züge hellen sich auf. Wer hätte auch Richard Tauber gegenübertreten können, ohne nicht gleich von dessen freundlichem Gruß angesteckt zu sein! Richard Tauber tritt in den nicht sehr großen Innenhof ein, geht aber keine fünf Schritte, als auch schon Franz Lehár erscheint, um seinen „Bruder", denjenigen „ohne den Luxus der Blutsverwandtschaft" willkommen zu heißen. Er hat sich sogar von seinem Komponier-Stüberl losreißen können. Es ist schon am Nachmittag, da hat er sich schon dazugesetzt an seinen Schreibtisch, oder dazugestellt an sein Stehpult; er arbeitet ja gern in die Nacht hinein. „Ist ein schöner Wintertag heute, und Vorstellung hab ich auch nicht", so könnte Richard Tauber das Gespräch eröffnen. „Bleibst zum Essen", könnte Franz vorschlagen, „die Sophie tät sich freu'n." „Deine Küche verschmäh' ich nicht, danke, gern, aber ist noch Zeit für einen Besuch des Schlossgartens? Hat der Ginkgobaum schon alle seine Blattl'n abgeworfen?"

Die beiden ungleichen Herren mit 21 Jahren Altersunterschied, Lehár bürgerlich und pedantisch, Tauber großzügig und zwanglos, betreten das Hauptgebäude, dessen Hauptfront dem Garten zugewendet ist. Sie befinden sich in der hohen Halle mit doppelseitiger Treppe, steigen aber nicht zum Salon hinauf, sondern tasten sich über eine dunkle steinerne Wendeltreppe die 43 Stufen hinunter. Eine leicht abfallende Wiesenfläche mit hohem Baumbestand öffnet sich, der Springbrunnen plätschert. „Da hast du dein gelbes Laub, haufenweis'! Wer wird das wegräumen?" Tauber hebt eins der gespaltenen Ginkgobaumblätter auf: „Sind es zwei, die sich erlesen – " „Was"? „Franzl, hast deinen Goethe immer noch nicht gelesen? Nach dem Triumph mit der FRIEDERIKE?" „Schnappula, sprich nicht in Rätseln. Ja, ich war skeptisch beim Goethe-Stoff. Jetzt reißen sich die Theater um das Singspiel." Sie schlendern vorbei an mythologischen Steinfiguren, zählen die Goldfische im Becken des Springbrunnens, begegnen der Haus-Schildkröte und setzen sich aufs steinerne „Goethe-Bankerl". „Den Geheimrat, nein, da war er ja noch ein Studenterl in jungen Jahren, den sing ich jetzt nicht, der Bollmann macht das ganz gut. Ich probier' ja zurzeit in deinem Opus Maximum den Octavio. Gut, dass die GIUDITTA im Opernhaus herauskommt, der Hubert Marischka macht's mit seinem Theater an der Wien nicht mehr lang." „Ah so?" „Dem geht's vielleicht bald wie dem Schikaneder, seinem Vorvorvorgänger, er verschuldet sich." Die Köchin Anna erscheint im Fensterrahmen und ruft: „Abendessen, die Herren!" Die beiden steigen die doppelte Freitreppe der mit Stuck-Girlanden unter den Fensterbänken verzierten Vorderfront des dreigeschossigen Schlössls hinauf, das wohl auch für Goethe ein würdiger Wohnsitz gewesen wär'...

Wir sind aus dem Waldviertel nach Wien gezogen. Einfach so „ins Blaue", 1949. Erich hat eine Stelle gefunden, am Salzgrieß, da war er im Textilgeschäft. Gewohnt haben wir bei der Schwiegermutter, in einem kleinen Kabinettl. Ich bin einmal von der Kirche nach Haus und in die Trafik rein und hab „Neues Österreich" geholt und gesucht und gesucht ... Ich hab ein ganz kleines Inserat gefunden: "Anton Freiherr von Lehár sucht jemand, ein Ehepaar mit Führerschein". Zum Erich hab ich gesagt, „da schreib ich jetzt hin". „Ja, ich hab einen Führerschein, aber ich steh im Beruf." „Vielleicht brauchen sie dich nicht jeden Tag." Ich hab hingeschrieben und gleich eine Karte bekommen von Anton Lehár. Keine Ahnung, wer das ist, und dass das Schlössl mit einem Musiker zu tun hat! Wir haben uns dann vorgestellt ...
Hermine Kreuzer

Vor dem hackhofergassenseitigen Trakt des Lehár-Schlössls stand also im Jahr 1951 das noch recht junge Ehepaar Hermine und Erich Kreuzer. Die beiden, anders als Tauber, wird schon die einstöckige, eher schlicht gehaltene Hausfassade beeindruckt haben ...

Bedingt durch eine Straßenregulierung liegt der Vordertrakt etwas unter dem Straßenniveau. Die Fassade ist fünfachsig mit pilastergegliederter Beletage über einem gequaderten Sockelgeschoß. In den beiden mittleren Pilastern sind Gedenktafeln für Lehár und Schikaneder in Bronze eingelassen. Noch nicht sehen konnte das Ehepaar Kreuzer die

Das Schikaneder-Schlössl in Wien-Döbling 1901.

erst später auf einem Steinquader angebrachte Marmortafel links vom rundbogigen Eingangsportal, die an den Sänger Richard Tauber erinnert. Die zwei mittleren Fenster werden durch ein gemeinsames Schmiedeeisengitter zu einer Einheit zusammengefasst. Ebenfalls noch nicht wird das Ehepaar Kreuzer die vier rot-weißen Fahnen über dem Eingang zum Schlössl gesehen haben. Deren Enden flattern nicht im Wind, sondern werden von der geschwungenen „Eine Stadt stellt sich vor"-Tafel über dem Schlussstein des Portals gebündelt. Im linken Teil des Straßentraktes liegt die Kapelle, schon von außen als solche erkennbar, weil die beiden putzenscheibenverglasten Kapellenfenster sich nach oben hin verjüngen.

Später haben wir erfahren, dass der Baron 150 Bewerbungsschreiben – wir haben immer „Baron" zu General Anton Lehár gesagt – auf seine Annonce hin erhalten hat. Im Hof ist der Baron auf zwei Stöcken uns entgegengekommen. Beim Gespräch hat er mich gefragt, ob ich das machen würde, täglich eine offene Wunde ver-

binden. Ich hab „ja" gesagt. „In zwei Wochen könnt ihr anfangen" hat es nach unserem Vorstellungsgespräch geheißen. Eine Wohnung haben wir nicht auflassen müssen, wir haben keine besessen, bei der Schwiegermutter waren wir in Untermiete. Ich hab die sehr kranke Schwiegermutter gepflegt ...
Hermine Kreuzer

Das Ehepaar Kreuzer hat für sein langes Leben ein Heim und eine Wirkungsstätte gefunden. Auch für Franz Lehárs Bruder Anton Freiherr von Lehár und seine Frau war das Schlössl für den kurzen Rest ihres Daseins Heimstätte. Der Komponist Lehár hatte schon ein bewegtes Leben hinter sich, als er, gerade 60 Jahre alt geworden, das Schlössl erwarb. Erst als Dreißigjähriger hatte er seinen Dienst als Militärkapellmeister der k.u.k. Monarchie quittieren und somit sein Wanderleben beenden können und lebte in Wien zunächst in einer kleinen Wohnung. Nach einigen mehr oder weniger mäßigen Erfolgen mit ersten Operetten- und anderen Kompositionen landete er 1905 am Theater an der Wien mit der LUSTIGEN WITWE einen Coup, den er zeit seines Lebens nicht mehr toppen konnte. 1908 kaufte er in der Theobaldgasse ein Haus, ein Eckhaus im 6. Bezirk, und bewohnte es. Bei Aufenthalten in Ischl hatte er schon 1903 seine spätere Frau Sophie kennengelernt, die er unweit der Theobaldgasse in der Paulanergasse unterbrachte. Im Jahr 1912 kaufte Franz Lehár in Bad Ischl („Bad" hieß der Ort erst seit 1906), noch zu Kaisers Zeiten, eine Villa am rechten Ufer der Traun. Viel Zeit verbrachte Franz Lehár ab dem Kauf bei gutem Wetter in seiner Ischler Villa, die ihm Inspirationsquelle für seine Kompositionen war. Seine Frau wohnte in einem kleinen Nebengebäude – Franz konnte keine Störung ertragen, wenn er am Klavier saß und Noten schrieb.

Richard Tauber, der als viel angefragter berühmter Sänger ein Vagantenleben führte, war ab 1924 oft in Lehárs Villa zu Gast; ab der Operette PAGANINI war er zum Teil federführend beim schöpferischen Prozess, zumindest beim Komponieren der „Tauber-Lieder". Richard Tauber hatte ja in den Lehár-Operetten PAGANINI, DER ZAREWITSCH, FRIEDERIKE, DAS LAND DES LÄCHELNS, SCHÖN IST DIE WELT und GIUDITTA die für einen Tenor geschriebenen Hauptrollen gesungen.

Mit dem Kauf des Schikaneder-Schlössls in Nussdorf hatte Lehár eine zweite Bleibe, trotz Wien-Nähe – es gab ja schon Straßenbahn und Personenkraftwagen – im „Grünen"; die Räume in der Theobaldgasse, die Lehár behielt, barsten aus allen Nähten – so viel an Notenmaterial, Büchern und, und, und hatte sich im Lauf der Jahre angesammelt! Franz Lehár hatte das Schlössl 16 Jahre lang, bis zu seinem Tod 1948, in Besitz. Bewohnt hat er es allerdings nur bis zum Jahr 1944. Gestorben ist er in seiner Villa in Bad Ischl. Schon ein Jahr vor ihm war Sophie in Zürich gestorben, wo das gesundheitlich angeschlagene Ehepaar Lehár (geheiratet hatte Franz seine Sophie erst im Jahr 1924) Ärzte konsultiert hatte. Unter der Bedingung, dass die Räumlichkeiten der Villa mit all der Einrichtung erhalten bleiben, setzte er die Stadt als Erbin ein. Die Villa ist heute ein vielbesuchtes Museum und bietet mit seiner Überfülle an Kunst- und Einrichtungsgegenständen einen Einblick in Lehárs Lebenswelt. Das „Lehár-Schlössl" bietet in seinen Räumlichkeiten nur sehr bedingt Anschauungsunterricht für Lehárs Lebensweise. Nach Franz Lehárs Tod hat die Schwester Emmy noch schnell das Inventar verkauft, bevor Anton Freiherr von Lehár das ihm vermachte Schlössl bezogen hat …

Die offene Wunde des Barons von seiner schweren Kriegsverletzung im Ersten Weltkrieg konnte ich versorgen, weil ich nach der Vertreibung aus Südmähren 1945 einige Jahre eine Stellung bei einem Arzt gehabt hab, in Dobersberg nahe Waidhofen an der Thaya. Haushalt und so, saubermachen, auf die vier Kinder aufpassen war meine Aufgabe. Aber ich hab doch auch gesehen, was ein Arzt macht. Die Wunde vom Baron hab ich täglich verbunden. Das muss man sich einmal vorstellen: viermal operiert worden, Schenkelkopf herausgenommen – damals hat es noch keine künstlichen Gelenke gegeben. Dum-dum-Geschoße sind im Fuß explodiert, hundert Splitter! Noch im Jahr 62 ist ein Splitter aus der Wunde herausgekommen, kurz vor seinem Tod.
Hermine Kreuzer

Franz Lehárs Arbeitszimmer im Lehár-Schlössl, um 1935.

Mittelsatz

Der Festsaal des Lehár-Schlössls ist heute ein kleines, aber feines Lehár-Museum. Im Großen und Ganzen ist die Einrichtung des Museums mit seinen verglasten Vitrinen und Bücherschränken und Bildern an den Wänden dem „Baron" zu verdanken. Er hat trotz seiner schweren Kriegsverletzung in Hauptsache an ein würdiges Gedenken an seinen Bruder gedacht. Er kaufte Gegenstände und Möbel, die seine Schwester ins Dorotheum gebracht hatte, trotz beschränkter Mittel zurück.

Wenn Museumsbesucher heute von Hermine Kreuzer in das Museum geführt werden, oder wenn die Pforten des ehemaligen Salons für Konzertbesucher geöffnet werden, erwartet diese ein Aha-Erlebnis. Hohe Fenster, gefüllte Türen mit Bronze-Beschlägen und den Stuck am Plafond, der ein großes Fresko rahmt, konnten weder Napoleons Truppen (1809) zerstören noch die Plünderer zu Ende des Zweiten Weltkriegs zu Geld machen! Zunächst fällt auf, dass der rechteckige Raum einem quadratischen Grundriss nahekommt. Der Blick fällt auf die drei Fenster gegenüber, mit Oberlichten und bronzenen Griffen. Schwere Vorhänge fallen nieder; die nicht sichtbaren Vorhangschienen haben eine Verblendung, die vergoldet ist und barock geschwungen. Der Besucher, nach dem Registrieren der Lichtquellen gegenüber, ist zunächst wie „erschlagen" angesichts der Fülle von Inventar ringsum im musealen Ambiente. Am besten: zunächst auf die Decke hinaufschauen! Mittig gemalter Himmel mit Figurengruppen, von Stuckgirlanden eingefasst. Stuck ziert auch die übrigen Flächen der Decke. In den vier Ecken der Decke steinerne Putten, die herunterzupurzeln scheinen. Steinerne Dekormuscheln können den Fall nicht aufhalten.

Nach der innerlichen Weigerung, sich den tausend Einzelheiten des Museums hinzugeben, siegt die Neugier. Was steht im Mittelpunkt, wenn auch gegenüber, im linken Eck? Das Klavier, auf dem Franz seine Melodien den Tasten entlockt hat. Bei den Konzerten, die im Saal stattfinden, erklingt es noch manchmal! Wenn man sich zwischen vielen bunt durcheinanderstehenden Stühlen (für die Konzerte) und Vitrinen mit Glasabdeckung und im Raum verteilten Stehtischchen (eines hat den Fuß in Form einer Lyra) den direkten Weg, den geraden, zu einem Mauerabschnitt zwischen zwei Fenstern gebahnt hat, stößt man auf die Schikaneder-Gedenkstätte. Kupferstiche mit Szenenabbildungen der ZAUBERFLÖTE bedecken die Wand. Ein Tabernakel-Schränkchen enthält Erinnerungsstücke. Links und rechts vom Schränkchen stehen wie zwei Wächter wuchtige Renaissancestühle aus Schikaneders Zeiten mit hohem geradem Rückenteil; die Armlehnen laufen in Engelsköpfchen aus, und die Standfestigkeit des Stuhls wird von gewellten Querhölzern zwischen den geraden Stuhlbeinen gewährleistet.

Rechts von diesen Schikaneder-Anordnungen zwischen zweitem und drittem Fenster eine riesige Tafel an der Wand zur 100. Aufführung der Operette FRIEDERIKE. Medaillonartig eingefasste Abbildungen der Schöpfer und der Interpreten der Operette, der Librettisten, der Goethe- und Friederike-Darsteller und natürlich des Komponisten Franz Lehár sind auf der Tafel verteilt.

Das Eck rechts hinten dominiert ein weiteres Relikt aus Schikaneders Zeiten, eine herrschaftliche Sänfte, schön verziert, mit Goldquaste zum Öffnen der Tür. Auf der Bank, innen, sitzt eine in ein edles Kostüm gekleidete Stabpuppe, ein Requisit von der Uraufführung der Lustigen Witwe. Die rechte Querwand mit dem großen Schreibtisch davor muss warten; in Augenschein genommen wird im rechten vorderen Eck der hohe weiße barocke Kamin. An der Wand gleich rechts von der Eingangstür ein sehr großes Gemälde des vor Publikum dirigierenden Franz Lehár, noch in jungen Jahren. Auf einem Barocktischchen davor ein Körbchen mit Konzert-Einladungen und Werbematerial. Darüber vergilbte Fotos von Franz Lehár als Kind, sein Geburtshaus und längst dahingegangene Anverwandte. Links von der Eingangstür eine große bullige Truhe, viele Orden auf Samt unter Glas, auf einem Schränkchen martialische Bronzefiguren, wie zum Beispiel „Soldat mit Gewehr im Anschlag", und an der Wand neben einem Porträtbild von Anton Freiherr von Lehár in Öl ein großes Schlachtengemälde. Da entgehen zunächst die vielen Urkunden und Anerkennungsschreiben dem Blick, die sich auch an dieser Wand befinden! Das Wiener Denkmalamt ehrt das Ehepaar Kreuzer und, nach 2011, dem Tod von Erich Kreuzer, Hermine Kreuzer; ihrer beider Verdienste um den Erhalt des Schlössls überstrahlen alles im Raum Befindliche! Man muss nur die richtige Einstellung dazu haben … ohne die beiden Schlössl-Hüter gäbe es heute kein Lehár-Museum mehr!

An der linken Querwand ein sehr großer Schrank mit wenigen Erinnerungsstücken an Anton, wie zum Beispiel ein Federbuschhelm und bedruckte Seiden-Schärpen, die wohl der dekorierte Soldat quer über die Schulter getragen hat. Die bei weitem größere Fläche des Schrankes ist mit Büchern zu und über Franz Lehár gefüllt, auch mit Büchern zu Richard Tauber, seinem besten Freund, und mit alten Schallplatten. Neben dem Schrank, hinter dem Klavier noch ein Tabernakel-Schränkchen mit allerlei Tand. Die Weite des Saales beherrschen aber zwei im Raum aufgestellte halbhohe Vitrinenschränke, die das „Eigentliche" herzeigen: Partituren, Klavierauszüge, Autographe, handschriftliche Aufzeichnungen in Notizbüchern, „Wien, du bist das Herz der Welt"-Notenschrift der letzten Lehár-Komposition, Huldigungsschrift für Lehár zur Hundertjahr-Feier der Wiener Philharmoniker. Auch ein „Dein ist mein ganzes Herz"-Szenario mit Lehár-Autograph und großem

Richard-Tauber-Foto ist zu bewundern. Die Querwand rechts birgt in einer Schreibtischlade einen Schatz: zusammengeheftet zu einem dicken Paket sind Glückwunschtelegramme zu Franz Lehárs 60. Geburtstag und ein altes Gästebuch, das Eintragungen aus den 30er Jahren des vorigen Jahrhunderts enthält. Offen auf der Schreibtischfläche viele Gästebücher aus neuerer Zeit.

> Wir haben gar nix gehabt! Einen Karton. Am Naschmarkt hab ich Paprika gekauft und Gewürze und ein paar Erdäpfel, für ein Erdäpfelgulasch. Und so sind wir ins Lehár-Schlössl hingezogen. Im Jahr 1949? Nein, im Jahr 1951. Es war klar, dass wir in diesem Anbau wohnen. Die Wohnung war sehr klein, später ist sie a bisserl umgebaut worden, neue Fenster und so weiter. Der Baron hat gesagt, die Wohnung könnt ihr haben, wir haben dafür nix zu bezahlen, aber die Arbeit haben wir zu machen. Gekocht hab ich selber. Auf einem Gasofen. Da hat der Baron einmal zu mir gesagt: „Ich hab einen Wunsch." Ich darauf: „Sie wissen ja, jeden Wunsch erfüll' ich Ihnen." „Gehen Sie, kaufen Sie einen Elektroherd. Kinderl, wenn Gas ausströmt, können Sie die Wohnung nicht verlassen, das kleine Fenster ist vergittert!"
> Hermine Kreuzer

Martialisches Interludium

Anton Freiherr von Lehár wurde 1876 in Komaróm (deutsch: Komorn) geboren. Sechs Jahre davor war auch Franz in Komorn zur Welt gekommen. Der Vater Franz Lehár war Soldat und Kapellmeister des Infanterieregiments (IR) Nr. 50. Anton schien für den Musikerberuf wenig geeignet: Nach zwei Jahren an der Realschule wechselte er in die Infanteriekadettenschule Wien, wo er als Klassenbester zum Offiziersstellvertreter ernannt und 1893 zum IR 50 ausgemustert wurde. Seine Generalstabsausbildung erhielt er an der Kriegsschule Wien. Der Generalstabsdienst ermöglichte ihm den raschen militärischen Aufstieg. 1901 heiratete er die Wienerin Emmy Magerle. Seine Ehe blieb jedoch kinderlos. 1902 war er Hauptmann. Er beschäftigte sich mit Ballistik und Schießlehre. Er drang jedoch mit seinen Erkenntnissen beim Chef des Generalstabs Franz Conrad von Hötzendorf nicht durch! 1913 durfte er als Major an die Armeeschießschule, wo er bis zum Ausbruch des Ersten Weltkriegs blieb. Für sein hervorragendes Führungsverhalten an der Russlandfront erhielt er 1914 den Orden der Eisernen Krone 3. Klasse. Am 7. September 1914 wurde Lehár bei Lublin durch einen Schuss in den Oberschenkel verwundet. Nach einem langen Aufenthalt im Lazarett diente er ab Jännern 1915 im Kriegsministerium Wien. Als Oberstleutnant kehrte er im September 1915 auf eigenen Wunsch an die Front, die italienische, zurück. Aber nicht lange, er wurde zum Technischen Militärkommando nach Wien abberufen. Ab September 1917 war er wieder an der Front, diesmal in der Bukowina. Im Mai 1918 erfolgte die Ernennung zum Oberst. Eine letzte verzweifelte Offensive der untergehenden Monarchie im Juni 1918 („Piave-Offensive") blieb erfolglos. Oberst Lehár erhielt die Goldene Tapferkeitsmedaille für Offiziere und wenig später den Militär-Maria-Theresien-Orden.

Lehár blieb auch nach der Auflösung der Monarchie überzeugter Monarchist im Rang eines Generalmajors. Als im September 1921 Karl Habsburg einen Restaurationsversuch in Ungarn wagte, stand ihm GM Anton von Lehár – seit 1918 war er Freiherr von Lehár – treu zur Seite. Der Versuch schlug fehl, Freiherr von Lehár musste fliehen. Im Winter 1922 kehrte er nach Wien zurück. Eine bürgerliche Existenz aufzubauen war mühsam. 1926 wurde er in Berlin Direktor der „Gesellschaft der Autoren, Komponisten und Musikverleger" und verlegte eine Zeitung. 1933 musste er Berlin verlassen und gründete in Wien den „Chodel-Verlag", den er 1935 seinem Bruder überschrieb, um sich bei Theresienfeld als Landwirt niederzulassen. Nach dem Anschluss 1938 zwang ihn die Gestapo, sein Landgut aufzugeben. Er begann, seine Memoiren zu verfassen. Nach dem Tod seines Bruders im Jahr 1948 übernahm er das Lehár-Schlössl und kümmerte sich um dessen Nachlass. GM Anton Freiherr von Lehár hatte sich zeitlebens nicht mit dem Ende der Monarchie abfinden können. Am 12. November 1962 starb er im Schlössl. Das ihn pflegende Ehepaar Kreuzer hatte ihn auf sein Bitten hin nicht ins Krankenhaus bringen lassen.

Jarmila Novotná mit Franz Lehár am Klavier, 1934 im Schlössl.

Zweites Schlössl-Zwischenspiel

Am 2. Januar 1934 läuten Richard Tauber und Jarmila Novotná am Eingangsportal des Schlössls Hackhofergasse 18 an der Tür. Wieder öffnet der hagere Diener Karl und gerät wegen der Erscheinung der bildhübschen Sängerin etwas aus der Fassung. Als der Tenor und der Sopran, der Octavio und die Giuditta, die Hauptrollen-Träger der Operette GIUDITTA nach dem Durchschreiten des Hofs durch das schon offene Tor in die hohe Halle des Haupttrakts gelangen, ist es Jarmila Novotná, die nun staunt. Eine doppelseitige geschwungene Treppe mit kunstvollem Schmiedeeisen-Geländer führt in den ersten Stock, der gartenseitig der zweite Stock ist. Tauber erinnert daran, dass auf dieser Treppe, die vor hundert Jahren noch eine Freitreppe war, Schikaneder hinaufgestiegen ist. Das Deckenfresko in der Halle hoch oben zeige, erklärt er, die Fortuna, die Schikaneder aber kein Glück brachte, nach wenigen Jahren des Besitzes des Schlössls musste er es wieder verkaufen. Trotz des erzielten Gewinns von 38.000 Gulden starb er bald mit bloß 71 Gulden in der Tasche. Er müsse beim Hinaufschreiten immer daran denken, dass er diesem Schikaneder seinen „Tamino" aus der ZAUBERFLÖTE verdanke, der ihn beim Debüt in Chemnitz zum Opern-Sänger machte, was wiederum das Engagement an der Dresdner Oper nach sich zog. Auch das Theater an der Wien, das ja Schikaneder bauen ließ und im Jahr 1801 beziehen konnte, danke er dem vielseitigen Theaterdirektor. Wie viele Erfolge habe er dort, seit 1922 in der Lehár-Operette FRASQUITA, erzielen können! Die beiden Sänger betreten den Salon. Meister Lehár begrüßt sie. Er weist hinauf zum Deckenfresko und erklärt die Szene aus der ZAUBERFLÖTE: „Die Königin der Nacht wird von zwei großen Vögeln durch die Lüfte getragen. Genien umschweben sie. Im Vordergrund steht auf einer Wolke theatralisch der Monostatos. Das Werk des Malers Vinzenz Sacchetti dürfte 1802 entstanden sein." Jarmila ruft aus: „Was für ein Zauberflötenzauber in diesem Haus", „Zauber mit Tauber", fügt Lehár, der nie um eine Bemerkung verlegen ist, hinzu. Nach einem Gespräch über die kommende Produktion bittet Lehár um einen Eintrag in das Gästebuch. Jarmila Novotná schreibt ein paar Worte in tschechischer Sprache hinein, auf das baldige Großereignis hinweisend. Ins Deutsche übersetzt lautet der Eintrag, dass im Neuen Jahr das *poema* mit Namen „Giuditta", toi, toi, toi, ganz glücklich verlaufe, wünsche sie dem großen Meister Lehár.

Fortsetzung Mittelsatz

Als die beiden Stars Richard Tauber und Jarmila Novotná knapp drei Wochen vor der Premiere von GIUDITTA an der Staatsoper (20. Januar 1934) im Schlössl weilten, waren die Adaptierungs- und Restaurierungsarbeiten im Schlössl im Großen und Ganzen abgeschlossen. Seit dem Kauf des Schlössls 1932 verging geraume Zeit, bis im Sommer 1933 alles zum Einzug bereit war. Im Lauf der Jahre hatte sich in der Theobaldgasse so viel angesammelt, dass das Ehepaar Lehár nach einer neuen Wohnstätte Ausschau hielt. In Nussdorf wurden sie fündig! Nussdorf war noch außerhalb der Stadtgrenzen gelegen, „in die entern Gründ", als Schikaneder das „Schlössl" 1802 erwarb. Als „schlossähnliches Gebäude" kann das Anwesen in Nussdorf bezeichnet werden, seit Hofkammerrat Dr. Joachim Gschwandtner (auch: Georg Schwandtner), ab 1737 für einige Jahre der Eigentümer desselben, dieses umbauen ließ und ihm sein heutiges Aussehen gab. Wie das Anwesen, ursprünglich ein „Freihof", Anfang des 18. Jahrhunderts „frei von Untertänigkeit und Grundherrlichkeit" erklärt worden war, und wie die Besitzer, deren Namen heute niemandem mehr etwas sagen, im Laufe der Jahrhunderte hießen, lässt sich über einschlägige Literatur erforschen. Der Deutsch-Amerikaner Viditz-Ward, der Franz Lehár das Schlössl verkaufte, war, soviel weiß man, nur sieben Jahre lang Schlösslbesitzer gewesen. Im Jahr 1932 war das Schikaneder-Schlössl zwar nicht mehr weit von Wien entfernt gelegen, aber immer noch für ungebetene Gäste, Verehrer, Autogrammjäger, Interviewer, Schaulustige und Bittsteller nicht leicht zu erreichen. Lehár, als Meister Lehár tituliert, war ein weithin berühmter Mann, der als Komponist Störungen aller Art nicht gebrauchen konnte. Auch war ihm, wenn er komponierte, das Gefühl, dass ihm jemand zuhören könnte, unerträglich! Seine kluge Frau, an verschlossene Türen gewöhnt, durfte bei ganz dringenden Angelegenheiten das Haustelefon benützen. Dass Lehár ein Grießgram war, dem widerspricht Hermine Kreuzer aber, und zwar mit einer kleinen Geschichte, die sie wohl von Bruder Anton Lehár erfahren hat:

Das Wiener Lehár-Schlössl

Franz Lehár im Garten des Lehár-Schlössls.

Franz Lehár hat einmal bei offenem Fenster eine Kinderstimme gehört. Er hat hinausgeschaut und gesehen, wie ein kleines Mädchen vom Nebenhaus auf das Dach der kleinen Waschküche geklettert ist. Das fünf Jahre alte Mäderl kraxelt auf das Dacherl und hat in den Schloss-Garten geschaut! Franz Lehár hat gerufen: „Was suchst du denn da?" „Ich will auch einen schönen Garten sehen!" Da hat Franz Lehár gesagt: „Geh schön langsam zurück vom Dach, komm in der Hackhofergasse zu unserer Tür, klingle an, dann kannst du hereinkommen." Das Mäderl hat hereinkommen dürfen und unterm Klavier sitzen dürfen. Einmal klingelt es bei mir, Jahre später! Eine Dame im Rollstuhl und ein Herr stehen vor der Tür. Sie hat gesagt, sie kann nicht ins Museum kommen, aber dem Mann kann man das Museum zeigen. Die Dame war das Mäderl von damals mit fünf Jahren. Sie war 85 und wollte das Haus nochmals sehen!
Hermine Kreuzer

So landschaftlich schön gelegen und architektonisch reizvoll das Schikaneder-Schlössl auch war, es war doch ein ziemlich unpraktischer Bau! Eine Erweiterung des Baus, Restaurierung desselben und Modernisierung der Badezimmer-, Küchen- und Heizanlagen waren vonnöten. Nach Fertigstellung reihten sich an Empfangs-, Speise- und Arbeitszimmer weit voneinander liegend die Schlafräume der Ehegatten. Am äußersten rechten Flügel befand sich ein Billardzimmer. Überall in den Räumen Klaviere! Und Kunstgegenstände, für deren Ankauf Sophie zuständig war. In der Bibliothek Sammelwerke über bildende Künste des 17. und 18. Jahrhunderts. Im Obergeschoss war das Archiv untergebracht, die unermessliche, in vierzigjähriger emsiger Arbeit zusammengetragene, aus der Theobaldgasse übersiedelte Leháriana-Sammlung: Partituren von KUKUŠKA bis zur 1943 in Budapest aufgeführten Operette GARABONCIÁS DIÁK, Operetten-Urhandschriften, in schweres Leder gebunden in einem Panzertresor. 100.000 Zeitungsartikel, Rezensionen, Interviews und Artikel waren in 150 Folianten, nach Datum geordnet, eingeklebt: In 22 separaten Bänden befanden sich 200.000 Theaterprogramme aus aller Welt, die Wände tapezierten Widmungsbilder. Bücher mit Karikaturen, Briefe, Fotografien. Spezielle Regale für Briefordner und Verträge, Abrechnungen, Geschäfts- und Privatkorrespondenz.

Zeugnisse für das Datum des Bezugs des Schlössls sind vorhanden. Handschriftliche Eintragungen vom Sommer 1933, die im schon mit vielen früheren Eintragungen versehenen Gästebuch zu finden sind, sind zum Beispiel diejenigen, in „freudiger Erwartung" auf gemeinsames Musizieren am 17.6., vom Vorstand der Wiener Philharmoniker, Hugo Burghauser, und am 21.6. vom Sekretär Anton Weigl. Die Gattin von Anton Weigl schreibt: „Ich beglückwünsche mich, das schmucke / und traute Heim unseres allerwertesten / Meisters in Benützung geben zu können. / Alles Gute und Schöne wünscht bei diesem Anlass Inge Weigl." – Franz und Anton Lehárs Schwester Emmy (Emmy Papházay-Lehár) notiert am 9. Juli 1933: „Zur Erinnerung an einen unvergleichlich schönen Nachmittag / im Schikanederschlössl! / Emmy Pawlas (sic.) Lehár". – „Wien, d. (?) Dezember 1933" schmückt das Gästebuch eine Eintragung von Carl Alwin, dem damals berühmten Dirigenten und Weggefährten von Lehár sowie von Tauber (Alwin und Tauber mussten wegen jüdischer Abstammung im März 1938 emigrieren): Eine Zeile mit Notenschrift ist kommentiert mit „Fanget an" und mit dem Hinweis „Meistersinger" versehen; der Eintrag setzt sich fort mit: „Auf zur Giuditta! / mit schönem Dank für / die gastliche Aufnahme bei / Meister Lehár". – Der Jänner und Februar 1934 bringt so unterschiedliche Personen auf einer Seite in Nachbarschaft wie Alma Maria Mahler mit ihrer Unterschrift in energisch großer Handschrift und Dr. Artur Schuschnigg mit den Worten „In tiefer Verehrung und Dankbarkeit"; „Artur", Leiter der Tonträgerabteilung Wien und nach dem Zweiten Weltkrieg Intendant der Sendergruppe West in Tirol, war der jüngere Bruder von Dr. Kurt Schuschnigg. – Mit Vermerk „3. Aug. 1934" ist zu lesen: „We are here to serve great / Meister Lehár, to carry / his lovely notes across the wide ocean – / straight into the hearts / of American radio listeners! / Max Jordan / National Broadcasting / Company of America". – Eine weitere Eintragung stammt vom Deutsch-Amerikaner Ernst Lubitsch: „Meister Lehar / von seinem aufrichtigsten / Verehrer und Bewunderer / 24 April 36, Bel Air, California, U.S.A." – Worte der Bewunderung für das Ehepaar Lehár findet am 9. November 1941 ein Herr, der als Bruder den Familiennamen eines Berühmt-Berüchtigten trägt und sich verbürgterweise für die Sicherheit von Sophie Lehár, die jüdischer Herkunft war, und auch für andere verfolgte Personen eingesetzt hat: „Ein Erlebnis, in diesem kultivierten / Heim zu sein, voll Schönheit und / Erinnerungen. Nicht allein dem Meister / der seelenvollsten Musik meinen / herzlichsten Dank, sondern in erster / Linie den warmen Menschen: / Frau und Herrn Lehár. / Ihr dankbarer / Albert Göring". – Die letzten Eintragungen der Kriegsjahre im Lehár-Schlössl stammen vom 6. August 1943 und bedürfen keiner näheren Erklärung: „Der für mich so völlig überraschend kommende Besuch / in diesem wahrhaft märchenhaft trauten Heim / hat mich zutiefst beeindruckt und wird mir / unvergeßlich bleiben. / In dankbarster Erinnerung / Emil Dietz, Graz // **Treue um Treue!** Ernst […] // **Liebe um Liebe!** Hilde Dietz".

Die Annalen schweigen darüber, wie lange der treue Diener Karl Grün im Schikaneder-Schlössl seine Dienste versah und somit den

Gästen Einlass gewähren oder auch verweigern konnte. Gesichert ist, dass er 1934 sein 25-jähriges Jubiläum als Kammerdiener bei Meister Franz Lehár gefeiert hat. Die „Illustrierte Kronenzeitung" betont in ihrem Artikel vom 25. Oktober:

> Wer 25 Jahre auf einem Posten ist, der stellt damit nicht nur sich selbst, sondern auch seinem Herrn ein gutes Zeugnis aus. […] Still und unauffällig verrichtete er seine Obliegenheiten, still und unauffällig blieb er auch außerhalb des Hauses. Und beinahe wäre es ihm am liebsten, wenn man auch jetzt von seinem Jubiläum gar keine Notiz nehmen würde. „Wenn S' was über mich schreiben, dann nur ein ganz kurzes G'setzel!"

Im Zeitungsartikel wird auch die Theobaldgasse erwähnt, die der Obhut des Kammerdieners anvertraut gewesen sein soll. Andererseits berichten die Biografen Maria von Peteani und Bernard Grun, die Lehár persönlich gekannt haben, von „Karls" Anwesenheit im Schikaneder-Schlössl, das erst später in Lehár-Schlössl umbenannt worden ist.

Drittes Schlössl-Zwischenspiel

Am 21. Januar 1936 stellt Richard Tauber seinen Mercedes am Nussdorfer Platz ab. Er öffnet Diana, die er im März des Vorjahres in England kennengelernt hat, die Autotür und lädt sie zu einem kleinen Spaziergang ein. Nein, nicht in die Hackhofergasse münden sie ein, sie gehen die Heiligenstädterstraße weiter, nur ein paar Schritte, bis sie zur Linken durch ein altes Gittertor einen Garten und in dessen Hintergrund, hoch aufragend, von Tannen beschattet, den überaus vornehm wirkenden schlossartigen Barockbau am Fuße des Kahlenbergs erkennen können: das Schikaneder-Schlössl, das seine Hauptfront dem nahen Donaustrom zuwendet. „Hier fuhren früher die Kutschen ein und aus. Heute geht's profaner zu. Einlass ins Schlössl wird nur durch die Hintertür gewährt, dann, wenn der Gast dem Diener, der öffnet, zu Gesicht steht." Richard führt nun seine Diana die Hackhofergasse hinauf, und

Bei den Proben zu Giuditta: Erich Zimmermann, Margit Bokor, Franz Lehár, Jarmila Novotná und Richard Tauber (von links), Januar 1934.

diesmal erwartet der „Franzl" seine Gäste höchstpersönlich an der Pforte, das ist er Taubers eleganter Freundin Diana Napier schuldig. „We had a glimpse through the gate to the beautiful garden und already saw the front of your castle!" „Der Garten ist im Winterschlaf, ihr müsst wieder einmal im Sommer kommen", schlägt Lehár vor. „Ab Mitte April bin ich in England, dann in der Schweiz, danach wieder in England, für ein paar Tage Ostende, dann Paris, dann wieder Schweiz, London und erst im November wieder in Wien", antwortet Tauber, „aber jetzt konzentrier' ich mich noch auf meine eher tragische Rolle, den Octavio in Giuditta, der als Barpianist endet." Lehár bittet die beiden zum Tee in den Salon. Gesprächsthema ist natürlich Giuditta, diese Operette, die sich musikalische Komödie nennt, aber eigentlich eine Oper ist. „Diana, die Giuditta hat mir Richard eingebrockt", sagt Lehár. „Mir gefiel zunächst die Textvorlage von Beda und Knepler nicht. Obwohl: vorgeschwebt ist mir immer schon eine carmenähnliche Figur." Richard führt aus: „Du hast ja doch immer wieder ins Textbuch geschaut, und es sind dir dabei wunderbare Melodien eingefallen: ‚Freunde, das Leben ist lebenswert'!, ‚Meine Lippen, die küssen so heiß'! Hast' schon vergessen? Bei meinem ersten Besuch im Schlössl – da war die Ausgestaltung der Räume noch gar nicht fertig – hast du von Plänen gesprochen, Operetten, die nicht erfolgreich waren, zu überarbeiten, wie du das ja bei FÜRSTENKIND praktiziert hast. Ich, nicht begeistert, hab dich gefragt: ‚Warum komponierst du nichts Neues? Seit FRIEDERIKE sind drei Jahre vergangen! Wann kann man denn endlich etwas aus dieser geheimnisvollen GIUDITTA hören?' Und als du dich ans Klavier gesetzt hast, war ich dem Stück, der Rolle verfallen. Hab sogar die Staatsoper für die Uraufführung vorgeschlagen." „Ja, mit Spott und Häme wurde ich übergossen, schon vor der Premiere, und nachher schrieb mein Biograf Ernst Décsey, dessen unbrauchbare Libretti ich immer ignoriert hab', in seiner Zeitungs-Besprechung im letzten Satz: ‚Die Giuditta ist ein elendes Machwerk, das nicht in die Staatsoper gehört.'" Bevor Tauber protestieren kann, schaltet sich wieder Diana ein, auf Englisch, versteht sich: „Also, was ich so gehört habe, war GIUDITTA ein triumphaler Erfolg. Die internationale Presse war da. Das Stück hat seit der Premiere im Januar 1934 schon viele Aufführungen erfahren, 1935 die Lehár-Festspiele in Abbazia und dieses Jahr ist noch Zürich an der Reihe. Richard, sag', wann wollen die beiden Herren kommen?" Das Klingelzeichen, das ertönt, überrascht nur Lehár. Er wird von Tauber aufgeklärt: „Es kommen der Ambassador Tonie Howard und Robert Hart. Ich habe sie hierher bestellt. Lass dich überraschen …" Die beiden Herren der amerikanischen Botschaft, Lehár, Tauber und Diana Napier führen, nach Begrüßungs- und Vorstellungsritualen, ein angeregtes Gespräch. Bevor die Gäste aufbrechen, verlangt Tauber nach dem Gästebuch, dem er die Zeilen anvertraut: „Zum Gedenken an den 21. Jänner 1936, / wo die Idee geboren wurde / die Uraufführung von / Giuditta in englischer / Sprache in New York im / Herbst dieses Jahres zu machen! / Hoffen wir, dass diese wunderbare / Idee sich verwirklichen lässt!! / Vereint werden wir alle / und alles / schlagen / Richard Tauber und Diana / Tonie Howard, Ambassador Extraordinary".

Tonart Moll

Die GIUDITTA kam in New York nicht zur Aufführung. Der Schwung beim In-Töne-Setzen der GIUDITTA im Schlössl hielt nicht an. Ein unsinniger Plagiatsvorwurf, der zu Ungunsten der Klägerin ausging, beschäftigte Lehár über Monate hinweg. Der Plagiatsvorwurf zog aber weitere Kreise, nicht nur wurden GIUDITTA-Aufführungen abgesagt, der Komponist Wilhelm Kienzl schloss sich, wie es in Lehár-Biografien heißt, „aus Berufsneid" den Anschuldigungen von Künstlern an, Lehár habe „abgeschrieben", was erstaunlich ist, gibt's doch den freundlichen Kienzl-Eintrag „Hier ist's gut – ‚sitzen'" im Gästebuch! Schadenersatzansprüche wurden geltend gemacht. Schließlich wurden die Rädelsführer verhaftet, aber dem Komponisten Lehár, bald 70 Jahre alt, hatten die Aufregungen sehr zugesetzt. Auf schöpferische Eingebung wartete er vergeblich.

Der politische Umbruch in Österreich im Jahr 1934 brachte Dr. Kurt Schuschnigg an die Macht. Nach der Ermordung von Kanzler Dollfuß kam es unter der neuen politischen Führung nicht mehr zur Bewilligung einer Subvention zur Sanierung des Theaters an der Wien. Hubert Marischka musste, vor dem Konkurs stehend, am 1. März 1935 sein Theater schließen. Sein Verlag, der Karczag-Verlag, besaß die Urheberrechte der Lehár-Operetten. In einem außergerichtlichen Vergleich erhielt Lehár die Rechte aller seiner Werke samt dem vorhandenen Lager an Musikalien und Materialien zur freien Verfügung. Auf riesigen Lastautos wurden vor dem Hintereingang des Theaters an der Wien alle Klavierauszüge Lehárs, Einzelnummern, Orchesterstimmen, Potpourris, Tanz-Arrangements und Textbücher aufgeladen, in die nahegelegene Theobaldgasse transportiert und dort in den Lagerräumen des von Lehár neugegründeten Glocken-Verlages hinterlegt. Das Verlagsgeschäft nahm von nun an viel Zeit in Anspruch, aber diszipliniert wie er war, fuhr Lehár jeden Tag frühmorgens vom Schlössl in die Theobaldgasse, galt es doch, für die Nachwelt seine musikalischen Schätze als Druckwerke zu sichern. Sein Freund Tauber war nach langen Aufenthalten im Ausland ab Dezember 1937 wieder in Wien und bis zum 7. März 1938 in vielen Opernproduktionen Stargast der Wiener

Staatsoper. Der 7. März war ein denkwürdiger: Tauber sang den scheiternden Octavio in GIUDITTA, nicht wissend, dass es ein bitteres Abschiedsgeschenk an die Wiener war! Lehár dirigierte schon seit längerem seine Operetten nur mehr gelegentlich, Carl Alwin stand am Pult. Berichten zufolge musste er nach der Vorstellung durch die Hintertür der Staatsoper flüchten, der Nazi-Mob randalierte vor dem ehrwürdigen Haus. Tauber verließ Wien am 8. März; in Mailand waren Tauber-Auftritte geplant, die aber wegen Taubers Depression angesichts des „Anschlusses" entfielen. Ab 1939 lebte Tauber in England mit Diana, die er im Juni 1936 in London geheiratet hatte. Seinen Freund Lehár traf er noch einmal, nein, nicht im Schlössl, auch nicht in Wien oder Ischl, sondern in Zürich, im Mai 1946. Und am 5. Juni fand ein (später so genanntes) „Farewell Konzert" statt, das die beiden Freunde musikalisch gemeinsam für Radio Beromünster bestritten.

Ausklang

Franz Lehár starb im Herbst 1948. Als ihm sein Bruder Anton im Herbst 1962 in den Tod nachfolgte, wurden Hermine und Erich Kreuzer zum Notar gerufen …

> Für 10 Uhr war die Testamentseröffnung festgelegt. Der Erich schaut auf die Uhr und sagt: „Fünf Minuten vor 10! Unverschämt, diese Erben, die kommen zu spät zur Testamentseröffnung!" Und derweil kommt der Notar herein mit seiner Sekretärin und liest vor: „Die Hälfte bekommt der Erich, die Hälfte ich." Ich hab gesagt: „Nein, um Gottes willen, der Besitz kostet so viel Geld, wie sollen wir alles erhalten." Und der Erich hat gesagt: „Wir bleiben in der ganz kleinen Wohnung, wir versuchen, für die anderen Wohnungen gute Mieter zu finden, um mit der Miete die Abgaben und Steuern zu bezahlen. Und die Arbeit, da machen wir alles selber." Und so haben wir begonnen.
> Hermine Kreuzer

Als, wie im dritten Zwischenspiel beschrieben, Richard Tauber mit Diana Napier im Schlössl war, besuchten wohl die beiden, und auch die amerikanischen Diplomaten, bevor sie durch die Pforte in die Hackhofergasse hinaustraten, die Schlössl-Kapelle. Die Kapelle, mit Oratorium, gehört zum ältesten Baubestand des Schlössl-Anwesens. Heute noch ist in älteren Stadtführern und Nachschlagewerken zu lesen, dass Richard und Diana hier geheiratet hätten. Aber Carlotta Vanconti-Tauber, Richard Taubers erste Ehefrau, hatte die Scheidung mit Drohungen und Erpressungsversuchen immer wieder hinausgezögert, so dass wohl für die Heiratswilligen der Wunsch der Vater des Gedankens gewesen war …

Die Decke der Kapelle ist mit einem Fresko dekoriert, die Heilige Dreifaltigkeit darstellend, mit einem großen, über der Balustrade schwebenden Engel. Der Altar ist ein marmorisierter Wandaufbau, rechts und links mit überlebensgroßen Statuen des hl. Josef und des hl. Anton von Padua. Das Altarbild, ein österreichisches Werk aus der Zeit um 1750, im mit Cherubsköpfen verzierten Rahmen, ist eine Darstellung der Unbefleckten Empfängnis Mariä und zeigt die Himmelskönigin als Besiegerin des Drachen – so oder so ähnlich erklärt Hermine Kreuzer bei Führungen den kleinen Innenraum der Kapelle. Auch sie, als „Abschiedszuckerl" am Ende der Schlössl-Begehung, erzählt, dass Richard Tauber hier Diana zur Frau genommen habe. Von Anton Freiherr von Lehár dürfte die leider nicht wahre Geschichte stammen. Ungleich viele „wahrere" Geschichten hat Hermine Kreuzer auch von dem Baron erfahren, die sie bei ihren Führungen durchs Haus (nach Anmeldung!) in unvergleichlich sachbezogen-empathischer Weise zum Besten gibt.

Wir haben nach dem Tod vom Baron keine Ahnung gehabt! Wir wussten, er hat keine Erben. Die Schwester von den Brüdern Lehár ist leer ausgegangen, das wollte der Baron so. Die Schwester hat nach dem Tod von Franz Lehár eh alles bekommen! Sie hat ja das ganze Haus ausgeräumt! Und das Inventar verkauft. Die Schwester hat sich auf zwei im Testament fehlende Wörter gestützt, auf „samt Inventar". Sie hat das ausgenützt, hat alles ins Dorotheum gebracht und sonst wohin. Nach dem Tod von der Schwester Emmy

hat ihr Sohn, der Neffe, wohnhaft in Amerika, die Tantiemen bekommen und hat 70 Jahre lang seine 17 Kinder davon ernährt. Erst jetzt, 70 Jahre nach Franz Lehárs Tod, bekommen sie kein Geld mehr ... Der Bruder Anton hat einige Sachen zurückgekauft. Auch die Sänfte vom Schikaneder, damit sich ein Stück von Schikaneder im Haus befindet, und die beiden Stühle, die oben stehen. Er hat aber die Mittel nicht gehabt, um alles zurückzukaufen.
Hermine Kreuzer

„Potpourri" ist bekanntlich eine musikalische Genre-Bezeichnung. „Potpourri" – auch der Aufsatz Das Wiener Lehár-Schlössl verdient durch die Aneinanderreihung divergenter Text-Teile diese Bezeichnung. Der in die Historie zurückgehenden vertikalen Erfassung des Schlössls steht die horizontale gegenüber, das ist der Ist-Zustand des Gebäudes. Die große Anzahl an Räumen des Schlössls, die verschiedentlich genutzt wurden und auch heute noch verschiedene Funktionen haben, und auch der „Garten", der mit seinen mehr als 2.000 Quadratmetern doch ein kleiner Schlosspark ist, waren und sind mit Leben erfüllt.

Nach der Testamentseröffnung ist der Stadtrat X [der Name ist Hermine Kreuzer erinnerlich] gekommen, ins Haus, und hat sich umgeschaut, auch oben, wo die Sänfte vom Schikaneder steht. Vorn in der Ecke ist er gestanden und hat gesagt: „Was wollen Sie? Ein Museum? Wir haben so viele, alles weggeben, eine Büste muss her", war seine Antwort. Wir haben gekämpft drum, dass alles erhalten bleibt, so, wie es der Bruder gemacht hat. Den Saal hat ja der Bruder schon eingerichtet zur Erinnerung an Franz Lehár: der Erich hat mitgeholfen, die Bilder aufgenagelt ...
Hermine Kreuzer

Was heute im Museum an zeitgenössischen Fotos, Bildern und schriftlichen Originaldokumenten zu sehen und einzusehen ist, war vor Kriegsende versteckt worden. Hermine Kreuzer erzählt, dass es „Einheimische" waren, die in den Wirren des Kriegsendes das aus dem Schlössl gestohlen haben, was ihnen wertvoll beziehungsweise brauchbar erschien. An Personal zurückgeblieben waren nur die Köchin und die „Beschließerin", die den Plünderungen hilflos gegenübergestanden seien. Es waren kurz die Russen im Haus; ob sie was angerichtet haben, ist nicht dokumentiert. Nach den Russen waren die Amerikaner im Schlössl, die mit Erstaunen die Verbindung zwischen der in den USA sehr populären MERRY WIDOW und diesem Schlössl-Besitzer namens Franz Lehár erkannten. Ähnliche Wiedererkennungseffekte ergaben sich auch, als die Amerikaner in Bad Ischl einmarschierten; Lehár, der sein durch Plünderungen unbewohnbar gewordenes Schlössl nach 1944 nicht mehr besucht hatte, habe die Amerikaner 1945 in seiner Ischler Villa „freundlich begrüßt", berichten die Biografen.

> Wir haben restauriert und renoviert. Die Fassaden im Hof haben wir herrichten lassen, da haben wir damals einen Teil der Kosten vom Bund, dem Denkmalamt bekommen. Im Jahr 1972 haben wir die Gartenfassade restaurieren lassen. Man hat festgestellt, dass die vierte Schicht unter dem Putz die Farben „rosa" und „gelb" gehabt hat. So wie es heute wieder ist! Lange Zeit war die Fassade nur „gelb". Gelb und rosa, ich bin's nun so gewohnt, ich will's gar nicht anders haben! Für die Restaurierung haben wir vom Bund, Denkmalamt, auch einen Zuschuss bekommen. Auch die Stadt Wien hat dazu bezahlt. Aber sonst kriegen wir nix von der Stadt Wien, müssen alles selbst erhalten.
> Hermine Kreuzer

Mit Führungen durchs Schlössl hat Hermine Kreuzer sofort begonnen, als Anton Freiherr von Lehár gestorben war. Sie hat, wie sie sagt, die Führungen ausgeweitet. Sie wusste ja schon gut vom Baron Bescheid über Leben und Wirken des Komponisten Franz Lehár. Der Baron hatte allerdings pro Jahr nur zweimal Besucher durchs Schlössl geführt, zu Lehárs Todestag und an seinem Geburtstag. Hermine Kreuzers Führungen sind kostenlos. Sie nimmt nur Spenden an, damit sie keine Einnahmen zu versteuern hat. Alles sauber machen für die Führungen – auch das haben ihr Mann und sie immer alleine gemacht. „Den Garten haben wir naturbelassen [der Garten macht aber einen durchaus gepflegten

Das Lehár-Schlössl in Wien von der Gartenseite.

Eindruck]. Früher hat Erich gemäht, heute ginge das natürlich nicht mehr", sagt Hermine Kreuzer lachend. Sie sei, hat sie einmal im Gespräch verraten, von ihrem Mann Sonnenscheinchen genannt worden. Liebesbrieferl ans Sonnenscheinchen fand sie unterm Kopfpolster vor …

> Wir haben auch eine Quelle im Garten. Die eigene Quelle hat im alten Brunnen den Springbrunnen betrieben. Wenn man 50 Meter vorgeht, am Weg, da hat die Gemeinde Wien den Bach ausgemauert und die Rohre rausgerissen. Seither ist eine Pumpe für den Springbrunnen in Betrieb. Früher ist im Winter auch der Springbrunnen gegangen. Da hat sich ein Eisberg gebildet. Der Erich ist mit der Leiter auf den Eisberg gekraxelt, bis ganz oben zur Spitze, wo noch Wasser aus dem Springbrunnen gekommen ist. Es gibt Fotos davon. Es ist auch im Winter in den Zeitungen gestanden: Im Garten des Lehár-Schlössls geht der Springbrunnen noch!
> Hermine Kreuzer

Der Baumbestand des „kleinen Schlossparks" hat sich wohl während der Zeitläufte geändert. Der riesige Ginkgobaum, der den Garten heute beherrscht, ist angeblich schon hundert Jahre alt. Älter ist der steinerne Adler auf einem höher gelegenen Mauervorsprung, der mit ausgebreiteten Flügeln über das Schlössl-Anwesen wacht. Alt ist auch das kleine Steinrelief mit Schikaneders Antlitz in der Mauer unterhalb der Adler-Skulptur. Auf der Wiese tollt dieser Tage der Golden Retriever eines Mieters herum; zu Lehárs Zeiten war es ein Seidenpinscher, angefaucht von einer Angorakatze. Aus den geöffneten Fenstern drang der Gesang von Kanarienvögeln ins Freie, wenn nicht gerade Lehár am Klavier saß und komponierte. Schön muss es sein, Konzerten mit Operettengesang der Lehár-Gesellschaft im Schlosspark lauschend, die repräsentative dreigeschossige Schlössl-Vorderseite im Auge zu haben. Die fünfachsige Fassade mit Pilastergliederung wird von floral geschmückten Simsen durchquert. Eine perfekte barocke Inszenierung der „Tempel"-Front des Schlössls, wobei auch die vom Garten zugängliche Grotte des Schlössl-Gebäudes Erwähnung finden muss.

Meister Lehár wohnte würdig. Geradezu kultische Verehrung wurde ihm zum 60. Geburtstag im Jahr 1930 zuteil, zwei Jahre vor dem Kauf des Schlössls. Er hatte sich mit Frau Sophie im Hotel Stephanie in Baden Baden „verkrochen", wo er natürlich aufgespürt worden war. In der Schreibtischlade des Museums, die Erinnerungsschätze beherbergt, liegt ein dickes Mäppchen mit Glückwunschtelegrammen. Die Absender derselben haben klingende Namen; in ungeordneter Reihung werden sie aufgezählt: Max Taussig / Emmerich Kálmán und Ehefrau / Hubert Marischka / Friedl Tauber-Müller / Personal des Karczag-Verlags / ungarische, französische, italienische, niederländische und viele englische und amerikanische Absender / Schauspielhaus Dresden / Deutscher Bühnenverein / Hermann Dostal / Radio Wien / Staatsoper München / Fritzi Massary / Max Pallenberg / Hans-Heinz Bollmann / Hella Kürty / Karl Farkas / Anna Lydia und Béla Jenbach an Frau Sophie / Generalintendant Richard Anton Tauber und Frau / Erich Kleiber und Frau / Julia und Willy Ginzkey / Bruno Walter / Leo und Klara Beer / Otto Hasé-Tauber / Fam. Bittner / die Librettisten Viktor Léon und Paul Knepler / Frau Präsident Regina Schlesinger, „Prinzessin Luisenheim".

Glückwunschdokumente zu Lehárs 70. Geburtstag befinden sich nicht in der besagten Schreibtischlade. Zu Lehárs 150. Geburtstag ist das Buch, das Sie, geschätzte Leserinnen und Leser, in der Hand haben, „Ein Franz-Lehár-Lesebuch" erschienen …

Das muss ich noch erzählen! Im Jahr '14, 2014, ist ein Packerl gekommen, genau an die Adresse Hackhofergasse 18, 1190 Wien. Aber der Absender hat gefehlt. Mein Mieter Thomas hat gesagt: „Mach es auf!" Kommt ein Bild heraus, der Franz Lehár, und ein Brief. Die Dame schreibt: „Ich bin 95 Jahre alt. Ich habe das Bild so behütet und ich möchte nicht, dass es in schlechte Hände kommt." Übers Konsulat hat sie erfahren, dass es in Wien ein Lehár-Haus gibt. Deswegen hat sie das Bild hierher geschickt, weil, wie sie 20 Jahre alt war, hat sie beim Schulabschluss in der Schweiz den „Gold und Silber"-Walzer getanzt und hat erfahren, dass Franz Lehár schwer krank im Krankenhaus liegt [in der Schweiz]. Da hat sie sich gedacht, sie schreibt ihm das, vielleicht hat er eine Freude. Das war auch so, als Antwort auf den Brief hat er das Bild geschickt und darunter Noten vom „Gold und Silber"-Walzer [komponiert 1902 für eine Faschingsredoute in Wien]. Ich bin noch in Kontakt mit ihr. Wir schreiben uns. Sie ist jetzt 100 Jahre alt und sitzt im Lehnstuhl und freut sich über Briefe von mir und schreibt auch zurück.

Hermine Kreuzer

Ausbegleitung

Im Laufe der Jahrzehnte besuchten Gäste aus nah und fern das Lehár-Schlössl. Die Gästebücher geben darüber Auskunft. Franz Lehár kehrte schwerkrank im Juli 1948 (ohne Sophie, die 1947 in Zürich gestorben war) nach Bad Ischl zurück, um hier sein Leben zu beenden. Dasjenige Gästebuch mit den letzten Schlössl-Eintragungen von nationalsozialistischen Verehrern enthält auch auf einem Blatt vom 3. August 1948 eine dicht mit Namen gefüllte Liste von ihn willkommen heißenden

Ischler Bürgern: „Zur Begrüßung Meister Lehárs nach seiner Rückkehr in sein Heim in Bad Ischl." – Nur ein berührendes Beispiel aus einem der neueren Gästebücher von einer für Lehár nicht unwichtigen Sängerinnenpersönlichkeit vom Juli 1960: „Lust. Witwe II hat II Finale / Verlieb Dich oft / verlob Dich selten / heirat nie! / Ich hab es umgekehrt gemacht / und war sehr glücklich! Mitzi [sic!] Günther / (erste lust. Witwe) / heute alte Dame von 81 Jahren." – Die Gästebuchseite, die Mizzi Günther mit ihrem Eintrag eröffnet, ist bis zum unteren Rand dicht angefüllt mit den Namen von Besuchern aus den USA, vorwiegend aus California, aber auch aus Ohio, Tennessee, Ottawa und Maryland.

Die Konzerttätigkeit im Lehár-Schlössl ist wohl im Sinne des verstorbenen Musikschöpfers, dessen musikalische Hinterlassenschaft auch von sogenannten E-Musikern heute noch als herausragend eingestuft wird. Dass das Schlössl „tönt", ist wiederum ein Verdienst der opern- und operettenkundigen Hermine Kreuzer, die seit Jahrzehnten als treue Abonnentin die Volksoper besucht.

Alles mit dem eigenen Geld finanziert, durch die Einkünfte aus Mieten. Bei den Veranstaltungen nehmen wir keine Eintrittsgelder. Freiwillige Spenden! Bei Eintrittsgeldern müssten wir ja Steuern bezahlen! – Vierzig Personen haben im Museum, das auch als Konzertsaal dient, Platz. – Vor den Konzerten räume ich die Vitrinen weg [die Vitrinen laufen auf Rollen, montiert von Ehemann Erich], verrücke das Klavier [auch Klavierbeine „rollen"] und stelle die Sessel auf. Fünf bis sechs Konzerte sind es im Jahr. Ich mache alles selber, das Wegräumen, Aufstellen der Sessel und nachher wieder Herräumen der Vitrinen. Viele Konzerte gab es bisher von der Franz Lehár-Gesellschaft! Wann die Lehár-Gesellschaft „eingestiegen" ist? Wann ist das gewesen? Ich glaube, schon in den 70ern … Zur kalten Jahreszeit haben wir keine Konzerte. Man kann das Museum schon beheizen, mit Holz. Warum wir dann im Winter keine Konzerte machen? Weil die Gehsteige mit Split bestreut sind; im Profil der Sohlen der Schuhe bleibt der Split und macht Löcher in den Sternparkett des Museums.
Hermine Kreuzer

Im Jahr 2019 begann die Konzertsaison mit einem Konzert der Wiener Volksopernfreunde am 2. Juni. „Frühlingszauber bei Franz Lehár" stellte sich ein durch musikalische Perlen aus Operette und Chanson. Besonders schätzt Hermine Kreuzer die jährlich wiederkehrenden Gäste aus Malibu in Kalifornien. Unter dem Titel „Wir feiern" wurde am 3. Juni Opern- und Kammermusik präsentiert, durch Prof. Dr. Henry Price, Operntenor und Schikaneder-Forscher, und seine jungen Musiker der Pepperdine University. Veranstalter war die Johann-Strauss-Gesellschaft Wien. Am 23. Mai trat Prof. Wolfgang Dosch von der MUK Wien und Leiter der Wiener Lehár-Gesellschaft mit seinen Schülern des Faches „Operette" im Lehár-Schlössl auf. Am 31. August war die Johann-Strauss-Gesellschaft Wien mit „Wiener Jubiläen" zu Gast im Schlössl. Die Penzinger Konzertschrammeln spielten auf, begleitet von Gesang und Moderation durch Peter Widholz.

Hermine Kreuzer besitzt eine dicke Mappe mit Dankesschreiben an sie, die sie selten aus einer versteckten Lade hervorholt. Stolz ist sie darauf, dass der Präsident des Obersten Gerichtshofes von 2003 bis 2006 Dr. Johann Rzeszut, Jurist und Autor, zu ihren Bewunderern zählt und sie immer wieder besuchen kommt. Sie korrespondiert auch mit Nachfahren von Schikaneder in England und den USA, die mit ihr in regem Kontakt sind. Und in einer Gästebucheintragung vom 27. Mai verleihen zwei Personen, die nicht vorrangig des Meisters Lehár wegen gekommen sind, ihrer Bewunderung für Frau Kreuzer Ausdruck. Just an diesem 27. Mai ist auch die Verfasserin des Aufsatzes Das Wiener Lehár-Schlössl rechts der Pforte des Schlössls aus dem kleinen Nebengebäude, in dem Hermine Kreuzer immer noch wohnt, hinaus auf den kleinen Schlosshof getreten. Eine Schwalbe sauste über ihren Kopf hinweg zu einem Wirtschaftsraum links der Pforte. Da haben die Schwalben, die gerade erst zurückgekommen sind vom südlichen Winterquartier, schon eifrig Nester gebaut, das sagt Kreuzer, als sie nachgekommen ist. Sie verweist auf den Gästebucheintrag und schickt die Verfasserin zurück ins Museum. Da liest sie: „Liebe Frau Kreuzer! / Unsere gemeinsame Liebe zu den Schwalben hat / uns hierher gebracht und uns nun diese wunderbaren / historischen Einblicke gebracht, vielen Dank! / Wir freuen uns auf den nächsten Besuch, hoffentlich / schon mit Schwal-

Das Wiener Lehár-Schlössl 201

Sophie und Franz Lehár im Salon des Lehár-Schlössls, um 1935.

bennachwuchs [Zeichnung von zwei fliegenden Schwalben] Yoko Krenn / & Nachwuchs Leano (15 Wochen) / & Alfred Stranzl."

Der Schwalbennachwuchs hat sich eingestellt. Die umsichtige Schlossherrin Hermine Kreuzer fixiert die halb offen stehende Tür zum Wirtschaftsraum. Sie schiebt einen Holzkeil unter die Tür. Konzertbesucher könnten ja versuchen, die Tür zu schließen. Aber oben im Eck zwischen Türstock und vorspringender Mauer hat ja die Schwalbenmutter ihre Jungen im Nest hocken ...

Anmerkung: Das Gespräch mit Hermine Kreuzer führte Dr. Michael Lakner. Mit Frau Hermine Kreuzers Einverständnis konnte ein Audio-Mitschnitt des Gesprächs in den Aufsatz aufgenommen werden. Die Verfasserin des Aufsatzes sowie Mitherausgeber Kai-Uwe Garrels bedanken sich dafür bei Hermine Kreuzer, der Hüterin und Bewahrerin des Schlössls, sehr herzlich!

Die Filmbiografie BIST DU'S, LACHENDES GLÜCK?, 1918 in Wien gedreht, hieß in Ungarn FRANZ LEHÁR: TRIUMPH DER KUNST – „eine Biografie in fünf Akten unter persönlicher Mitwirkung des weltberühmten Komponisten". Grafik: Imre Földes und Lipót Sátori.

Biografische Übersicht zu Franz Lehár

von Kai-Uwe Garrels

30. April 1870	Geboren als Franz Christian Lehár im damals ungarischen Komárom, erster Sohn des k.u.k. Militärkapellmeisters Franz Lehár (senior; 1838–1898) und seiner Frau Christine, geborene Neubrandt (1849–1906). Geschwister: Anton (später Freiherr von; 1876–1962), Eduard (1872–1873), Maria Anna (1875–1894), Emilie Christine (1890–1976).
1878	Begegnung mit Franz Liszt im ungarischen Klausenburg (heute rumänisch).
1880	Piaristengymnasium Budapest.
1881	Grundschulen in Komárom und Sternberg/Mähren. Erste Liedkomposition.
1882	Grundschule und Konservatorium Prag.
1885	Vorspiel bei Antonin Dvořák in Prag.
1886	Bekanntschaft mit Johannes Brahms in Wien.
15. Juli 1888	Diplomabschluss Geige am Prager Konservatorium.
September 1888	Violinist bei den Vereinigten Bühnen Elberfeld/Barmen.
1889	Militärdienst in Mährisch-Schönberg (Šumperk/Tschechien).
1889	Primgeiger der Militärkapelle des Infanterieregiments Nr. 50 unter Leitung seines Vaters in Wien.
August 1890	Mit 20 Jahren jüngster k.u.k. Militärkapellmeister beim Infanterieregiment Nr. 25 in Losoncz/Ungarn (heute Lučenec/Slowakei).
1893	Vollendung der ersten Oper RODRIGO in Losoncz.

Die Familie um 1892: Sitzend die Eltern Christine (mit Emilie Christine auf dem Schoß) und Franz senior, stehend die Geschwister Franz junior, Maria Anna und Anton (von links).

März 1894	Marine-Kapellmeister in Pola (heute Pula/Kroatien).
Oktober 1894	Lehár erhält die Medaille des königlich-preußischen Roten Adlerordens.
Sommer 1895	Gemeinsam mit 30 Musikern zweimonatige Reise nach Kiel (via Spanien und Großbritannien, zurück via Frankreich und Gibraltar) zur Eröffnung des Nord-Ostsee-Kanals am 18. Juni 1895.
Ende Juli 1896	Aufgabe der Stellung als Marine-Kapellmeister in Hoffnung auf Erfolg als Opernkomponist.
27. November 1896	Uraufführung der Oper KUKUŠKA in Leipzig (Umarbeitung als TATJANA 1905).
Februar 1897	Kapellmeister beim Infanterieregiment Nr. 87 in Triest.
4. April 1897	KUKUŠKA-Aufführung in Königsberg/Preußen.
7. Februar 1898	Lehárs Vater Franz (sen.) stirbt in Budapest mit 60 Jahren. Franz Lehár übernimmt dessen Kapelle des Infanterieregiments Nr. 50.
2. Mai 1899	Ungarische Erstaufführung von KUKUŠKA im Budapester königlichen Opernhaus.
August 1899	Kapellmeister beim Infanterieregiment Nr. 26 in Wien.
Sommer 1901	Erste Sommerfrische in Bad Ischl.
27. Januar 1902	Uraufführung des GOLD UND SILBER-Walzers bei der gleichnamigen Redoute der Fürstin Pauline von Metternich-Winneburg.
26. März 1902	Lehár leitet zum „großen Elite-Abschiedskonzert" nochmals seine Kapelle des Infanterieregiments Nr. 26 im Gasthaus „Zum Wilden Mann" in Wien-Währing, das Anfang April nach Raab (heute Györ/Ungarn) verlegt wird. Sein eigenes Abschiedskonzert hatte er bereits am 18. März im St.-Anna-Hof gegeben.
Ende März 1902	Das Theater an der Wien engagiert Lehár als ersten Kapellmeister für die kommende Saison.
Mitte Juni 1902	Lehár kündigt als designierter Kapellmeister des Theaters an der Wien, um ausschließlich als Komponist tätig sein zu können. Statt seiner wechselt Alexander von Zemlinsky vom Carl-Theater dorthin.
21. November 1902	Uraufführung der Operette WIENER FRAUEN im Theater an der Wien (Umarbeitung als DER SCHLÜSSEL ZUM PARADIES 1906).

Um 1901: Die k.u.k. Militärkapellmeister in Wien, Franz Lehár als Zweiter von rechts.

20. Dezember 1902	Uraufführung von DER RASTELBINDER am Wiener Carl-Theater.
Sommer 1903	Wahrscheinlich in diesem Jahr, spätestens 1904 Bekanntschaft mit Sophie Meth, geb. Paschkis (1878–1947) in der Sommerfrische in Bad Ischl.
20. Januar 1904	Uraufführung von DER GÖTTERGATTE am Carl-Theater (Umarbeitung des in die Gegenwart verlegten AMPHITRYON-Stoffes als DIE IDEALE GATTIN 1913 sowie als DIE TANGOKÖNIGIN 1921).
5. September 1904	Vor der Strafkammer des Landgerichts Landstraße in Wien beginnt ein Ehebruchsprozess, den Heinrich Meth trotz einer offenbar gütlich erfolgten Trennung von seiner Frau Sophie gegen Lehár anstrengt. Anlass ist ein angebliches Stelldichein am 18. Juni 1904 in einem Hotel am Wiener Rennweg. Anfang November 1904 zieht Meth die Klage nach einer außergerichtlichen Einigung zurück.
22. Dezember 1904	Uraufführung der JUXHEIRAT im Theater an der Wien.

10. Februar 1905	Erstaufführung von TATJANA (ehemals KUKUŠKA) im Stadttheater Brünn (heute Brno/Tschechien).
30. Dezember 1905	Uraufführung der LUSTIGEN WITWE im Theater an der Wien.
6. August 1906	Lehárs Mutter Christine stirbt mit 57 Jahren in Ischl.
20. Oktober 1906	Erstaufführung von DER SCHLÜSSEL ZUM PARADIES (ehemals WIENER FRAUEN) in Leipzig.
1. Dezember 1906	Uraufführung von PETER UND PAUL REISEN INS SCHLARAFFENLAND im Theater an der Wien.
7. Januar 1907	Uraufführung von MITISLAW DER MODERNE an der Kabarettbühne „Hölle" im Theater an der Wien.
21. Januar 1908	Uraufführung von DER MANN MIT DEN DREI FRAUEN im Theater an der Wien.
Sommer 1908	Erwerb des Hauses Theobaldgasse 16 im 6. Wiener Gemeindebezirk.
7. Oktober 1909	Uraufführung von DAS FÜRSTENKIND am Wiener Johann-Strauß-Theater (Umarbeitung als DER FÜRST DER BERGE 1932).
12. November 1909	Uraufführung von DER GRAF VON LUXEMBURG im Theater an der Wien.
8. Januar 1910	Uraufführung von ZIGEUNERLIEBE im Carl-Theater.
7. Januar 1911	Uraufführung des Schattenspiels DIE SPIELUHR mit Lehárs Musik in der „Hölle".
24. November 1911	Uraufführung von EVA (DAS FABRIKMÄDEL) im Theater an der Wien.
Mitte Mai 1912	Der französische Präsident Armand Fallières ernennt Lehár zum Offizier der Ehrenlegion.
4. Juni 1912	Erwerb der Villa in Bad Ischl.
1. Dezember 1912	Uraufführung von ROSENSTOCK UND EDELWEISS in der „Hölle". (Bis 27. November wurde in mehreren Zeitungen als Komponist „Franz *Pfandl*" genannt.)
11. Oktober 1913	Erstaufführung von DIE IDEALE GATTIN (ehemals DER GÖTTERGATTE) im Theater an der Wien. Giacomo Puccini (1858–1924) besucht die Vorstellung am folgenden Tag, aus dem engeren Kontakt wird nach und nach eine Freundschaft.
10. Februar 1914	Uraufführung von ENDLICH ALLEIN im Theater an der Wien (Umarbeitung als SCHÖN IST DIE WELT 1930).

4. Oktober 1914	Uraufführung des „Zeitbildes mit Musik in vier Akten" KOMM', DEUTSCHER BRUDER von August Neidhart und Karl Lindau mit Franz Lehárs Einlage „Kriegslied" im Raimund-Theater.
Ende April 1915	Veröffentlichung des Liederzyklus' AUS EISERNER ZEIT, „gewidmet seiner Majestät dem deutschen Kaiser Wilhelm II.".
29. Dezember 1915	Uraufführung des Films MIT HERZ UND HAND FÜRS VATERLAND mit Lehárs Kinomusik im Wiener Mittleren Konzerthaussaal.
14. Januar 1916	Uraufführung von DER STERNGUCKER im Theater in der Josefstadt, Wien (Umarbeitungen unter gleichem Namen am 27. September 1916 im Theater an der Wien, als LA DANZA DELLE LIBELLULE 1922 in Mailand, als LIBELLENTANZ 1923 in Wien und als GIGOLETTE 1927 wiederum in Mailand).
Mitte Februar 1916	Lehár erhält vom türkischen Sultan Mehmed V. Reşad (Mohammed V.) den Osmanje-Orden vierter Klasse.
Mitte Januar 1918	Lehár erhält von König Ludwig III. von Bayern das König-Ludwig-Kreuz.
1. Februar 1918	Uraufführung von A PACSIRTA am Königlichen Theater in Budapest, als WO DIE LERCHE SINGT am 27. März 1918 im Theater an der Wien. Die Wiener Produktion wird mit der Originalbesetzung auch verfilmt, Uraufführung am 1. November 1918 im Wiener Imperial-Kino.
1. Oktober 1918	Uraufführung des Films BIST DU'S, LACHENDES GLÜCK?, in dem Lehár sich selbst spielt, im Mittleren Konzerthaussaal, Wien.
28. Mai 1920	Uraufführung von DIE BLAUE MAZUR im Theater an der Wien.
26. März 1921	Uraufführung des Films DORELA, zu dem Lehár eine gleichnamige Walzerromanze beisteuert, im Wiener Gartenbau-Kino.
Juli 1921	Bekanntschaft und Beginn der Freundschaft mit Richard Tauber.
9. September 1921	Erstaufführung der TANGOKÖNIGIN (ehemals DER GÖTTERGATTE) im Wiener Apollo-Theater.
22. Januar 1922	Uraufführung von FRÜHLING in der „Hölle" (Umarbeitung als FRÜHLINGSMÄDEL 1928).
12. Mai 1922	Uraufführung von FRASQUITA im Theater an der Wien.

3. Mai 1922	Erstaufführung von La danza delle libellule (ehemals Der Sterngucker) in Mailand, als Libellentanz am 23. März 1923 im Wiener Stadttheater.
9. Februar 1923	Uraufführung von Die gelbe Jacke im Theater an der Wien (Umarbeitung als Das Land des Lächelns 1929).
11. Oktober 1923	Tod von Wilhelm Karczag, in der Folge Lösung vom Theater an der Wien.
20. Februar 1924	Heirat mit Sophie in Wien.
8. März 1924	Uraufführung von Clo-Clo im Wiener Bürgertheater.
29. November 1924	Giacomo Puccini stirbt mit 65 Jahren in Brüssel.
Anfang Oktober 1925	Der kürzlich gegründete österreichische „See- und Binnenschiffahrtsverband" ernennt Lehár zu seinem Ehrenmitglied.
30. Oktober 1925	Uraufführung von Paganini im Johann-Strauß-Theater, erfolgreicher wird die deutsche Erstaufführung im Deutschen Künstlertheater, Berlin, am 30. Januar 1926.
2. Januar 1927	Erstaufführung von Gigolette (ehemals Der Sterngucker) in Mailand.
16. Februar 1927	Uraufführung des Zarewitsch am Deutschen Künstlertheater.
August 1927	Uraufführung der (stummen) Verfilmung von Das Fürstenkind im Alhambra-Kino, Berlin.
29. Mai 1928	Erstaufführung von Frühlingsmädel (ehemals Frühling) im Neuen Theater am Zoo, Berlin.
Mitte Juni 1928	Der Verein der ungarischen Bühnenautoren wählt Lehár zum Ehrenmitglied.
16. Juni 1928	Der österreichische Bundespräsident Michael Hainisch verleiht Lehár das große silberne Ehrenzeichen für Verdienste um die Republik.
4. Oktober 1928	Uraufführung von Friederike im Berliner Metropol-Theater.
26. April 1929	Uraufführung des „Bühnenfilmspiels" Meister Lehár im Busch- und Haydn-Kino, Wien.

10. Oktober 1929	Erstaufführung von DAS LAND DES LÄCHELNS (ehemals DIE GELBE JACKE) im Berliner Metropol-Theater. Die Verfilmung mit Richard Tauber wird am 9. November 1930 im Wiener Apollo-Kino uraufgeführt; die deutsche Erstaufführung findet am 17. November 1930 im Berliner Capitol-Kino statt.
26. Juli 1930	Anlässlich des 60. Geburtstages Lehárs wird der Straßenzug, an dem seine Villa liegt, von Franz-Stelzhamer-Kai (zuvor Rudolfs-Kai) in Franz-Lehár-Kai umbenannt.
30. April 1930	Die Kapellmeister-Union Österreichs ersucht ihre Mitglieder, an seinem 60. Geburtstag von 21 bis 22 Uhr ausschließlich Lehár-Kompositionen zu spielen.
24. September 1930	Der österreichische Unterrichtsminister Heinrich Srbik überreicht Lehár das große Ehrenzeichen für Verdienste um die Republik.
Anfang Oktober 1930	Der Männerchor Wiener Schubertbund ernennt Lehár zum Ehrenmitglied.
30. Oktober 1930	Der ungarische Reichsverweser Nikolaus Horthy von Nagybánya überreicht Lehár in Budapest das ungarische Verdienstkreuz zweiter Klasse, außerdem soll in der Hauptstadt eine Straße in „Lehár Ferenc utca" umbenannt werden.
3. Dezember 1930	Erstaufführung von SCHÖN IST DIE WELT (ehemals ENDLICH ALLEIN) im Berliner Metropol-Theater.
23. Juni 1931	Anlässlich der Festaufführung zum (leicht verspäteten) 25-jährigen Jubiläum der LUSTIGEN WITWE wird im Theater an der Wien eine überlebensgroße Bronzebüste Lehárs von Mario Petrucci enthüllt.
7. August 1931	Uraufführung des Richard-Tauber-Tonfilmes DIE GROSSE ATTRAKTION mit Lehárs Tango „Was wär' ich ohne euch, ihr schönen Frau'n?" in Köln.
7. November 1931	Das von Lehár dirigierte Konzert eigener Werke mit den Wiener Philharmonikern wird von 206 europäischen und nordamerikanischen Radiosendern übertragen. (Die Berichterstatter weisen darauf hin, dass Lehár hiermit den Rekord der Salzburger und Bayreuther Festspiele mit jeweils 167 Sendern gebrochen habe. Die GIUDITTA-Premiere in der Wiener Staatsoper zweieinhalb Jahre später wird „nur" von 120 Sendern ausgestrahlt werden.)

Biografische Übersicht zu Franz Lehár 211

Bildhauer Mario Petrucci mit seinem Modell Franz Lehár, 1931.

Anfang März 1932	Das Deutsche Sängermuseum in Nürnberg verleiht Lehár seine große Ehrenmedaille.
15. April 1932	Uraufführung des Tonfilms Es war einmal ein Walzer mit Lehárs Musik im Primus-Palast, Berlin.
23. September 1932	Erstaufführung von Der Fürst der Berge (ehemals Das Fürstenkind) im Theater am Nollendorfplatz, Berlin.
Oktober 1932	Erwerb des Schikaneder-Schlössls in Wien-Nussdorf.
1. November 1932	Uraufführung des Tonfilms Friederike nach Lehárs gleichnamiger Operette im Schumann-Theater in Frankfurt am Main.
Mitte April 1933	Der französische Präsident Albert Lebrun ernennt Lehár in Paris zum Kommandeur der Ehrenlegion.
6. Oktober 1933	Uraufführung des Tonfilms Der Zarewitsch nach Lehárs gleichnamiger Operette im Berliner Gloria-Palast.
12. Oktober 1933	Uraufführung des Tonfilms Grossfürstin Alexandra mit Lehárs Musik im Sascha-Palast, Wien.
20. Januar 1934	Uraufführung von Giuditta an der Wiener Staatsoper, die erste Lehár-Operette und sein erstes Dirigat an diesem Haus.
7. April 1934	Vor der Generalprobe zur ungarischen Erstaufführung von Giuditta im Königlichen Opernhaus Budapest wählt die Philharmonische Gesellschaft Lehár zu ihrem Ehrenmitglied.
3. Juli 1934	Uraufführung des Tonfilms Gern hab' ich die Frau'n geküsst nach Lehárs Operette Paganini im Berliner Ufa-Palast am Zoo.
18. September 1934	Uraufführung des Tonfilms Frasquita nach Lehárs gleichnamiger Operette im Atrium-Kino, Berlin.
21. Februar 1935	Lehár erhält die Konzession zur Gründung eines Verlages und baut mit seinem Material aus dem insolventen Karczag-Verlag (und den Resten des Chodel-Verlages seines Bruders Anton) den Glockenverlag zum Vertrieb seiner Musikwerke auf.
Ende Februar 1935	Der belgische König Leopold III. ernennt Lehár zum Kommandeur des belgischen Kronenordens.
25. Juli 1935	Uraufführung des Tonfilms Eva nach Lehárs gleichnamiger Operette im Berliner Ufa-Palast am Zoo; österreichische Erstaufführung am 20. August 1935 gleichzeitig in fünf Wiener Kinos.

Andrée Spinelly, Franz Lehár, Pierre Benoit und Sophie Lehár (von links) 1937 in Paris.

4. Oktober 1935	Uraufführung des Tonfilms DIE GANZE WELT DREHT SICH UM LIEBE nach Lehárs Operette CLO-CLO mit teilweise neu komponierten Titeln, in den U.T. Lichtspielen, Dresden; Wiener Erstaufführung am 10. Oktober 1935.
Mitte Dezember 1935	Lehár wird zum Komtur des Ordens der Krone von Italien ernannt.
14. Oktober 1936	Uraufführung des Tonfilms WO DIE LERCHE SINGT nach Lehárs gleichnamiger Operette (mit zusätzlicher Musik von Johann Strauss) im Scala-Kino in Zürich; deutsche Erstaufführung am 30. Oktober 1936 zeitgleich in drei Berliner Kinos.
18. März 1937	In der französischen Tageszeitung „L'Intransigeant" beginnt der Abdruck des täglichen Fortsetzungsromans LES COMPAGNONS D'ULYSSES von Pierre Benoit. Jeden Sonntag wird die aktuelle Folge mit dem Notendruck eines neuen Liedes von Franz Lehár begleitet, das dieser auf Texte von André Mauprey speziell zu diesem Zweck komponiert.
12. September 1937	Der schwedische König Gustav V. ernennt Lehár in der Stockholmer Königlichen Oper zum Kommandeur des Wasa-Ordens.

14. Dezember 1937	Lehár dirigiert die Rundfunksendung seiner TATJANA für Radio Wien. Die Aufführung ist Teil des Zyklus' „Die Bühnenwerke von Franz Lehár". Unter diesem Titel werden seit dem 4. April 1936, beginnend mit den WIENER FRAUEN, alle anderthalb bis zwei Monate die Operetten des Komponisten in chronologischer Reihenfolge, üblicherweise samstags und unter der musikalischen Leitung von Josef Holzer oder Max Schönherr, übertragen. Als letztes Werk wird am Neujahrstag 1938 DER STERNGUCKER gesendet, die für den 26. März geplante Übertragung von WO DIE LERCHE SINGT findet – im bereits „Deutschösterreichischen Rundfunk" – nicht mehr statt.
30. April 1940	Der deutsche Gesandte in Budapest, Otto von Erdmannsdorff, überreicht Lehár die von Adolf Hitler verliehene Goethe-Medaille für Kunst und Wissenschaft.
3. Mai 1940	Der Wiener Bürgermeister Philipp Wilhelm Jung überreicht Lehár den von Gauleiter Josef Bürckel verliehenen Ehrenring der Stadt Wien. Das Kulturamt der Stadt Wien erteilt den Auftrag für ein Portraitbild Lehárs, das in die Ehrengalerie der Städtischen Sammlungen aufgenommen werden soll.
30. Mai 1940	Im Rahmen zweitägiger Lehár-Feiern anlässlich seines 70. Geburtstages wird das Ischler Kurtheater in Franz-Lehár-Theater umbenannt. (Gleichzeitig wird Bad Ischl „als viertgrößter Ort Oberdonaus" zur Stadt erhoben.)
20. Juli 1940	Bei den Salzburger Festspielen dirigiert Lehár die Wiener Philharmoniker in einem Konzert eigener Werke, es singen Esther Réthy und Marcel Wittrisch.
29. April 1942	Mit der Erstsendung der FRIEDERIKE beginnt im Deutschlandsender, später im Reichsprogramm des „Großdeutschen Rundfunks", unter Lehárs musikalischer Leitung ein Zyklus von Operettengesamtaufnahmen, die auf Tonband vorproduziert und gelegentlich wiederholt werden (so FRIEDERIKE am 9. Oktober 1942). Es folgen PAGANINI (Erstsendung 4. Juli, Wiederholung 13. August 1942), GIUDITTA (Erstsendung 4. August 1942, Wiederholung evtl. 13. August 1943), WO DIE LERCHE SINGT (Erstsendung 12. Februar 1943, Wiederholungen (?) 10. und 24. September 1943) und DAS LAND DES LÄCHELNS (Erstsendung 9. April 1943).

Anfang August 1942	Die ungarische Stadt Ödenburg (ungar. Sopron) ernennt Lehár zum Ehrenbürger. Kurioserweise hatte – ausschließlich – die „Ödenburger Zeitung" Lehár bereits ab 1932 regelmäßig als „bekanntlichen Ehrenbürger" bezeichnet, wohl weil Lehár 1925 erfolgreich um die „Aufnahme in den Gemeindeverbund" angesucht hatte. Im August 1944 erscheint, offenbar aufgrund eines Druckfehlers, gelegentlich die Kurznachricht, die „Stadt Oldenburg" (in Niedersachsen) hätte Lehár die Ehrenbürgerwürde verliehen.
20. Februar 1943	Erstaufführung von GARABONCIÁS DIÁK (nach ZIGEUNERLIEBE) im Königlichen Opernhaus Budapest, direkt danach Zusammenbruch und schwere Erkrankung, Sophie pflegt Franz Lehár in Bad Ischl.
Juni 1943	Die „Opernwochen Zürich" werben mit dem persönlichen Dirigat Lehárs seiner Operetten DAS LAND DES LÄCHELNS und PAGANINI am 12. bzw. 17. Juni. Zwar ergeht auf sein Vorsprechen beim Reichspropagandaamt Wien am 28. Mai von Hitler ein „Führerentscheid über Ausreise ins Ausland der jüdischen Ehefrauen deutscher Künstler", der Lehár (im Gegensatz zu Eduard Künneke und Max Lorenz) wegen seiner ungarischen Staatsangehörigkeit eine entsprechende Ausnahme erteilt – dieser Bescheid datiert jedoch vom 17. Juni, sodass die (rechtzeitige) Reise nach Zürich zumindest fraglich scheint. Ein gelegentliches Pendeln in die Schweiz (wegen der besseren medizinischen Versorgung) ist möglich, jedoch auch in der Schweizer Presse nicht nachgewiesen.
30. April 1945	Lehár erlebt seinen 75. Geburtstag, das Kriegsende und den Einmarsch amerikanischer Truppen am 6. Mai in Bad Ischl.
26. Januar 1946	Abreise nach Zürich.
5. Juni 1946	Aufnahme des „Abschiedskonzerts" mit Richard Tauber für Radio Beromünster, europaweite Ausstrahlung zwei Tage später.
1. September 1947	Lehárs Frau Sophie stirbt in Zürich mit 68 Jahren.
8. Januar 1948	Richard Tauber stirbt in London mit 56 Jahren.
31. Juli 1948	Rückkehr aus Zürich nach Bad Ischl.

14. Oktober 1948	Der Gemeinderat von Bad Ischl beschließt einstimmig, Lehár zum Ehrenbürger zu ernennen.
20. Oktober 1948	Franz Lehár stirbt mit 78 Jahren in seiner Ischler Villa.

Personenregister

Alpár, Gitta 76, 143
Alwin, Carl 186 f., 192
Arnbom, Marie-Theres 158, 162
Ascher, Leo 118
Askin, Leon (eigtl. Leo Aschkenasy) 120 f.

Bantle, Annie 158
Bauer, Julius 24, 26
Beer, Klara 197
Beer, Leo 197
Beermann, Frank 38
Beethoven, Ludwig van 57
Belakowitsch, Erwin 10
Bellak, Paul 148
Benatzky, Ralph 91
Benoit, Pierre *213*
Bergler, Hans 24
Bittner, Emilie 197
Bittner, Julius 197
Björling, Jussi 76
Blau, Otto 122, 158
Blitt, Christoph 85
Bloch, Ernst 64
Böhm, Carlo 27
Bokor, Margit *189*
Bollmann, Hans-Heinz *54*, 64, 76, 79, 173, 197
Boog, Maya *28*
Brahms, Johannes 203
Brantner, Ignaz 83
Brink, Elga 80

Brion, Friederike 57 ff., 65 ff., 73 f., 76
Brion, Salomea 68 f., 73, 79
Britten, Benjamin 61
Bronner, Gerhard 120
Bruck, Reinhard *136*
Buff, Charlotte 67
Bürckel, Josef 117, 162, 214
Burger, Wilhelm 164
Burghauser, Hugo 186
Burkert, Marius 33

Chevalier, Maurice 146
Chopin, Frédéric 39
Christians, Mady 76, 77
Clewing, Carl 136
Czech, Stan 151

Debussy, Claude 7
Décsey, Ernst 190
Denscher, Barbara 117
Dietz, Emil 187
Dietz, Hilde 187
Diller Heß, Freiherr Friedrich von 164
Diller Heß, Josefine von 164
Dollfuß, Engelbert 191
Dorsch, Käthe 61 ff., *63*, 70, 139
Dostal, Hermann 197
Dostal, Nico 91
Drewes, Heinz 111
Dvořák, Antonín 20, 34, 203

Ebert, Hans 115
Eckel, Kurt 164
Eckhardt, Fritz 104
Einstein, Albert 64
Erdmannsdorff, Otto von 81, 214
Eysler, Edmund 24, 56, 118

Fall, Leo 20, 35, 47, 91, 118
Fallières, Armand 207
Farkas, Karl 197
Federspiel, Franz 164
Fejos, Paul 146
Fibich, Zdeněk 20
Fischer, Betty *37*
Fleischer, Friedrich 92 f.
Föry, Elsa 26
Franz Joseph I., Kaiser von Österreich 14, 175
Frey, Stefan 81, 83
Friedell, Egon 15
Friedrich, Karl 84
Funke, Staatssekretär 122

Georg, Rita 138
Gherbitz, Claudio 51, 53
Ginzkey, Julia 197
Ginzkey, Willy 197
Girardi, Alexander 24 ff., *26*, 153
Goebbels, Joseph 14, 83, 91, 95, 109, 113
Goethe, Johann Wolfgang von 16, 57 ff., 64 ff., 73 ff., 78 ff., 123, 140, 172 f., 178, 214
Goldarbeiter, Lisl *116*
Göring, Albert 17, 187
Göring, Hermann 17
Gottschlich, Hugo 112
Gounod, Charles 140
Granichstaedten, Bruno 91, 118
Gropius, Walter 121
Gruber, Guerrino 49
Grun, Bernard 14, 55, 65, 122, 150, 188

Grün, Karl 172, 182, 187 f.
Grünwald, Karl *136*
Gschwandtner (Schwandtner), Joachim (Georg) 184
Günther, Mizzi *88*, 122, 199
Gustav V., König von Schweden 213

Habsburg, Karl 181
Hainisch, Michael 209
Hardt-Warden, Bruno 56
Hart, Robert 190
Hasé-Tauber, Otto 128, 197
Hauke, Ernst 134, *136*
Hausmann, Mathias 10
Hecker, Gustav 107
Heesters, Johannes 9
Herder, Johann Gottfried 58
Herz, Peter 118 ff.
Herzer, Ludwig 56 f., 61, 65 f., 83, 86, 141
Hessen-Darmstadt, Prinzessin Alix von 42
Hirschfeld, Ludwig 39
Hislop, Joseph 76, *78*
Hitler, Adolf 16, 75, 80, 83, 90, 103, 113, 119 f., 122 f., 161, 214 f.
Hofbauer, Carl 21
Hofmannsthal, Hugo von 14
Höllnwerthin, Elisabeth 163
Holzer, Josef 214
Horak, Cornelia 8
Horthy von Nagybánya, Nikolaus 82, 210
Hötzendorf, Franz Conrad von 181
Howard, Tonie 190

Jenbach, Anna Lydia 197
Jenbach, Béla 36, 42, 55, 132, 134, 197
Jeritza, Maria 155
Jerusalem, Siegfried 9
Jordan, Max 187
Jung, Philipp Wilhelm 214

Kálmán, Emmerich 36, 47, 91, 197
Kálmán, Vera 197
Kálnoky de Kőröspatak, Adelheid, Gräfin siehe Sabran-Pontevès, Adelheid, Herzogin von
Kálnoky de Kőröspatak, Alexander Johann, Graf 165
Karczag, Wilhelm 24, 158, 209
Karl August, Großherzog von Sachsen-Weimar 64, 74
Karpath, Ludwig 19, 22, 106
Kartousch, Louise 37, 56
Kauer, Willy *157*
Kienzl, Wilhelm 191
Kirkland, David R. 156
Kleiber, Erich 197
Kleiber, Ruth 197
Knepler, Paul 13, 16, 119 f., 124, 130, 132, 144, 189, 197
Kokoschka, Oskar 121
Köller, Rudolf 92 ff., 99, 101, 105 f.
Komzák, Karl 20
Koppel, Melitta *31*
Korngold, Erich Wolfgang 13, 61
Kraus, Heinrich 155
Kraus, Karl 9, 64, 74, 79, 135
Krauss, Clemens 8, 145
Krenn, Yoko 201
Kretschy, Adolf 89
Kreuzer, Erich 170 f., 173, 179, 192, 194, 196, 199
Kreuzer, Hermine 16, 170 f., 173, 175 ff., 179 f., 184 f., 192 ff., 198 ff.
Kruse, Heinrich 69
Kschessinskaja, Matilda Felixowna 42
Künneke, Eduard 115, 215
Künzel, Benjamin 85
Kupfer, Marianne 79
Kürty, Hella 197
Kurz, Hr. (Reichsministerium für Volksaufklärung und Propaganda) 112

Lamberg, Karoline, Gräfin 164
Lang, Hans 95
Lanner, Josef 51
Leander, Zarah 156
Lebrun, Albert 212
Lehár, Anton Freiherr von 21, 119, 170 f., *171*, 173 ff., 179 ff., 184, 186, 192 f., 194 f., 203 f., *204*, 212
Lehár, Christine (geb. Neubrandt) 21, 156, 158, 203 f., *204*, 207
Lehár, Eduard 203
Lehár, Emilie Christine (Emmy), verh. Paphazay 158, 176 f., 186, 193, 203 f., *204*
Lehár, Franz sen. 20 ff., 180, 203 ff., 204
Lehár, Maria Anna 203 f., *204*
Lehár, Sophie, geb. Paschkis, gesch. Meth 41, 89 f., 91 f., 107, 109, 117, 121, 154, 158, 160 ff., 165, 169, 172, 175 f., 186 f., 197 f., *201*, 206, 208, *213*, 215
Lenz, Jakob Michael Reinhold 58, 60, 64, 68 f., 73, 79, 85
Léon, Felicitas (Lizzi) 24
Léon, Victor 24, 92, 96 f., 102, 106, 114, *116*, 117, 141, 197
Leopold III., König von Belgien 212
Leopoldi, Hermann 118
Lindau, Karl 208
Linke, Norbert 156, 158, 160 f.
Liszt, Franz 21, 203
Löhner-Beda, Fritz 13, 51, 56 f., 61, 65 f., 70, 76, 81, 83, 86 f., 118, 120 f., 141, 144, 155, 189
Lombardo, Carlo 17, 48, 51 ff., *52*
Lorenz, Max 215
Lubitsch, Ernst 146, 187
Ludwig III., König von Bayern 208

Ludwigg, Heinz 62
MacDonald, Jeanette 146

Magerle, Emmy 180
Mahler, Gustav 22, 121
Mahler-Werfel, Alma Maria 121, 187
Mann, Heinrich 64, 123
Mann, Thomas 61
Manuel, Brug 33
Marischka, Franz 116 f.
Marischka, Hubert *31*, *37*, 56, 129, 173, 191, 197
Massary, Fritzi 197
Massimini, Sandro 50
Mauprey, André 213
Mayr, Johann Simon 48
Mehmed V. Reşad (Mohammed V.), Sultan des Osmanischen Reiches 208
Meister, Carl 27
Meth, Heinrich 158, 162, 206
Meth, Sophie, siehe Lehár, Sophie
Metternich-Winneburg, Pauline, Fürstin von 22, 205
Meyerbeer, Giacomo 50
Michael, Nadja 9
Millöcker, Carl 22, 24
Moser, Hans 9
Moser, Hans Joachim 92 f., 95, 98 f., 101 f., 106 f., 109 ff., 114 f.
Mozart, Wolfgang Amadeus 61, 128, 130, 132
Mussbach, Peter 9

Napier-Tauber, Diana 188 ff., 192 f.
Napoleon I., Kaiser von Frankreich 57, 177
Neidhart, August 208
Nestroy, Johann Nepomuk 26, 153
Neubrandt, Christine siehe Lehár, Christine

Neubach, Ernst 56
Nick, Edmund 115
Nikolaus II., Zar von Russland 42
Nilsson, Birgit 76
Norini, Emil 24
Novotná, Jarmila 144 f., 150, *182*, 183 f., *189*

Ode, Erik 80

Pacolt, Udo 85
Pallenberg, Max 197
Pandolfi, Elio 9
Paphazay-Lehár, Emilie siehe Lehár, Emilie-Christine
Paschkis, Sophie, siehe Lehár, Sophie
Paul, Franz 104
Payer, Harry
Pepöck, August 91
Pertsch, Matteo 48
Peteani, Maria von 65, 188
Peter I. der Große, Zar von Russland 42
Petrucci, Mario 210, *211*
Piesen, Ferdinand *94*
Popper, Ottilie 117
Price, Henry 200
Prieberg, Fred K. 113
Prinsloo, Leonard 32 f.
Puccini, Giacomo 13 f., 48, 64, 134, 155, 207, 209

Qualtinger, Helmut 95

Raymond, Fred 56, 91
Reichert, Heinz 14, 42, 55
Reinhardt, Heinrich *23*, 24
Reining, Maria 84
Réthy, Esther 214
Reutter, Otto 65
Rex, Eugen 64

Richter, Henry 135
Ricordi, Tito 48
Rockefeller, John D. 25
Rosenquist, Thea *41*
Rotter, Alfred 61, 138, *139*, 141, 143
Rotter, Fritz 61, 138 f., 141, 143
Rózsa, Miklós 44
Rzeszut, Johann 200

Sabran-Pontevès, Adelheid, Herzogin von, geb. Kálnoky de Kőröspatak 164 f.
Sabran-Pontevès, Elzéar, Herzog von 164 f.
Sacchetti, Vinzenz 183
Sacher, Anna 155
Saltenburg, Heinz 136 ff.
Salzmann, Johann Daniel 67
Schalk, Franz 145
Schikaneder, Franz 16, 20, 90, 169 f., 173 f., 176, 178, 183 f., 186 ff., 194, 197, 200, 212
Schirmer, Ulf 85
Schlesinger, Regina 197
Schlösser, Rainer 91
Schmilgun, Burkhard 38
Schönherr, Max 13, 214
Schottenberg, Michael 8
Schrenk, Walter 79 f.
Schubert, Franz 72
Schuschnigg, Artur 187
Schuschnigg, Kurt 187, 191
Schwarz, Vera 76, *136*, 138, *142*
Seidel, Willy 99 f., 107
Seidl, Lea *54*, 76, 79
Selva, Gian Antonio 48
Serafin, Harald 10
Sgambaro, Samuele 85
Siegmann-Wolff, Phylla 27
Sikorski, Hans 92 ff., 96 ff., 101, 105 ff., 109 ff., 114
Sinkovicz, Wilhelm 30

Slezak, Leo 79
Slezak, Walter 79
Sonzogno, Renzo 48
Speer, Albert 110
Spinelly, Andrée *213*
Spitzer, Wolf 162
Srbik, Heinrich 210
Stefano, Giuseppe di 8
Steiger, Robert 86
Stein, Charlotte Albertine Ernestine Freifrau von 59 f., 69
Stein, Leo 24, 36
Steiner, Max 44
Stift, Anna 116 f.
Stolz, Robert 123
Stolz, Yvonne Louise (Einzi) 123
Stranzl, Alfred 201
Straus, Clara 138
Straus, Oscar 47, 121, 138, 153
Strauss , Johann, Sohn 22, 24, 64, 153, 213
Strauss, Richard 8, 14, 61
Stüwe, Hans 80
Suppé, Franz von 22

Taruntsov, Jevgenij *28*
Tauber, Elise Henrietta 197
Tauber, Mädy 128
Tauber, Max 128
Tauber, Richard 13, 20, 38, 40, 54, 56 ff., 61 ff., *63*, 70 ff., 75 f., 79, 81, 83 f., 86, *126*, 127 ff., *133*, *136*, *142*, *149*, 153, 155 f., 159, 170 ff., 179 f., 182 ff., 187 ff., *189*, 208, 210, 215
Tauber, Richard Anton 20, 197
Tauber-Müller, Friedl 197
Taussig, Max 197
Tautenhayn, Ernst *37*
Theren, Mila 27
Tholzan, Louise Delphine, Marquise von 165

Thurn und Taxis, Antonia Fürstin von 165
Todt, Fritz 110
Treumann, Louis (eigtl. Alois Pollitzer) 9, 56, *88*, 92, 115, 122, 155
Tucholsky, Kurt 64
Tucker, Richard 8

Vanconti-Tauber, Carlotta 193
Verdi, Giuseppe 47 f.
Vespermann, Curt 64
Viditz-Ward, Anton Maximilian 184
Vogt, Klaus Florian 72

Wagner, Richard 9, 22, 26, 34
Walde, Gerda *26*
Walter, Bruno 197
Waxman, Franz 44
Weigel, Hans *94*
Weigl, Anton 186
Weigl, Inge 186
Weiser, Grethe 80
Werfel, Franz 121
Weyland, Friedrich Leopold 66, 68, 73, 79
Weys, Gerda (Gertrud) 94, 107 f., 110 f., 114, 117
Weys, Rudolf *94*, 95 ff., *112*, 125

Weys, Rupi 107 f.
Widholz, Peter 200
Wilhelm II., deutscher Kaiser 14, 208
Willenz, Max 79
Willner, Alfred Maria 14,
Wittrisch, Marcel 214
Wolkenstein-Trostburg, Marietta, Gräfin von 164
Wörner, Hilde 64

Zampach, Della 92 ff., 97, 99, 101 f., 105 f.
Zapolska, Gabriela 41, 45
Zeller, Carl 22, 32
Zemlinsky, Alexander von 205
Zimmer, Matthias 164
Zimmermann, Erich *189*
Zwerenz, Mizzi *31*

Bildnachweis

Trotz aller Bemühungen ist es nicht bei jeder Abbildung gelungen, die Nutzungsrechte vollständig zu klären. Bitte wenden Sie sich gegebenenfalls an den Verlag.

ANNO – AustriaN Newspapers Online (Österreichische Nationalbibliothek), Wien: Seiten 26, 34, 37, 41, 54, 58, 76, 82, 116, 136, 182, 213
Bühne Baden, Baden b. Wien: Seite 28
Eduard Barth, Linz: Seite 52
KHM-Museumsverband, Theatermuseum Wien: Seiten 18, 23, 168, 189
Lehár-Villa / Stadtmuseum Bad Ischl: Seite 126
National Széchényi Library, Budapest: Seite 202
Österreichische Nationalbibliothek, Wien: Seiten 163 (WB 362-C), 174 (ST 813-F), 206 (L 59.535-C)
Marco Rosenkranz, Steinau/Cuxhaven: Seite 157
Andreas Schütte-Maeder, Berlin: Seite 12
Wienbibliothek im Rathaus, Wien: Seiten 96, 100
Wiener Internationale Operetten Gesellschaft, Traismauer: Seite 46
Alle sonstigen Illustrationen: Kai-Uwe Garrels, Bad Ischl

FOTOGRAFEN
Wilhelm Burger, Wien: Seite 163
Albin Cobé, Wien: Seite 41
Ludwig Gutmann, Wien: Seite 31
Franz Hubmann, Wien: Seite 168
Christian Husar, Wien: Seite 28
Atelier Krapp, Breslau: Seite 142
Harald Lechenperg, Wien: Seite 182
Helga Maria Leitner, Bad Ischl: Seiten 159, 161
Erich Lessing, Wien: Seite 157
Karl Neumann, Wien – Bad Ischl: Seite 23
Residenz-Atelier, Wien: Seite 12
Atelier Royal, Wien: Seite 204
Charles Scolik, Wien: Seiten 11, 18
August Stauda, Wien: Seite 174
Wenzel Weis, Wien: Seite 88
Atelier Willinger, Wien: Seite 189

Bibliografie

Marie-Theres Arnbom: Die Villen von Bad Ischl – Wenn Häuser Geschichten erzählen. Wien 2017
Stan Czech: Franz Lehár – Sein Weg und sein Werk. Wien 1948
Ernst Decsey: Franz Lehár. Wien 1924, München und Berlin 1930
Barbara Denscher: Der Operettenlibrettist Victor Léon – Eine Werkbiografie. Bielefeld 2017
Barbara Denscher, Helmut Peschina: Kein Land des Lächelns – Fritz Löhner-Beda 1883–1942. Salzburg, Wien, Frankfurt am Main 2002
Franz Endler: Immer nur lächeln ... Franz Lehár, sein Leben – sein Werk. München 1998
Franz Federspiel: Lauffner Bilder – diesmal aus Ischl: Am Traunufer; in: Mitteilungen des Ischler Heimatvereines Nr. 32. Bad Ischl 2013
Stefan Frey: Was sagt ihr zu diesem Erfolg? Franz Lehár und die Unterhaltungsmusik des 20. Jahrhunderts. Frankfurt am Main und Leipzig 1999
Johann Wolfgang von Goethe: Dichtung und Wahrheit; in: Goethes Werke in zwei Bänden (Gerhard Stenzel, Hg.), Band 1. Salzburg und Stuttgart o.J.
Johann Wolfgang von Goethe: Gedichte; in: Goethes poetische Werke, Band 1. Augsburg 1992
Bernard Grun: Die leichte Muse – Kulturgeschichte der Operette. München 1961
Bernard Grun: Gold und Silber – Franz Lehár und seine Welt. München und Wien 1970
Ingrid und Herbert Haffner: Immer nur lächeln ... – Das Franz-Lehár-Buch. Berlin 1998
Ischler Heimatverein (Hg.): Bad Ischler Friedhofsführer. Bad Ischl 2016
Ulrich J. Klaus: Deutsche Tonfilme (Jahrgänge 1930–1936, Bde. 1–7, 15). Berlin und Berchtesgaden 1988–2006
Gaston Knosp: Franz Lehár – Une vie d'artiste. Brüssel 1935
Norbert Linke: Franz Lehár. Reinbek bei Hamburg 2001
Daniel O'Hara: Richard Tauber – A New Chronology. Saltburn-by-the-Sea (online) 2012–2019
Maria von Peteani: Franz Lehár – Seine Musik, sein Leben. Wien und London 1950

Fred K. Prieberg: Handbuch Deutsche Musiker 1933–1945. Kiel (CD-ROM) 2004

Walter Rösler (Hg.): Gehn ma halt a bisserl unter … Kabarett in Wien. Berlin 1991

Otto Schneidereit (Sabine Tuch und Dirk-Joachim Glävke, Hg.): Franz Lehár – Eine Biographie in Zitaten. Berlin 1984

Robert Steiger: Franz Lehárs Singspiel FRIEDERIKE – „In tiefster Ehrfurcht vor Goethe, mir vom Herzen geschrieben"; in: Alexander Honold, Edith Anna Kunz, Hans-Jürgen Schrader (Hg.): Goethe als Literatur-Figur. Göttingen 2016

Heide Stockinger, Kai-Uwe Garrels: Tauber, mein Tauber – 24 Annäherungen an den weltberühmten Linzer Tenor Richard Tauber. Weitra 2017

Max Tauber: Aus den Memoiren des Richard Tauber. Bad Ischl (Typoskript, unveröffentlicht) 1952

Kurt Tucholsky: Lehár am Klavier; in: Gesammelte Werke (Mary Gerold-Tucholsky und Fritz J. Raddatz, Hg.), Band 9. Reinbek 1960

Rudolf Weys: Literatur am Naschmarkt – Kulturgeschichte der Wiener Kleinkunst in Kostproben. Wien 1946

Diverse Einzelnummern und Jahrgänge der zeitgenössischen Zeitungen, Zeitschriften und ähnlichen Periodika:
- Anbruch: Monatsschrift für Musik, Wien
- Badener Zeitung, Baden b. Wien
- Berliner Tageblatt, Berlin
- Berliner Morgenpost, Berlin
- Die Bühne, Wochenschrift für Theater, Film, Mode, Kunst, Gesellschaft, Sport, Wien
- Bukowinaer Post, Czernowitz
- Cur-Liste Bad Ischl (Ischler Cur-Liste, Kur-Liste Bad Ischl, etc.)
- Die Fackel, Wien
- Der Floh, Wien
- Der gute Film, Wien
- Der Humorist, Zeitschrift für die Theater- und Kunstwelt, Wien
- Illustrierte Kronen-Zeitung, Wien
- Illustrierte Wochenpost, Unterhaltungsblatt für Jedermann, Wien
- Das interessante Blatt, Wien
- Kikeriki, Humoristisches Volksblatt, Wien
- Das Kleine Blatt, Wien
- Kleine Volks-Zeitung, Wien
- Der Kuckuck, Wien
- Lehmann's Allgemeiner Wohnungs-Anzeiger nebst Handels- und Gewerbe-Adreßbuch, Wien

- Linzer Volksblatt für Stadt und Land, Linz
- Marburger Zeitung, amtliches Organ des Steirischen Heimatbundes, Marburg a. d. Drau
- Mein Film, Wien
- Der Morgen. Wiener Montagblatt, Wien
- Die Muskete, Humoristische Wochenschrift, Wien
- Neue Freie Presse, Wien
- Die Neue Zeitung, illustriertes unabhängiges Tagblatt, Wien
- Neues Wiener Journal: unparteiisches Tagblatt, Wien
- Neues Wiener Tagblatt, Wien
- Oberdonau-Zeitung, Linz
- Österreichische Film-Zeitung, das Organ der österreichischen Filmindustrie, Wien
- Pester Lloyd, Budapest
- Radio Wien, Wochenprogramm, Wien
- Salzburger Chronik, Salzburg
- Salzburger Volksblatt: die unabhängige Tageszeitung für Stadt und Land Salzburg, Salzburg
- Salzburger Wacht, Organ für das gesamte werktätige Volk im Lande Salzburg, Salzburg
- Signale für die Musikalische Welt, Leipzig
- Simplicissimus, Illustrierte Wochenschrift, München
- Tagblatt, Organ für die Interessen des werktätigen Volkes, Linz
- Tages-Post, Linz
- Vossische Zeitung, Berlin
- Die Weltbühne, Wochenschrift für Politik, Kunst, Wissenschaft, Berlin
- Der Welt-Spiegel (Berliner Tageblatt), Berlin
- Wiener Allgemeine Zeitung, 6 Uhr-Blatt, Wien
- Wiener Bilder, Illustrierte Wochenschrift, Wien
- Wiener Illustrierte, Wien
- Wiener Magazin, Wien
- Wiener Salonblatt, Wien

Dank

Die Autoren und Herausgeber danken für wertvolle Hinweise und hilfreiche Unterstützung:
Frau Katharina Bigus, Linz
Herrn Christoph Blitt, Linz
Herrn Mag. Mathias Böhm, Wien
Herrn DI arch. Franz Federspiel, Bad Ischl
Frau Dr. Teresa Hrdlicka, Wien
Frau Hermine Kreuzer, Wien
Herrn Mag. phil. Josef Lanner – LannerConsult, Abtenau
Herrn Christian Poneder, Haag/NÖ
Herrn Marco Rosenkranz, Steinau/Cuxhaven
Frau Konsulentin Kustodin Maria Sams, Bad Ischl
Herrn Dr. Christian Schacherreiter, Gallneukirchen
Herrn Andreas Schütte-Maeder, Berlin,
Herrn Walter Schwanzer, Rohrendorf b. Krems
Herrn Attila Tasnády, Budapest
Frau Mädy Tauber, Bad Ischl
Frau Maria Jesus Uña-Viehböck, Perchtoldsdorf

Ebenso dankbar sind wir den Mitarbeiterinnen und Mitarbeitern folgender Organisationen und Einrichtungen für ihren Einsatz und ihre Hilfe:
KHM-Museumsverband – Reproduktionsabteilung, Wien
Lehár-Villa / Stadtmuseum Bad Ischl
National Széchényi Library, Budapest
Oberösterreichisches Landesarchiv, Linz
Österreichische Nationalbibliothek – Bildarchiv und Grafiksammlung, Wien
Pfarre Bad Ischl – St. Nikolaus
Stadtgemeinde Bad Ischl
Theatermuseum – Fotosammlung, Wien
Wienbibliothek im Rathaus, Wien
Wiener Internationale Operetten Gesellschaft, Traismauer

Biografien der Autoren und Herausgeber

Dipl.-Ing. Eduard Barth,
geboren 1935 in Linz. Absolvent der Technischen Hochschule in Wien. Gesangsausbildung als Tenor am Konservatorium der Stadt Wien. Berufliche Tätigkeit in der oö. Landesbaudirektion in Linz in den Abteilungen Straßenbau und Autobahnen. Mitglied im Linzer Domchor mit gelegentlichen solistischen Aufgaben in der Ära „Joseph Kronsteiner". Mitglied des Extrachores am Linzer Landestheater während der Chordirektion von Ernst Dunshirn. Journalistische Beiträge für die Kultur-Seite der Linzer Tageszeitung „Neues Volksblatt". Künstler-Interviews und Kultur-Berichte für die Zwei-Monatsschrift des Vereins „Freunde des Linzer Musiktheaters". Autor der THEATERSTATISTIK OPER, OPERETTE UND MUSICAL AM LANDESTHEATER LINZ VON 1803 BIS JULI 2019.

Univ. Prof. Wolfgang Dosch,
in Wien geboren. Studien für Gesang, Schauspiel, Opernregie, Theater- u. Musikwissenschaft, Kultur Management. Als Sänger, Regisseur, Wissenschaftler und Lehrer (Leiter u. a. des europaweit einzigartigen Lehrganges Klassische Operette an der MUK in Wien) mit Leidenschaft der Kunstform Operette verbunden. Als Künstler führte ihn sein Weg mit über 70 Partien und ebenso vielen Inszenierungen u. a. an das Raimundtheater, Theater an der Wien, Landestheater Linz, diverse Theater und Opernhäuser in Deutschland und der Schweiz sowie vor allem über zehn Jahre als Sänger und Dramaturg an die Staatsoperette Dresden. Festspielmitwirkungen in Wien, Salzburg, Mörbisch, Bad Ischl, Eutin, Dresden, Warschau u. a. Zahlreiche internationale TV-, Radio-, CD-Aufnahmen. Seine wissenschaftliche Tätigkeit umfasst Publikationen v. a. auf dem Gebiet der Operette wie eine Leo Fall-Biografie (mit Christine Stemprok und Stefan Frey), Symposien und Programme für verschiedene internationale Verlage, Theater und Institutionen. Juror bei zahlreichen Wettbewerben. Träger der Robert Stolz-Medaille. Seit 2000 Dozent und seit 2015 Univ. Prof. an der MUK in Wien.

Biografien der Autoren und Herausgeber

Kai-Uwe Garrels, M.Sc.,
geboren 1971 in Lübeck, schreibt und moderiert seit der Schulzeit. Studium der Verwaltungswirtschaft und Multimedia-Management in Kiel. Veröffentlichungen zu meist kulturhistorischen Themen in Zeitschriften und Programmheften seit 1998. 2004 bis 2007 Radiomoderation und -redaktion in Hamburg, dort auch gelegentliche Kleinkunst-Auftritte. 2008 bis 2017 Dramaturgie für das Lehár Festival Bad Ischl. Hauptberuflich Öffentlichkeitsarbeit off- und online (für die Landesregierungen von Schleswig-Holstein und Hamburg, die Universität Wien und seit 2012 die muki Versicherung in Bad Ischl). 2017 erschien sein erstes Buch, die gemeinsam mit Heide Stockinger verfasste Biografie TAUBER, MEIN TAUBER – 24 ANNÄHERUNGEN AN DEN WELTBERÜHMTEN LINZER TENOR RICHARD TAUBER.

Prof. Dr. Michael Lakner,
geboren 1959 in Wien. Studium an der Wiener Universität für Musik und Darstellende Kunst (Klavier, Tonsatz, Orchesterdirigieren, Gesang) und am Konservatorium der Stadt Wien (Liedbegleitung). Privater Schauspielunterricht. Studium der Rechtswissenschaften an der Universität Wien (Doktorat). Ab 2009 Dozent am Wiener Musikseminar der Universität für Musik und Darstellende Kunst. Pianist und Liedbegleiter im In- und Ausland. CD- und Radioaufnahmen. Moderatorentätigkeit und Mitwirkung in österreichischen Spielfilmen. 1991–2001 Künstlerischer Betriebsdirektor der Oper Graz. 2001–2004 Operndirektor am Theater Basel. 2004–2017 Intendant und Geschäftsführer des Lehár Festivals Bad Ischl (Ehrenmitgliedschaft). Seit Mai 2017 Künstlerischer Leiter der Bühne Baden. Regietätigkeit seit 2014. 2012 Berufstitel Professor, 2017 Ehrenmitglied des Lehár Festivals Bad Ischl, Kultur-Ehrenzeichen der Stadt Bad Ischl und Kulturmedaille des Landes Oberösterreich.

Mag. Helga Maria Leitner, LL.M.,
geboren 1975 in Bad Ischl. Studium der Rechtswissenschaften an der Paris-Lodron-Universität Salzburg sowie Masterstudium des Medizinrechts an der Medizinischen Akademie Linz/Kepler Universität Linz. Seit 2018 geprüfte Museumskustodin, 2019 Beginn der Ausbildung zur Heimatforscherin an der Akademie für Volkskultur in Linz. Seit 2006 selbständige Redakteurin der Rechtsdatenbank RidaOnline sowie seit 2017 Kulturvermittlerin in der Lehár-Villa Bad Ischl. 2009 bis 2015 Vizepräsidentin, 2016/2017 Pressesprecherin des Lehár Festivals Bad Ischl. Publikationen und Vortragstätigkeit zum Medizin- und Gesundheitsrecht sowie weiteren rechtlichen, künstlerischen und kulturellen Themen.

Heide Stockinger,
geboren 1941 in Wien, lebt seit 1950 in Linz. Literaturredakteurin beim ORF, Radio OÖ, bis 2011. Im Böhlau Verlag Herausgabe der Bücher GENERATIONEN ERZÄHLEN. GESCHICHTEN AUS WIEN UND LINZ 1945 BIS 1955 (2005, mit Irene Riegler) und JUNG-SEIN IN LINZ. GESCHICHTEN AUS DEN 50ERN (2008). 2016 erschien ihre Erzählung MONI, DAS AUGE DER KAMERA, 2017 die gemeinsam mit Kai-Uwe Garrels verfasste Biografie TAUBER, MEIN TAUBER – 24 ANNÄHERUNGEN AN DEN WELTBERÜHMTEN LINZER TENOR RICHARD TAUBER. 1958 Preis des Filmrings der Jugend für die beste Filmidee. 1982 2. Jurypreis der oö. Arbeiterkammer beim Wettbewerb „Literatur zur Arbeitswelt". 1983 Martin-Luther-Hörspielpreis. 2007 Kulturmedaille der Stadt Linz.

Mag. Christoph Wagner-Trenkwitz,
geboren 1962 in Wien. Schauspieler, Autor, Kabarettist. Vortragender und Gestalter von Programmen und Moderator für Radio und TV, sowie auf verschiedenen Bühnen. 1993–96 Pressechef der Wiener Staats- und Volksoper, 1996–2001 Chefdramaturg der Wiener Staatsoper. Ab 2003 Direktionsmitglied, seit 2009 Chefdramaturg der Volksoper Wien. 2013–16 Künstlerischer Leiter des Theatersommers Haag, ab November 2019 künstlerischer Leiter der Schlossfestspiele Langenlois.
Publikationen u. a.: DURCH DIE HAND DER SCHÖNHEIT. RICHARD STRAUSS UND WIEN (1999/2014), ES GRÜNT SO GRÜN ... MUSICAL AN DER VOLKSOPER WIEN (2007), SCHON GEHT DER NÄCHSTE SCHWAN (2009), SCHWAN DRÜBER (2012), „WENN SIE AUCH SCHLECHT SINGEN, DAS MACHT NICHTS". VERSUCHE ÜBER VERDI (2013), SIE KANNTEN RICHARD STRAUSS. EIN GENIE IN NAHAUFNAHME (2013), NOCHMAL SCHWAN GEHABT (2015), DAS ORCHESTER, DAS NIEMALS SCHLÄFT – DIE WIENER PHILHARMONIKER; Englisch: A SOUND TRADITION. A SHORT HISTORY OF THE VIENNA PHILHARMONIC ORCHESTRA (2017).